信息化与经济社会发展研究辑刊（第3辑）

——网络强国战略推进机制与路径研究

陈畴镛　主　编
辛金国　副主编

科学出版社
北　京

内 容 简 介

网络强国战略思想是习近平主席提出的重要发展思想，本书在归纳总结网络强国思想实践基础上，形成了系列成果，深入探讨实施网络强国战略的实践基础，为战略性、系统性理解网络强国的现实意义和理论价值奠定了基础。本书由系列论文组成，在丰富网络强国战略研究的理论体系、推进网络强国的建设实践等方面，具有积极的作用。

本书适合从事网络经济、信息管理等相关实践与研究的人员参考阅读。

图书在版编目（CIP）数据

信息化与经济社会发展研究辑刊. 第3辑，网络强国战略推进机制与路径研究 / 陈畴镛主编. —北京：科学出版社，2017.10

ISBN 978-7-03-051269-7

Ⅰ. ①信… Ⅱ. ①陈… Ⅲ. ①信息化-关系-中国经济-经济发展-研究 Ⅳ. ①G202 ②F124

中国版本图书馆CIP数据核字（2016）第314102号

责任编辑：魏如萍 / 责任校对：樊雅琼

责任印制：吴兆东 / 封面设计：无极书装

科 学 出 版 社 出版

北京东黄城根北街16号

邮政编码：100717

http://www.sciencep.com

北京东华虎彩印刷有限公司 印刷

科学出版社发行 各地新华书店经销

*

2017年10月第 一 版 开本：787×1092 1/16

2018年 1月第二次印刷 印张：13 1/4

字数：300 000

定价：92.00元

（如有印装质量问题，我社负责调换）

目　　录

信息经济发展模式、特点及趋势探析*

陈畴镛

（杭州电子科技大学浙江省信息化与经济社会发展研究中心，浙江杭州，310018）

摘　要：信息经济不仅是我国经济转型升级的新动能，也是世界经济增长的重要驱动力，呈现出动态变化的发展模式、特点与趋势。本文分析认为信息经济可以归纳为技术创新驱动模式、平台生态引领模式、跨界融合协同模式和分享经济带动模式四类主要发展模式，具有面向市场引导需求的应用创新、平台化生态化组织结构优势凸显、跨界融合发展形成倍增效应、用户体验与信任成为关键因素、分享经济前景广阔尚需扶持与规范等特点，提出了新技术创新突破新产业方兴未艾、平台经济在完善规制中加快发展、信息技术对实体经济的融合带动更加广泛深入、基于互联网的创新创业活力不断涌现、法律伦理和政府监管创新作用日益强化的信息经济发展趋势。

关键词：信息经济；发展模式；特点趋势；融合创新

Analysis of the Development Model，Characteristics and Trends of Information Economy

Chen Chouyong

（Information Technology and Economic and Social Development Research Center Hangzhou Dianzi University，Hangzhou 310018，China）

Abstract：The information economy is not only the new kinetic energy of China's economic transformation and upgrading，but also the important driving force of the world economic

* 基金项目：国家社会科学基金重大项目“我国实施网络强国战略及其推进机制研究”（15ZDC023）。

growth, showing the dynamic development model, characteristics and trends. This paper analyzes that the information economy can be summarized as the four main development models of technological innovation-driven model，platform ecology leading mode，cross-border fusion synergistic model and sharing economic driving mode. It has the application innovation and platform-oriented ecological organization structure advantage highlighting the development of cross-border integration of the formation of multiplier effect，the user experience and trust to become a key factor to share the broad prospects for economic support and norms and other characteristics，put forward new technological innovation breakthrough new industry in the ascendant，the platform economy in the perfect rules to accelerate development.

Key words：Information economy；Development model；Characteristic trend；Integration innovation

以互联网为依托、数据资源为核心要素、信息技术为内生动力、融合创新为典型特征的信息经济，已经成为世界经济增长的重要驱动力，促进了人类社会沟通方式、组织方式、生产方式、生活方式发生深刻的变革。在我国经济发展进入新常态之际，通过发展信息经济，充分释放数字红利，正在加快形成转型升级的新动能。伴随着信息通信技术创新、融合、扩散，特别是网络、信息和平台的作用，信息经济新产品、新业态、新模式不断涌现，呈现出动态变化的发展特点与趋势。从不同视角分析信息经济发展模式、特点及其趋势，有助于认识和把握信息经济发展规律与机遇。

一、信息经济发展模式

（一）技术创新驱动模式

当前，信息通信技术进入加速发展和跨界融合的爆发期，成为新一轮科技革命和产业变革的主导力量。技术创新驱动模式是通过信息技术创新突破活动引致新产品、新服务、新应用不断涌现的发展模式。在技术创新驱动模式中，信息技术企业的发展壮大历程远远短于以往的传统企业。例如，谷歌在20年左右的时间内成长为世界领先的科技型企业，其创新产品不仅包括谷歌搜索，还包括谷歌地图、Chrome浏览器和手机安卓系统等。华为能够在28年内快速成长为全球通信行业的领导者，主要依靠的是技术创新驱动，创新使华为从一个弱小的民营企业快速地成长、扩张成为全球通信行业的领导者。阿里云独立研发的飞天开放平台 Apsara，将数以千计甚至万计的服务器联成一台“超级计算机”，8 年“双 11”交易额的飞速增长，阿里打造了全球最复杂的交易、支付、物流系统，背后是强大的计算平台、海量数据、智能算法的支撑，见证了中国互联网技术从追随到引领的历程[1]。不仅是这些世界顶级的 IT 企业依靠技术创新引领潮流，也有大量初创型企业依靠技术创新做大做强。近年来一大批小型创业公司成长为“独角兽”公司，主要是依赖于互联网技术的颠覆式创新。

（二）平台生态引领模式

平台生态引领（或催生、衍生）模式是充分利用互联网技术优势、传播优势、规模优势，将相互依赖的不同群体集聚在一起，通过促进群体之间的互动创造独有价值的发展模式。平台之上，独立的市场主体实时匹配，完成交易。媒体平台、社交平台、电商平台、外卖平台、打车平台、内容分发平台纷纷涌现[2]。阿里巴巴作为全球数字经济商业模式创新的“领跑者”，成为全球最大的零售平台，在其电商平台上活跃着超过 1 000 万个商家。海尔开放创新平台 HOPE 由海尔开放式创新中心开发并运营，是中国最大的开放创新平台。平台于 2014 年 6 月底正式上线后，已经吸引了 10 万多名用户的注册，其中核心用户包括技术创新领域的专家、高校研究机构人员、极客、创客等，构成了海尔内部员工、外部合作方、资源提供方及平台每位用户组成的生态圈。乐视生态通过产业链垂直整合和跨产业价值链重构，打造了“平台+内容+终端+应用”的开放闭环的完整生态系统，形成互联网生态、内容生态、大屏生态、手机生态、汽车生态、体育生态、互联网金融生态七大子生态，其中乐视商城已成为线上综合服务平台，另一个线下综合平台乐视 LePar 也取得了快速成长，超级手机、周边配件、智能硬件及乐视生态衍生品的用户规模也快速提升。

（三）跨界融合协同模式

跨界融合协同模式是信息技术和信息设备融入传统产业的生产、销售、流通、服务等各个环节形成新的生产组织方式和经营模式。德国的工业 4.0、美国的工业互联网、中国正在推进的智能制造，都是制造业与互联网跨界融合的产物，实现研发、制造过程的数字化、网络化、智能化。例如，德国博世洪堡工厂的生产线上，所有零件都有一个独特的射频识别码，每经过一个生产环节，读卡器会自动读出相关信息，反馈到控制中心进行相应处理，从而提高整个生产效率。三一重工是跨界融合协同模式的典型，目前发展为中国最大、全球第五的工程机械制造商，也是全球最大的混凝土机械制造商，其业务和产业基地遍布全球，在印度、美国、德国、巴西建有海外研发和制造基地。在坚守“品质改变世界”这个信念的同时，三一重工的信息化起到了至关重要的作用，实现了研发过程“数字化”、制造过程“智能化”、产品与服务“智慧化”、运营管理“卓越化”。不仅在制造领域，“互联网+”农业、“互联网+”能源、“互联网+”金融、“互联网+”旅游、“互联网+”医疗等领域也正在加快推动与互联网的深入融合和协同发展。

（四）分享经济带动模式

分享经济带动模式是在互联网技术快速发展和广泛应用背景下诞生的一种新商业模式，是通过供给和需求的信息响应，进行高效按需匹配并实现规模化，以低于专业性组织者的边际成本提供服务并获得收入，从而创造新的经济与社会价值的经济现象。分享经济能够激发网络化社会中个人创造力，增加有效供给，改善供给结构，刺激新的消费需求。在欧洲，以民宿出租平台“空中食宿”和汽车分享平台 BlaBlaCar 等为代表的分享经济正在迅速发展。国家信息中心分享经济研究中心和中国互联网协会分享经济工作委员会发布的《中国分享经济发展报告 2017》显示，中国分享经济发展迅猛，估算 2016 年我国分享经济市场交易额约为 34 520 亿元，比上年增长 103%，共有 6 亿人参与，比上年增加 1 亿人[3]。目前中国采用分享模式的各类打车、专车、代驾、租车、拼车等“网约车”服务提供商，提供短租房的在线平台等生活服务平台，“WiFi 万能钥匙”“阿里巴巴淘工厂”等生产能力分享平台，还有分享知识的大量网络教育和在线咨询平台、二手交易、众创空间、P2P（peer to peer，即个人对个人）“共享金融”和众筹等，知识付费、网络直播、单车分享呈现爆发式增长，同时拥有分享基因的各类众创平台大量涌现，经过政府部门认定的“众创空间”超过 4 000 个。

二、信息经济的主要特点

（一）面向市场引导需求的应用创新

信息经济的发展，归根结底是在应用上取得了成功，是应用赢得了市场，应用获得了持续发展的动力。无论是信息技术创新还是商业模式创新，都是以应用为方向、以市场为目标，持续不断开发出受用户欢迎的产品和服务，使信息经济能够保持快速发展。应用的需求刺激了技术发展，技术创新又引导了应用需求的创新。世界 IT 巨头的技术创新道路，正是沿着推广应用和扩大市场的方向不断推进。苹果公司是智能手机和平板电脑创新的领导者，还为医学研究人员和病人提供新的工具和平台，对材料科学和制造工艺也做出了重大贡献，苹果的技术创新不仅仅是增加新的功能和创造新的硬件，而且是使所有硬件、软件、服务创造最好的用户体验。在我国，供给侧改革是应对经济新常态的主攻方向，而信息经济在提升全要素生产率、提供优质信息产品和服务以满足人们不断增长的物质文化需求上起着至关重要的作用。互联网已经影响到社交关系、文化体验，深刻改变着传统的生产和消费方式，培育了不同年龄结构的新需求、新市场。特别是作为信息产品消费主体的“80 后”“90 后”“00 后”，这些网络原住民构成的亚文化社群由小众到流行再到占据主流。信息技术带来的应用创新是信息经济强劲发展的根本动因。

（二）平台化生态化组织结构优势凸显

建构在互联网基础上的信息经济业态大多展现出“平台+生态”的组织结构，平台强化了在信息技术影响下组织模式的安排能力。一是平台提供供需双方互动的机会，强化信息流动，降低受众搜索有用信息所需的成本，提供双方实现价值交换、完成价值创造的场所，正因为如此，平台消除了信息的不对称性，打破了以往由信息不对称带来的商业壁垒，为跨界创造了条件，能够促进产业链条的扁平化，实现直接的供需对接，衍生出 C2C（customer to customer，即消费者对消费者）、B2C（business to customer，即企业对消费者）、B2B（business to business，即企业对企业）等新商业模式。二是平台具有轻资产规模化优势，规模扩张的边际成本更低、网络效应显著，有利于建立制度。通过对平台的管理，防止功利主义行为，保护消费者和供应商的利益，平台中参与者的凝聚力增强，往往呈现出爆发式增长。三是能够更好地应对长尾市场，在开放平台和数据驱动下实现个性化定制、快速创新等。因此，平台化和生态化几乎成为所有“互联网+”企业的共同选择，越来越多的垂直领域产生平台企业和生态系统。乐视之所以可以取得七大子生态的成功，主要原因是通过“平台+内容+终端+应用”四层架构的闭环垂直整合，打破了产业边界、组织边界、创新边界，各环节间协同化反，不断创造全新元素、提供与众不同的极致体验和更高的用户价值。

（三）跨界融合发展形成倍增效应

线上线下融合、互联网企业与实体企业融合形成叠加效应、聚合效应、倍增效应，加快了新旧发展动能和生产体系转换，成为引领信息经济发展的主导力量。从信息经济发展史看，过去几十年主要是信息技术产业自身发展，而后面几十年将进入线上线下融合产业主导发展阶段。不论是传统ICT（information communication technology，即信息、通信和技术）巨头，如IBM、英特尔、微软，还是新兴互联网巨头，如谷歌、苹果、Facebook，都是新兴信息技术产业自身崛起的典型代表。然而，近几年来，一方面互联网企业积极向线下渗透，如阿里巴巴和腾讯正在推动的“支付宝+”和“微信+”战略；另一方面传统企业积极向线上转型，如GE、海尔、红领等智能制造战略，都凸显了线上线下融合发展的趋势。制造业与互联网的融合，加快推动“中国制造”提质增效升级，如浙江正泰电器、三花控股、西子航空等企业，利用“互联网+”变革生产方式，以智能制造为核心推进“两化”深度融合，实现了从“欧美设计，中国制造”向“中国设计，全球制造”的升级。

（四）用户体验与信任成为关键因素

互联网环境使满足用户的差异化、个性化需求成为企业的核心要义，因而用户参与、用户体验和用户信任已成为促进信息经济发展的关键因素。互联网带来了企业和用户直接交互的便捷性，在研发、生产、营销、服务等环节全面引入用户参与，以用户个性化需求为中心，开展按需定制快速响应用户需求，推动形成基于消费需求动态感知的研发、制造和产业组织方式。互联网搭建起企业与用户、合作伙伴等无缝对接的平台，为企业基于用户需求设计生产提供了支撑，生产设备网络化和生产系统智能化水平得到提升，使消费者需求在设计、生产领域能够得到迅速及时的响应，越来越多的企业探索“与用户交互、最终由用户定义”的发展模式，大大提升了价值创造空间。例如，奥康鞋业启动了全国首家O2O（online to offline，即线上到线下）无鞋体验店，顾客可在线下无鞋体验店内通过屏幕实现3D智能选鞋，并在体感镜前“试穿”所选鞋款，在脚型测量仪上测出脚型的三维数据后下单，鞋子定制完成后可快递到家。这其中，对每位顾客脚型数据的采集为今后的奥康云店打下了基础，线上线下一体化，使奥康成为“互联网+鞋业”的前行者。

（五）分享经济前景广阔，尚需扶持与规范

基于互联网的分享经济具有低成本、轻资产、高度的灵活性及投资回报快等特点，成为新兴的创业领域和大众选择。它使个人参与到社会化大生产中，使各种闲置的资源都可以变现增值，变成兼职的合理收入，通过大规模盘活经济剩余而激发经济效益。在生活领域，移动互联网的广泛应用，使分享经济实现了线上线下资源的有效对接，降低了生活资源分享的交易成本；在生产领域，分享经济通过市场需求与供给能力的优化配置，不断助力化解结构性产能过剩，加速落后产能退出。但分享经济在赋予人们更多自由的同时，也带来了很多的不确定性，需要理性对待、积极鼓励、正确引导、规范管理。分享经济不仅使资源的支配权与使用权分离，而且其线上运行的特点使资源拥有者、资源使用者和管理者互不相识甚至互不见面，难以适应传统的经济社会管理模式，监管的真空或漏洞可能引发安全、保险、税收和消费者权益等多方面的问题。不久前，欧盟委员会出台《分享经济指南》，意在破除分享经济所面临的法律政策等壁垒，并完善对经营分享经济公司的管理，支持发展分享经济。网约车是我国分享经济的先行者，经过最初快速爆发式的增长，因为“叫车难”“叫车贵”等问题，在很大程度上背离了分享经济的初衷，因此，网约车规范管理的政策还需要不断完善，促使网约车行业步入健康规范的发展轨道。

三、信息经济的发展趋势

（一）新技术创新突破，新产业方兴未艾

随着大数据、云计算、物联网、移动互联网等信息技术继续加快创新突破并引领经济社会发展，人工智能、虚拟现实（virtual reality，VR）、区块链等新兴技术在信息经济发展中将发挥巨大贡献，并对未来产生重大影响。数据特别是大数据正在成为一种新的资产、资源和生产要素。数据的及时性、完整性和准确性，数据开发利用的广度和深度，数据流、物质流和资金流的协同水平和集成能力，决定着资源配置的效率，将成为国家、地区和企业竞争力的重要因素。人工智能（artificial intelligence，AI）技术正快速发展和广泛应用，其对信息经济的驱动作用和巨大的商业价值，引起了国际 IT 巨头

纷纷抢占人工智能技术与产业制高点，人工智能领域的民间投资在过去4年里平均每年增长62%。当前，欧美等发达国家和地区纷纷从国家战略层面加紧布局人工智能，如美国的国家机器人计划、欧盟的人脑工程、日本经济产业省的新产业结构蓝图。虚拟现实和增强现实（augmented reality，AR）具有产业链长、辐射行业广、应用前景好的特点，得到了国际产业界和资本市场的高度关注。区块链技术由于其中心化、开放性、自治性、信息不可篡改、匿名性等特性，已在全球重要金融机构及交易所开始应用，今后将会影响数字货币、支付票据、保险、医疗、物流、制造等多个领域。

（二）平台经济在完善规制中加快发展

在未来的信息经济中，平台经济的作用会越来越重要。平台提供供需双方互动的机会，消除了信息的不对称性，打破了以往由信息不对称带来的商业壁垒，降低受众搜索有用信息所需的成本，提供双方实现价值交换、完成价值创造的场所。一个强大的平台，加上数量众多的第三方主体，共同形成一个有机共生的生态圈，正在成为当前新的竞争规则。目前全球范围内市值排名前10的公司中，平台型公司超过半数。电子商务平台集聚了买方和卖方，搜索引擎平台集聚了大众用户和广告商，如美国的亚马逊、脸谱、谷歌，中国的百度、阿里巴巴、腾讯，通过数以亿计的用户数量，以及在应用、社交、搜索、电子商务等领域的业务优势，确立了全球信息经济的领先地位。随着消费升级，IP（internet property，即知识产权）产业火爆、网红等泛娱乐崛起，越来越多的互联网公司向上游发展，参与内容制作，以网络平台支撑的数字内容产业将在满足人们特别是年青一代精神文化的需求中得到更快发展。同时，互联网平台将更多承担起法律责任、社会责任和监管责任。随着信息经济的快速发展，平台规模越大，规则和责任担当就越重要，公众和监管者对平台的期望和要求也会越高。平台将进一步完善规制，加强管理，防止功利主义行为，保护消费者和供应商的利益，增强平台参与者的凝聚力。

（三）信息技术对实体经济的融合带动更加广泛深入

以跨界融合为显著特征的“互联网+”时代已经到来，推动互联网与传统行业的横向整合与纵向重塑，互联网金融、工业互联网、农业物联网等新模式、新业态成为转变发展方式、促进产业升级的重要动力。新一代信息通信技术的广泛应用，推动着制造业产品、装备、工艺、管理、服务向数字化、网络化、智能化方向发展，柔性制造、协同制造、绿色制造、服务型制造、分享制造等日益成为生产方式变革的方向，跨领域、协同化、网络化创新平台正在重组传统制造业创新体系，推动技术创新和产业应用“无缝衔接”。“互联网+农业”通过便利化、实时化、物联化、智能化等手段，带动了智慧农业、精细农业、高效农业、绿色农业，提高了农业质量效益和竞争力。在服务业领域，“互联网+”金融、物流、旅游、设计、健康、教育、养老等更是日趋广泛，如人工智能+信贷/财富管理。包括智能风控、智能顾投、智能风投在内的各类产品，将改变金融行业内现有的资源配置并提高效率，降低金融风险。

（四）基于互联网的创新创业活力不断涌现

在互联网环境下，巨无霸的跨国垄断企业和小而美的小微企业共生共荣，相互作用，形成创新创业生态。大企业拥有成熟的技术、领先的管理经验、多元化的人才、丰富的营销渠道、雄厚的资本力量，在推进创新创业中具有引领作用。在美国，小公司同样是创新主体，大公司认为收购小公司后能抬高员工的活力水平，愿意通过收购获取创新基因，形成互相协作的良性循环，如苹果公司 1988 年以来至少收购了 70 多家公司。美国形成了有效的人才输送三角循环，即高校—创业公司（小公司）—大公司，高校推动有技术的创业公司，创业公司发展成为大公司或被大公司收购，大公司反哺高校的实验室。在中国，大众创业、万众创新在“互联网+”的各个领域都得到大力发展，尤其是智能硬件、在线教育、O2O 等领域创业项目的火热，推动了新材料、传感器、集成电路、软件服务等行业的创业活动。基于互联网的创新创业的另一个趋势是社群。个体创新者通过线上互动形成创新社群，聚集了众多市场信息、专业知识和创意等创新要素。创新社群能够以低成本、高效率、实时沟通的方式将数量庞大的创新个体聚集起来成为企业协同创新生态系统的新型参与者，为个体创新者参与价值共创提供新的途径。

（五）法律伦理和政府监管创新作用日益强化

以互联网为核心的信息通信技术快速发展和广泛应用，给人们的生产生活带来了极大的便利和效率提升，但也对相关法律、社会、伦理和政府监管方式带来了巨大的挑战。建立健全网络立法、加强网络伦理规范、创新政府监管方式、构建和完善信息经济健康发展的生态环境，已成为世界各国的共识与行动。随着人工智能、虚拟现实/增强现实等信息技术的快速发展，无人驾驶、无人机、智能机器人、可穿戴设备等智能产品的商业化步伐不断加快，加强对信息经济活动的法律调控、社会规范和伦理约束就显得更为重要。2016 年，美国政府连续发布三份人工智能报告，英国政府也发布两份人工智能报告，凸显了两国政府对人工智能发展的重视程度。这些智能报告提出了支持人工智能发展的主要策略和政策，同时也都有大量关于重视伦理和法律的内容。2016 年 12 月，国际标准制定组织美国电气和电子工程师协会（Institute of Electrical and Electronics Engineers，IEEE）更是发布了《合伦理设计：利用人工智能和自主系统（AI/AS）最大化人类福祉的愿景》（第一版），鼓励科技人员在人工智能研发过程中，优先考虑伦理问题。在信息经济的政府监管方面，也正在经历理念、方式、手段、技术的变革与创新，实施政府监管与社会监管结合，利用大数据等网络技术和信息手段实施监管，充分发挥企业（如互联网平台）、行业组织和社会组织（如消费者保护组织）等各自的优势与作用，构建和完善协作共生的公共治理体系。

参 考 文 献

[1] 中国信息化百人会课题组. 信息经济崛起：重构世界经济新版图[M]. 北京：电子工业出版社，2015.

[2] 毛光烈. 网络化的大变革[M]. 杭州：浙江人民出版社，2015.

[3] 国家信息中心分享经济研究中心，中国互联网协会分享经济工作委员会. 中国分享经济发展报告 2017[EB/OL]. http://www.sic. gov.cn/News/250/7737.htm，2017-03-02.

信息经济与产业结构转型升级关系研究
——基于贝叶斯隐马尔可夫异质面板模型分析*

辛金国[1]，张　梅[2]，张亮亮[3]

（1.杭州电子科技大学浙江省信息化与经济社会发展研究中心，浙江杭州，310018；
2.杭州电子科技大学会计学院，浙江杭州，310018；
3.杭州电子科技大学经济学院，浙江杭州，310018）

摘　要：为避免传统面板数据模型中不可观测异质性非时变假设引起的估计偏差，本文提出兼顾个体时变异质性与复杂模型参数的贝叶斯隐马尔可夫异质面板模型。以中国各地区的信息经济与产业结构升级关系为研究对象，检测动态经济环境中的隐性变点，针对性地构建马尔可夫链蒙特卡洛抽样算法进行参数估计。研究表明，信息经济的当期水平提升会加快产业结构转型升级速度，其间呈现长期稳定关系的隐性变化而并不存在显著的变点。

关键词：面板数据；时变异质性；变点；隐马尔可夫模型；贝叶斯分析

Research on the Information Economy and the Transformation and Upgrading of Industrial Structure Based on Bayesian Hidden Markov Heterogeneous Panel Model

Xin Jinguo[1]，Zhang Mei[2]，Zhang Liangliang[3]

（1.Information Technology and Economic and Social Development Research Center
Hangzhou Dianzi University，Hangzhou 310018，China；
2.School of Accounting，Hangzhou Dianzi University，Hangzhou 310018，China；

* 基金项目：2016 年度全国统计科学研究项目“基于大数据技术的‘三新’统计数据质量影响因素研究”（2016557）。

3.School of Economics，Hangzhou Dianzi University，Hangzhou 310018，China）

Abstract：For avoiding the deviation of parameter estimation caused by the non-time-varying hypothesis of the unobserved heterogeneity in the conventional panel model，a Bayesian Hidden Markov heterogeneous panel model is established in this paper by considering both the time-varying heterogeneity of individuals and the complicated model parameters. Taking the relationships between the information economy and the upgrading of industrial structure of China as examples，the hidden change points which may exist in the economic environments are described，and the corresponding Markov chain Monte Carlo sampling algorithm is specifically proposed to estimate the model parameters. The results reveal that the improvement of the current information economy level can give impetus to the rates of the industrial transformation and upgrading while there are the hidden changes in the long term stable relationships as well as none of the significant change points between the information economy and the industrial structure upgrading.

Key words：Panel data；Time-varying heterogeneity；Change point；Hidden Markov model；Bayesian analysis

近年来，随着经济系统环境的不断变化，变点问题[1~4]已经逐渐引起人们的关注，广泛影响了金融、管理、经济等各个方面。

变点问题的研究可以追溯至 Page 对基于时间序列独立正态分布的均值变点研究[1]。自此以后，国内外大量学者开始聚焦变点问题的理论与实际应用研究。在理论研究方面，主要是针对变点推断的方法研究，包括极大似然方法、准极大似然方法、类贝叶斯方法、贝叶斯方法、信息准则方法等。例如，Chernoff 和 Zacks 最先提出关于时间序列未知变点诊断的类贝叶斯方法[4]，随后 Kander 和 Zacks[5]、Gardner[6]、Jandhyala 和 Minogue[7]又对类贝叶斯方法进行了探索和拓展。

在实际应用方面，通过对 1995~2000 年圣保罗股市指数与道琼斯工业指数之间关系回归系数变点和方差变点的研究，Loschi 等检测到在 1997 年 7 月存在 1 个变点[8]。Lai 和 Xing 运用贝叶斯多变点诊断技术，对 1990 年 2 月至 2009 年 8 月期间标普 500 指数回报率的变点问题进行分析，通过建立 ARX-GARCH 模型进行分析，捕捉到了这期间的 6 个变点[9]。王维国和王霞以 1993 年 1 月至 2008 年 5 月上证指数为研究对象，运用基于贝叶斯隐马尔可夫推断的突点判断方法，对该区间进行了变点问题分析检测，捕获到该区间上证指数存在的 4 个变点[10]。

多元数据通常呈现出时序上的变异性，传统的面板数据模型研究忽视了变点对经济变量关系的影响，导致模型参数估计结果失效，造成评估与决策偏差。为避免不同截面个体之间不可观测异质性的动态影响造成分析结果偏差，以 2003~2014 年我国 31 个省（自治区、直辖市）信息经济与产业结构综合指数水平面板数据为实证研究对象，应用贝叶斯隐马尔可夫异质面板数据检验在这期间序列是否存在突变，并考量序列数据的异质性，深度剖析我国信息经济对当前产业结构转型升级的作用机制，希冀揭示信息经济与产业结构转型升级间的隐性特质，丰富传统变点估计理论，为我国的产业结构升级提供可行性对策。

一、贝叶斯隐马尔可夫异质面板模型

（一）模型理论构建

为检测动态经济环境中是否存在隐性变点，本文构建贝叶斯隐马尔可夫异质面板模型，其模型可描述为

$$\boldsymbol{y}_{it}=\begin{cases}\boldsymbol{x}_{it}'\boldsymbol{\beta}_{(1)}+\boldsymbol{w}_{it}'\boldsymbol{b}_i+\boldsymbol{\varepsilon}_{it} & \boldsymbol{b}_i\sim \mathrm{N}(0,D_{(1)}),\boldsymbol{\varepsilon}_{it}\sim \mathrm{N}(0,{\sigma_{(1)}}^2),t_0\leqslant t<\tau_1\\ \boldsymbol{x}_{it}'\boldsymbol{\beta}_{(2)}+\boldsymbol{w}_{it}'\boldsymbol{b}_i+\boldsymbol{\varepsilon}_{it} & \boldsymbol{b}_i\sim \mathrm{N}(0,D_{(2)}),\boldsymbol{\varepsilon}_{it}\sim \mathrm{N}(0,{\sigma_{(2)}}^2),\tau_1\leqslant t<\tau_2\\ \cdots\cdots & \\ \boldsymbol{x}_{it}'\boldsymbol{\beta}_{(M)}+\boldsymbol{w}_{it}'\boldsymbol{b}_i+\boldsymbol{\varepsilon}_{it} & \boldsymbol{b}_i\sim \mathrm{N}(0,D_{(M)}),\boldsymbol{\varepsilon}_{it}\sim \mathrm{N}(0,{\sigma_{(M)}}^2),\tau_{M-1}\leqslant t<T\end{cases}\tag{1}$$

式中，τ_i 表示机制 $i-1$ 和机制 i 之间的变点；$\boldsymbol{y}_{it}$ 代表 t 年份 i 省份产业结构升级的观测值，$\boldsymbol{x}_{it}=(x_{i1t},x_{i2t},\cdots,x_{iKt})'$ 是 $K\times1$ 维解释变量，代表不同机制下 t 年份 i 省份信息经济水平值；固定效应系数 $\boldsymbol{\beta}_{(K)}=(\beta_1,\cdots,\beta_K)'$ 是 $K\times1$ 维向量；$\boldsymbol{w}_{it}$ 是随机效应解释变量。

（二）贝叶斯推断

假设状态转移过程初始分布为 π_0，只向前跳跃的状态转移矩阵为 $\boldsymbol{P}$，可将马尔可夫过程表示为

$$s_t \mid s_{t-1}\sim \mathrm{Markov}(\pi_0,\boldsymbol{P})\tag{2}$$

进一步，状态 j（t 时刻）转移到状态 i（t−1 时刻）的概率表示为 $p_{ij}=\Pr\left(s_{i=j}\mid s_{t-1}=i\right)$，则矩阵 $\boldsymbol{P}$ 可表示为如下形式：

$$\boldsymbol{P}=\begin{pmatrix} p_{11} & p_{12} & 0 & \cdots & 0 & 0 \\ 0 & p_{22} & p_{23} & \cdots & 0 & 0 \\ \vdots & \vdots & \vdots & & \vdots & \vdots \\ 0 & 0 & 0 & \cdots & p_{M-1,M-1} & p_{M-1,M-1} \\ 0 & 0 & 0 & \cdots & 0 & 1 \end{pmatrix} \quad (3)$$

基于上述假设，HMM 异质面板数据的似然函数为

$$L(y|\Theta)=f(y_1|\Theta_1,s_1=1)p(s_1=1|\Theta) \prod_{t=2}^{T}\sum_{m=1}^{M} f(y_t|\Theta_m,s_t=m)p(s_t=m|Y_{t-1},\Theta) \quad (4)$$

式中，y 表示观察值；Θ 是机制 m 下参数；s_t 代表 t 时刻的状态变量；Y_t 表示到 t 时刻的所有观察值。潜变量 s_t 服从 $p(s_t|y,\boldsymbol{S}^{t+1},\boldsymbol{P},\boldsymbol{\beta},\sigma^2,D)$，其中，$\boldsymbol{S}^{t+1}=(s_{t+1},s_{t+2},\ldots,s_T)$ 表示状态向量，根据 Chib 提出的 Gibbs 算法[11]，可以得到

$$p(s_t|y,\boldsymbol{S}^{t+1},\boldsymbol{P},\boldsymbol{\beta},\sigma^2,D)\propto p(s_t|Y_t,\boldsymbol{P},\boldsymbol{\beta},\sigma^2,D)p(s_{t+1}|s_t,\boldsymbol{P}) \quad (5)$$

考虑到式（5）各参数的联合后验分布较为复杂，需要进一步分析上述模型中各个参数的完全条件后验分布，再开展 MCMC 抽样检测。

（三）共同变点检测

基于边缘似然方法，检测过程中可以认为变点数 k 的后验概率是所有可能 HMM 异质面板模型的边缘似然的比值：

$$p(M_k|y)=\frac{p(y|M_k)p(M_k)}{\sum_{i=0}^{K}p(y|M_i)} \quad (6)$$

式中，K 代表变点数目的上限值。根据边缘似然函数的计算，检测模型中所有变点 k 的个数与机制 $m=k+1$ 的数目，过程如下。

第 1 步：利用 $N\times 1$ 维面板数据模型得到残差 $\hat{\boldsymbol{e}}_t$；

第 2 步：利用式（6）求得边缘似然比 $p(M_k|y)$；

第 3 步：依次取 $M=0,1,\cdots,K$，重复第 2 步的过程；

第 4 步：以贝叶斯推断计算后验模型 $M_k(k=0,1,\cdots,K)$ 概率，得到变点数。

（四）MCMC 抽样设计

基于 Gibbs 抽样算法对贝叶斯 HMM 异质面板模型进行有针对性的仿真分析并估

计参数 $\boldsymbol{\beta}_{(m)}$、$b_{[i]}$、$D_{(m)}^{-1}$、$\sigma_{(m)}^{2}$。选用 MC 误差进行检验来判断 MCMC 抽样是否有效。考虑到参数的计算精度，选用的 MC 误差应远小于估计量的标准差。

以参数 $\boldsymbol{\beta}_{(m)}$ 为例，可将样本分为样本量为 $A=G/V$ 的 V 组，则组均值为

$$\overline{\boldsymbol{\beta}}_{(m)}^{v}=\frac{1}{A}\sum_{n=(v-1)A+1}^{vA}\boldsymbol{\beta}_{(m)}^{(n)}\quad(v=1,2,\cdots,V) \tag{7}$$

此处，MC 误差估计可以表示为

$$\mathrm{MCE}\left(\boldsymbol{\beta}_{(m)}\right)=\sqrt{\frac{1}{V(V-1)}\sum_{v=1}^{V}\left(\overline{\boldsymbol{\beta}}_{(m)}^{(v)}-\hat{\boldsymbol{\beta}}_{(m)}\right)^{2}} \tag{8}$$

（五）参数估计

利用 MC 进行参数估计，其中抽样总次数为 G，初始值影响为 U，从而获得 $(G-U)$ 个抽样数据。考虑到样本链条的自相关属性，在上述 $(G-U)$ 数据中，每 g 个数据中保留 1 个，可以得到样本大小为 $N=(G-U)/g$ 的马尔可夫链（$\boldsymbol{\beta}_{(m)}^{(U+h+ng)}, b_{[i]}^{(U+h+ng)}$，$\{D_{(m)}^{-1}\}^{(U+h+ng)}, \{\sigma_{(m)}^{2}\}^{(U+h+ng)}$）。

此处，$n=1,2,\cdots,N-1, 1\leqslant h<g$，则所建模型主要参数的 MC 估计可以进一步表示为

$$\hat{\boldsymbol{\beta}}_{(m)}=\frac{1}{N}\sum_{n=0}^{N-1}\boldsymbol{\beta}_{(m)}^{(U+h+ng)} \tag{9}$$

$$\hat{b}_{[i]}=\frac{1}{N}\sum_{n=0}^{N-1}b_{[i]}^{(U+h+ng)} \tag{10}$$

$$\hat{D}_{(m)}^{-1}=\frac{1}{N}\sum_{n=0}^{N-1}\{D_{m}^{-1}\}^{(U+h+ng)} \tag{11}$$

$$\hat{\sigma}_{(m)}^{2}=\frac{1}{N}\sum_{n=0}^{N-1}\{\sigma_{(m)}^{2}\}^{(U+h+ng)} \tag{12}$$

二、实证分析

（一）数据来源

以作者前期对统计数据系统的探索为基础[12,13]，本文研究以我国 31 个省（自治区、

直辖市）为主体，时间跨度为 2003~2014 年度。数据来源于《中国统计年鉴》、《中国信息年鉴》、《中国基本单位统计年鉴》、《中国电子信息产业统计年鉴》和《中国能源统计年鉴》等年鉴；中国统计信息网、科技厅等网站；由于西藏、宁夏、甘肃等地区相关年份数据缺失，因此为保证研究的完整化，对相关省份相关缺失数据进行了科学填补。

首先，运用熵值法与线性加权方法计算各省（自治区、直辖市）信息经济与产业结构升级综合指数；其次，利用 2014 年我国 31 个省（自治区、直辖市）区域横截面数据，应用熵值法与线性加权的方法计算出 2014 年我国 31 个省（自治区、直辖市）信息经济与产业结构升级综合指数水平；最后，在 2014 年我国 31 个省（自治区、直辖市）信息经济与产业结构升级综合指数水平上，按照各省（自治区、直辖市）信息经济和产业结构升级综合指数水平发展速度同比例量纲化，得到我国 31 个省（自治区、直辖市）2003~2014 年信息经济与产业结构升级综合指数实际水平。

（二）实证分析

1. 滞后阶数确定

本文采用 AIC 和 SC 信息量最小化原则确定滞后阶数。分析表 1 所示结果，可得最优滞后阶数为 1 阶，因此，可将模型（5）最终设定为

$$\begin{aligned}\Delta\ln\mathrm{IS}_{i,t} &= \varphi_0\Delta\ln\mathrm{IE}_{i,t} + \varphi_1\Delta\ln\mathrm{IE}_{i,t-1} + \lambda\left(\ln\mathrm{IS}_{i,t-1} - c_i - \delta_1\ln\mathrm{IE}_{i,t-1}\right) + \mu_{i,t} \\ &= \varphi_0\Delta\ln\mathrm{IE}_{i,t} + \varphi_1\Delta\ln\mathrm{IE}_{i,t-1} + \lambda\ln\mathrm{IS}_{i,t-1} - \lambda\delta_1\ln\mathrm{IE}_{i,t-1} - \lambda c_i + \mu_{i,t}\end{aligned} \quad (13)$$

令 $\alpha_i = -\lambda c_i$，$\beta_1 = \varphi_0$，$\beta_2 = \varphi_1$，$\beta_3 = \lambda$，$\beta_4 = -\lambda\delta_1$，有变换后的公式：

$$\Delta\ln\mathrm{IS}_{i,t} = \alpha_i + \beta_1\Delta\ln\mathrm{IE}_{i,t} + \beta_2\Delta\ln\mathrm{IE}_{i,t-1} + \beta_3\ln\mathrm{IS}_{i,t-1} + \beta_4\ln\mathrm{IE}_{i,t-1} + \mu_{i,t} \quad (14)$$

表 1 滞后阶数分析结果

Lag	LogL	LR	FPE	AIC	SC	HQ
0	150.380 8		0.000 313	− 2.393 239	− 2.347 750	− 2.374 760
1	551.128 0	782.103 5	5.21×10^{-7}	− 8.792 388	− 8.655 923*	− 8.736 952
2	557.584 5	12.392 26	5.00×10^{-7}	− 8.832 008	− 8.604 566	− 8.739 616
3	569.002 3	21.546 49	4.44×10^{-7}*	− 8.951 650*	− 8.633 231	− 8.822 301*
4	570.159 1	2.145 672	4.65×10^{-7}	− 8.905 792	− 8.496 396	− 8.739 486
5	570.742 8	1.063 731	4.92×10^{-7}	− 8.850 690	− 8.350 317	− 8.647 426
6	571.375 5	1.132 826	5.19×10^{-7}	− 8.796 379	− 8.205 030	− 8.556 159
7	579.998 2	15.159 21*	4.82×10^{-7}	− 8.870 938	− 8.188 612	− 8.593 761
8	580.557 5	0.965 355	5.11×10^{-7}	− 8.815 444	− 8.042 141	− 8.501 310

*表示在10%水平上显著（双尾）

2. 非时变面板误差修正模型参数估计

利用式（14）确定的修正模型，可得表 2 所示参数估计结果。

表 2　非时变面板误差修正模型参数估计

参数	系数均值	标准误差	t值	p值
α_i	0.078 790	0.033 717	2.336 764	0.020 2
β_1	0.548 579	0.234 224	2.342 112	0.019 9
β_2	− 0.414 763	0.235 811	− 1.758 879	0.079 7
β_3	− 0.297 981	0.050 705	− 5.876 781	0.000 0
β_4	1.331 453	0.209 335	6.360 379	0.000 0

由表 2 可知，α_i 的 p 为 0.020 2，在 5%显著性水平下呈现明显正相关，且系数均值为 0.078 790，表明信息经济与产业结构转型升级隐马尔可夫面板模型固定效应显著，地区信息经济与产业结构转型升级异质性相对较低。β_1 的 p 值为 0.019 9，同样在 5%显著性水平下呈现明显正相关，且系数均值为 0.548 579，结合模型可知，信息经济一阶差分项与产业结构转型升级一阶差分项指数显著正相关，表明信息经济对数水平 1%的提高会使产业结构转型升级对数水平提升 0.548 579%。β_2 的 p 值为 0.079 7，在 10%显著性水平下呈现明显负相关，且系数均值为− 0.414 763，结合模型可知，信息经济滞后一期一阶差分项与产业结构转型升级当期一阶差分项指数显著负相关，表明信息经济对数水平当期 1%的提高会使产业结构转型升级对数水平下一期下降 0.414 763%。β_3 的 p 值为 0.000，在 1%显著性水平下呈现明显负相关，且系数均值为 − 0.297 981，结合模型可知，产业结构当期水平与产业结构转型升级一阶差分项指数显著正相关，理论上 β_3 也叫误差修正系数，表明短期产业结构转型升级对数水平和短期波动呈现明显负相关且修正系数均值为− 0.297 981，相对于长期均衡状态下，误差修正项会使短期波动通过 3 个周期左右的修正将其回归到均衡状态。β_4 的 p 值为 0.000，在 1%显著性水平下明显正相关，且系数均值为 1.331 453，结合模型可知，信息经济与产业结构转型升级一阶差分项指数显著正相关，表明信息经济当期对数水平提高 1%，会使产业结构转型升级一阶差分对数水平提升 1.331 453%，即信息经济的当期水平提升会加快产业结构转型升级速度。

3. 变点分析

根据低信息共轭先验分布原则，将模型参数的先验分布设置如下：

$\beta \sim \mathrm{N}(0,100)$； $p_{ii} \sim \mathrm{Beta}(10,0.1)$； $\alpha_{i(m)} \sim \mathrm{N}(0,100)$； $\sigma^2_{i(m)} \sim \mathrm{IGamma}(2,2)$

利用 R 语言软件 OpenBUGS 包，算得结果如表 3 所示。

表 3　共同变点检测结果

年份	2008	2011
发生概率	0.456 98	0.229 3

如表 3 检测结果所示，2003~2014 年信息经济与产业结构转型升级状态虽有波动，但并没有明显的变点。

4. MCMC 结果分析

虽然变点检测显示并不存在显著的突变点，但为了检验的稳健性，本文将继续按照 MCMC 算法对模型参数进行迭代动态估计。设置迭代次数为 55 000 次，并去除初始过程的 5 000 次迭代。从每 5 个数据中抽取 1 个样本数据点，最终形成样本量为 10 000 的马尔可夫链。利用 R 语言软件 MCMC 包，得到参数估计结果（表 4）。

表 4　MCMC 参数估计结果

参数	系数均值	标准误差	MC误差	2.5%分位	97.5%分位
α_i	0.069 72	0.028 415	0.000 4	0.020 2	0.064 8
β_1	0.502 356	0.105 086	0.000 2	0.019 9	0.432 5
β_2	− 0.396 87	0.084 324	0.000 2	0.079 7	− 0.374 2
β_3	− 0.328 642	0.001 325	0.000 1	0.000 0	− 0.301 9
β_4	0.954 22	0.001 023	0.000 1	0.000 0	0.913 6

由表 4 可知，总体而言，所有参数项 MC 误差均远远小于标准误差，说明 MCMC 显示信息经济与产业结构转型升级隐马尔可夫模型结果是收敛的。其中 α_i 的系数均值为 0.069 72，且和未使用 MCMC 结果系数相近，其中标准误差为 0.028 415，表明各地区异质性水平为 0.028 415，信息经济与产业结构转型升级关系之间异质性水平较低。β_1 系数均值为 0.502 356，结合模型可知信息经济一阶差分项与产业结构转型升级一阶差分项指数显著正相关，表明信息经济对数水平每提升 1%会使产业结构转型升级对数水平提升 0.502 356%。β_2 系数均值为− 0.396 87，结合模型可知信息经济滞后一期一阶差分项与产业结构转型升级当期一阶差分项指数显著负相关，表明信息经济对数水平当期提升 1%会使产业结构转型升级对数水平下一期下降 0.396 87%。β_3 系数均值为− 0.328 642，表明短期产业结构转型升级对数水平和短期波动呈现明显负相关，且修正系数为−0.297 981，相对于长期均衡状态下，误差修正项会使短期波动通过 3 个周期左右的修正将其回归到均衡状态。β_4 的系数均值为 0.954 22，结合模型可知信息经济与产业结构转型升级一阶差分项指数明显正相关，表明信息经济当期对数水平提升 1%，会使产业结构转型升级一阶差分对数水平提升 0.954 22%，即信息经济的当

期水平提升会加快产业结构转型升级速度。

三、研究结论及对策

（一）研究结论

（1）通过建立贝叶斯隐马尔可夫异质面板模型进行变点分析，可以发现信息经济与产业结构转型升级并没有显著的变点，且通过误差修正模型发现信息经济的短期波动会经过3个周期左右的时间将产业结构偏离回归到均衡状态。

（2）通过MCMC仿真实验进一步验证了上述结论，由模型可知信息经济与产业结构转型升级一阶差分项指数显著正相关，可知信息经济当期对数水平提高 1%，会使产业结构转型升级一阶差分对数水平提升 0.954 22%，即信息经济的当期水平提升会加快产业结构转型升级速度。

（3）基于上述结论，我们应加快信息经济的发展，转变经济发展方式，通过提高生产效率，优化资源配置，不断提升信息经济水平，推进产业结构转型升级，有效解决目前产业结构发展中的不合理问题，从而实现国民经济效益的有效提高。

（二）加快我国信息经济与产业结构转型升级的设想

1. 强化基础型信息经济建设

“十三五”期间，我国软件和互联网等基础型信息经济增长可观，是我国经济的新兴增长点，也是基础型信息经济发展的有效驱动力。因此，我们应加快发展以软件业和互联网为核心的基础型信息经济，做强物联网、云计算、集成电路、电信业等具有市场前景的产业化项目，进一步强化信息经济发展的产业支撑。

2. 引领信息产业创新升级

目前我国在微电子、集成电路等信息产业的基础设施发展能力还比较薄弱，计算机芯片等核心技术的自主研发能力明显落后于发达国家，因此，要积极创新这些基础设施，同时，还需重视创新和优化信息产业发展中作业流程、制度组织、资源配置等软实力，为信息经济的快速发展提供技术创新和管理优化；充分利用软件等产业的发展优势，加大对大数据、云计算等产业的扶持力度，大力推进核心技术创新，开发具有自主品牌的创新性信息产品，占据信息产业领域创新的制高点。在当前互联网、电子商务产业发展方面，我国遇到的瓶颈之一就是商业模式的瓶颈，需要积极创新商业模式，推动信息经济快速增长，加紧构建具有核心竞争力的智慧产业体系。引领信息经济的创新与升级，不断提高信息经济的核心竞争力，是促进传统产业结构转型升级的关键所在。

3. 加强经济政策支持

加强相关经济政策支持，是我国传统产业结构转型升级过程的重要保障。过去几年，我国信息经济快速发展的一个重要原因就是政府在初期干预较少，实施“非禁即入”原则，客观上使当前信息经济的发展具备了一个较为宽松的政策环境。在接下来的发展过程中，政府应切实简政放权、放松管制，降低市场准入机制，激发大众创新活力，加强信息经济相关基础平台与服务设施的建设，如移动宽带、物流平台等。鼓励政府实施对信息经济发展有利的相关政策，如设立信息产业投资基金，加大专项资金拨款力度；设立信息产业创业投资基金，加大政府财政对信息产业的战略投资力度，重点支持信息经济相关领域的发展，鼓励互联网、大数据、电子商务、物联网、软件等创新信息经济相关产业的发展，使产业转型升级具备充足的资金保障和政策支持。

参 考 文 献

[1] Page E S. Continuous inspection schemes[J]. Biometrika，1954，41（1~2）：100-115.

[2] 宋坤，陈野华. 基于变点理论的 POT 模型阈值确定方法—— 对操作风险经济资本的度量[J]. 统计与信息论坛，2011，26（7）：23-27.

[3] 李云霞，周杏杏. 含有协变量的复发事件变点模型的参数估计[J]. 统计与信息论坛，2014，29（7）：11-15.

[4] Chernoff H，Zacks S. Estimating the current mean of a normal distribution which is subjected to changes in time[J]. Annals of Mathematical Statistics，1964，35（3）：999-1018.

[5] Kander Z，Zacks S. Test procedures for possible changes in parameters of statistical distributions occurring at unknown time points[J]. Annals of Mathematical Statistics，1966，7（5）：1196-1210.

[6] Gardner L A. On detecting changes in the mean of normal variates[J]. The Annals of Mathematical Statistics，1969，40（1）：116-126.

[7] Jandhyala V K，Minogue C D. Distributions of Bayes-type change-point statistics under polynomial regression[J]. Journal of Statistical Planning & Inference，1993，37（3）：271-290.

[8] Loschi R H，Pontel J G，Cruz F R B. Multiple change-point analysis for linear regression models[J]. Chilean Journal of Statistics，2010，1（2）：93-112.

[9] Lai T L，Xing H. Stochastic change-point ARX-GARCH models and their applications to econometric time series[J]. Statistica Sinica，2013，23（4）：1573-1594.

[10] 王维国，王霞. 基于贝叶斯推断的上证指数突变点研究[J]. 中国管理科学，2009，17（3）：8-17.

[11] Chib S. Estimation and comparison of multiple change-point models[J]. Journal of Econometrics，1998，86（2）：221-241.

[12] 辛金国，龚恺，王渊. 基于物联网技术的统计数据采集系统构建探索[J]. 统计与咨询，2013，（6）：31-32.

[13] 辛金国，王渊. 基于云计算的统计数据网络直报系统的探索[J]. 统计与决策，2014，（4）：4-7.

中美移动医疗市场结构及主体行为比较分析

钱 昇[1]，张燕艳[2]，许 敏[3]
（1.杭州电子科技大学管理学院，浙江杭州，310018；
2.中国电信股份有限公司杭州分公司，浙江杭州，310000；
3.杭州电子科技大学教务处，浙江杭州，310018）

摘 要：移动医疗已成为“互联网+”发展的新热点。中美两国均为全球移动医疗发展的主力。美国移动医疗正在向纵深领域发展，移动医疗商业模式已趋成型。中国移动医疗的发展已进入启动阶段，正处于探寻合适的商业模式和发展方向阶段。比较中美移动医疗市场结构及其对市场主体行为的影响，分析医疗保险机构、医疗机构和患者之间的博弈关系，以及医生和移动医疗产品供应商之间的关系，可以进一步认知移动医疗市场上五类主体行为对移动医疗发展的影响。中国移动医疗产品供应商在提供产品时受医院的影响比较大。移动医疗 APP 市场中，产品同质化严重，以中小创业型企业为主且竞争激烈。美国移动医疗市场上以大企业为主，产品通用性高但技术创新要求高。移动医疗产品供应商以医生和医疗保险机构为主要服务对象。投资者看好获得医疗保险机构承认并支付的产品。

关键词：移动医疗；市场结构；主体行为；博弈论

Comparison and Analysis of the Market Structure and Behaviors Between China and the US Mobile Health

Qian Sheng[1]，Zhang Yanyan[2]，Xu Min[3]

（1. School of Management，Hangzhou Dianzi University，Hangzhou 310018，China；
2. Hangzhou Branch of China Telecom Co.，Hangzhou 310000，China；
3. Dean's Office of Hangzhou Dianzi University，Hangzhou 310018，China）

Abstract: In recent years, mobile health has become a new hot spot of "Internet +" development. China and the US are the main countries in the global mobile health development. American mobile health is developing in the vertical depth, its business model has become mature. While China mobile health is developing in the start-up stage, searching for a suitable business model and development direction. This paper compares to the market structure and the influence on the behaviors of the mobile medical market between China and the US mobile health, and analyzes the game relationship between health insurers, medical institutions and patients, as well as doctors and mobile medical products suppliers. We can further cognize that the structure of the mobile healthcare market is influenced by the five-main mobile health market behavior. China mobile medical product suppliers will be affected by hospitals seriously when providing products. In the mobile health APP market, product homogeneity is serious, and the company is small or medium with serious competition. While US mobile healthcare market is mainly large enterprises, the product's versatility is high as well as its technical innovation requirements. Mobile health products supplier is likely to provide products to the doctors and health insurances. Investors are optimistic about products receiving recognition and payment from the health insurance agencies.

Key words: Mobile medical; Market structure; Subject behavior; Game theory

一、引　言

随着信息技术的快速发展，移动医疗作为加强医疗体系和中低收入国家实现联合国千年发展目标（Millennium Development Goals）的补充性战略，正引起各国政府的关注。近几年间，移动医疗服务在全球范围内快速增长。布鲁金斯学会研究显示，2014 年全球移动医疗产业规模已达 69 亿美元，其中，中国和美国是发展的主要动力[1]。易观智库关于中国移动医疗市场的专题研究报告中指出，2014 年中国移动医疗领域的融资额突破了 6 亿美元[2]。同年，美国移动医疗市场上获得投资金额最大的十个移动医疗项目共计融资 5.32 亿美元。

从世界范围看，移动医疗的推广大大降低了慢性病的复查率和复发率，为患者节省了时间和医疗费用，为社会节约了医疗资源。移动医疗服务效果见表 1。

表 1　全球针对移动医疗服务效果的研究

疾病	地区	移动医疗的应用类型	效果
糖尿病	美国	远程监护（治疗后）	每个病人的全部医疗费用可降低42%
高血压	美国	无线远程传递（传递生命体征到电子病历）	两次发病看医生的间隔时间延长了71%
心力衰竭	欧盟	远程监护（监护接受心脏起搏器手术的病人）	住院时间减少了35%，出院后看医生次数减少了10%
慢性阻塞性肺病	加拿大	远程监护（有严重呼吸疾病的患者）	住院次数减少了50%

资料来源：普华永道《中国移动医疗：创建一个致胜的商业模式》

美国占全球移动医疗应用的一半以上，主要包括信息/通信、监测、监控、诊断这四大类。中国目前移动医疗主导模式是将移动功能植入医院信息系统（hospital information system，HIS），主要包括电子病历、无线查房、移动护理工作站应用等。移动医疗应用可按表 2 进行分类。

表 2　移动医疗应用分类

<table>
<tr><td rowspan="3">非诊疗流程</td><td colspan="3">个人健康管理</td></tr>
<tr><td colspan="3">医疗费用控制</td></tr>
<tr><td colspan="3">医药类</td></tr>
<tr><td rowspan="8">诊疗流程</td><td rowspan="4">诊疗前</td><td rowspan="2">医患交流
或医生交流</td><td>自问诊，选择医生</td></tr>
<tr><td>医生之间交流</td></tr>
<tr><td colspan="2">医联平台（预约挂号、查看院内信息、查询检查报告等）</td></tr>
<tr><td colspan="2">约诊提醒</td></tr>
<tr><td rowspan="3">诊疗中</td><td colspan="2">医院内部流程管理</td></tr>
<tr><td colspan="2">医生临床诊疗支持</td></tr>
<tr><td colspan="2">远程医疗</td></tr>
<tr><td>诊疗后</td><td colspan="2">后续治疗跟踪管理</td></tr>
</table>

中国医疗资源相对不足，人均资源拥有量低。医疗费用支出逐年增长，从 2009 年的 17 541.92 亿元增加到 2013 年的 31 668.95 亿元。移动互联技术的不断创新发展，物联网、大数据和云计算等新兴技术的出现为医疗服务行业的发展提供了一条新路径。比较分析中美两国移动医疗市场结构在其影响下的主体行为，有助于更好地认知和把握中国移动医疗发展的经验和发展模式。

移动医疗发展中的参与主体众多，主要包括传统的医疗机构/医生、患者/普通人、医疗保险机构、移动医疗产品供应商和移动医疗投资者。各类主体行为都要受到其在移动医疗市场结构中的地位影响。各主体之间也会相互影响，进而影响着移动医疗的发展模式和方向。

移动医疗服务提供者是医院/医生。他们借助移动医疗产品和技术，为病人/普通人提供医疗服务。

移动医疗服务需求者是患者/普通人。他们借助移动医疗产品和技术获得医疗服务。

移动医疗产品供应商泛指提供除医疗服务外的各类移动医疗平台、软硬件等产品的企业。移动医疗产品的供应涉及多方参与者，包括移动网络运营商、网络技术和设备供应商、移动终端制造商、软件及应用开发商等。

医疗保险机构是承保范围内各种医疗服务费用的支付方。医疗保险机构是否深度介入移动医疗服务领域对整个市场上的其他主体行为有着重要影响。

移动医疗投资者通过投资移动医疗企业/项目等方式进入移动医疗市场，主要包括金融投资者、互联网企业投资者（如中国的互联网公司三巨头百度、阿里巴巴、腾讯）、跨界事业投资者等。

医疗市场上医患双方处于信息不对称状态，存在较大的风险和不确定性[3]。医生在医疗服务市场中掌握着包括医学专业知识、疾病治疗经验、治疗方案等大量的信息，具有信息优势。患者缺乏相关医疗知识，是信息劣势的一方。医患之间形成了委托-代理关系。医生具备代理人和医疗服务提供者的双重身份。一方面，医生需要对病人负责，以代理人的身份为患者提供治疗方案；另一方面，医生作为医疗服务的提供者有其自身经济利益的追求。

疾病直接关系人体的生存质量。人们对治病的需求总是期望获得“最好”的医疗服务。因为缺乏专业知识，患者只能将治疗方案的决策权力赋予医生。患者追求医疗康复和诊疗费用最小化。医院/医生具有获得较高诊疗费的经济动机。由于信息不对称，患者不能完全了解医生提供的治疗方案是否合适，最终获得的诊疗是否与付出的医疗费用匹配。信息不对称还容易导致医疗服务的“小病大医”。由此，在医疗服务市场中，保险公司的第三方监管和医院/医生声誉机制是遏制医疗市场道德风险的重要手段。

二、中美移动医疗市场结构比较

移动医疗市场结构受医疗市场结构影响。医疗市场结构反映的是医疗市场中各主体之间的内在联系及其相互关系特征。Beitia 认为在监管部门无法强制医院做事或不知道医院做什么，或者两者兼有之的模型中，在费用固定的情况下，垄断是较为经常的选择，但医院效率会降低。信息不对称引入的信息租金可以通过扩大医院有效市场份额来减少[4]。Mncedisi-Willie 指出私人自愿融资医疗市场结构将会影响健康计划的集中度、健康计划的竞争度及市场内部所有参与者的行为。医疗市场结构会影响医疗市场的效率及医疗市场中个体的行为[5]。

医疗市场产生信息不对称的主要原因如下：一是医患双方对于医疗信息获取能力不同；二是医疗服务是异质性产品，对不同人或不同疾病有不同的诊疗方案；三是医疗信息交流不畅和信息披露制度作用缺失[6]。信息不对称将会产生供给诱导需求、医疗服务消费不合理及医疗纠纷等问题[7]。

医疗市场结构受医疗资源分布的影响。可以通过医院的床位数、每千人医生数、诊疗人次数等作为衡量指标，分析医疗市场结构，也可以医疗服务市场特征、医疗市场进入壁垒等对医疗市场结构进行分析。医疗服务市场若在一定地域空间上存在着非对称性[8]，或医疗市场一定程度地集中，都会形成医院寡头竞争格局。一般大型医疗机构占有垄断地位[9]。

在医疗保险市场结构与医疗费用、市场基础等之间的关系上，McKellar 等认为医疗保险市场集中度与医疗价格和消费成反比，与使用率成正比。医疗保险市场结构的碎片化会使医疗价格和消费增加，竞争带来的效益也会被高医疗价格挤出[10]。

（一）中国移动医疗市场结构

1. 中国移动医疗市场规模

中国医疗市场是一种不完全竞争的市场结构，这样的环境确立了中国大中型公立医院的市场垄断地位，寡头垄断成为医疗市场的常态[11]。国内移动医疗起步于医疗信息化建设，直到 2011 年前后，智能终端的普及和移动技术的发展使进入移动医疗领域者增多。2012 年到 2013 年开始，大量资本涌入移动医疗产业，出现了一定规模的移动医疗应用。国内移动医疗发展即将进入移动医疗启动期[12]。目前国内移动医疗仍处于整合产业链和探索商业模式阶段。

截至 2013 年 11 月底，全国移动电话用户达到 12.23 亿户，其中 3G 用户 3.87 亿户，占比达到 31.6%。互联网宽带接入用户新增 1 822.1 万户，总用户达到 1.88 亿户，其中 4M 以上宽带用户比例达到 77.4%①。中国已成为移动产品运用大国。射频识别技

① 数据来源于工业和信息化部发布的《2013 年中国工业通信业运行报告》和《2012 年全国电信业统计公报》。

术（radio frequency identification，RFID）、传感技术、智能嵌入技术等物联网关键技术的发展，以及大数据、云计算等运用的推广，为移动医疗发展提供了技术保障[13]。

国内移动医疗产业已呈现爆发式增长。据《2014-2018 年中国移动医疗产业供需预测及投资潜力研究咨询报告》所得数据统计，移动医疗 APP 的数量已突破 2 000 款。预计到 2017 年底市场规模可达 125.3 亿元，如图 1 所示。

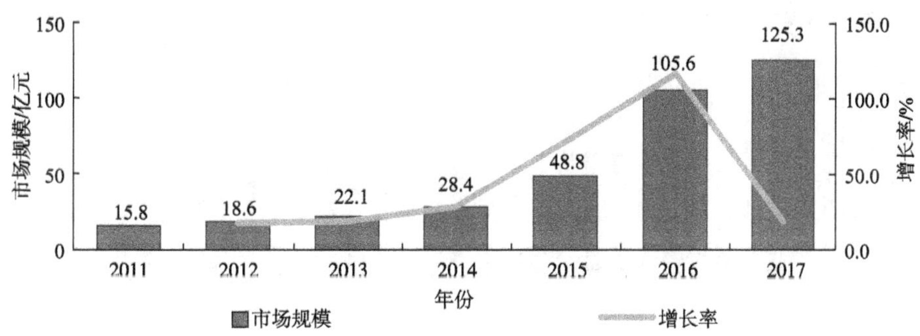

图 1 2011~2017 年中国移动医疗市场规模及预测

资源来源：艾媒咨询《2012-2013中国移动医疗市场年度报告》

2. 中国移动医疗应用种类

从应用主体看，国内移动医疗产品主要包括两大类：一类是以医院为服务对象的产品，主要用于提高医院内部诊疗信息利用效率，充分利用医疗资源的产品和服务，如移植移动功能进医院信息系统由移动医疗提供解决方案。另一类主要是面向个人的移动医疗产品，如自诊、轻问诊类线上服务及健康管理类产品。

按产品是否介入诊疗流程，可将移动医疗应用分为非诊疗流程的移动医疗应用和诊疗流程的移动医疗应用。非诊疗流程的移动医疗应用以健康管理类移动医疗产品为主，包括健康可穿戴设备，慢性疾病自我检测、管理类产品，针对女性、母婴、老年人的个人健康助手，以及其他有关个人健康管理的移动医疗产品。另一些移动医疗产品以医生和药企为切入点，为医生提供专业医疗资讯或是专业文献；为药企提供更有针对性的药企广告投放和物流配送等。

诊疗流程移动医疗应用主要集中在诊前和治疗中。服务于治疗前的移动医疗产品众多，包括以医院为入口的介入医院信息系统的预约挂号、分诊、缴费等功能的各类平台；以患者为服务对象的自诊、轻问诊类线上服务平台。此类产品在移动医疗市场中占有较大份额。治疗中的移动医疗产品以医院内部流程优化为主，一定程度上起到了简化治疗流程、节约治疗时间的作用。

3. 中国移动医疗市场结构特征

1）医疗市场结构

全国每千人口医生数平均为 1.98 人，每千人口医生数达 2 人以上的省（自治区、直辖市）占 43.75%，可达到中等收入国家水平，如图 2 所示。但是，能满足人们医疗需求的优质医疗资源仍显不足。

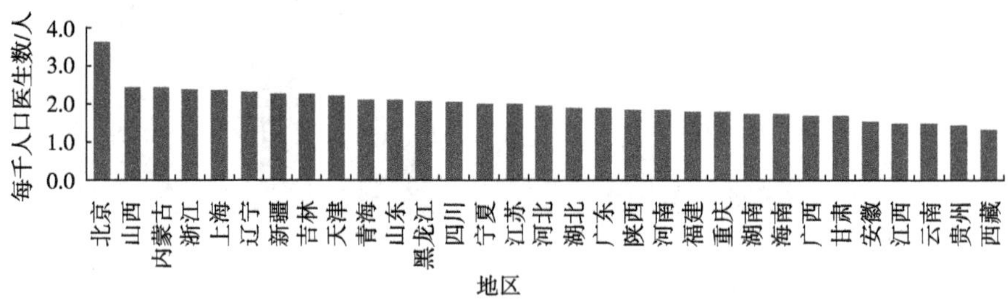

图 2　2012 年我国 31 个省（自治区、直辖市）每千人口医生数

资料来源：《2013年中国统计年鉴》

在空间分布上，城乡之间医疗资源分配差距较大，如图 3 所示。

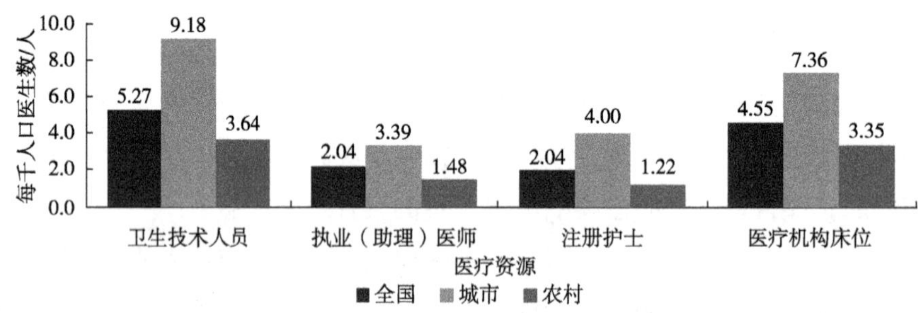

图 3　2013 年我国每千人口医疗资源城乡差异

国内的医疗体系以医院为主导，医生隶属于医院系统，并且大型公立医院占据主导地位。2013 年，公立医院在数量上与民营医院相差无几，但是，年诊疗人次数占总体的 89.91%。国内医疗机构共有床位 618.19 万张，其中医院床位数 457.86 万张，占 74.06%，基层医疗机构床位数 134.99 万张。二级及以上大型医院的年诊疗人次数是医院年诊疗人次数总量的 85.12%。

国内社会医疗保险已经基本实现了全民覆盖。商业医疗保险种类繁多，但基本上仅作为补充。社会医疗保险仅在最后的支付环节规定医疗费用报销的类别和比例，较少干预医院诊疗阶段的医疗服务内容。

2）移动医疗市场势力

移动医疗产品提供商有两大类：一类主要是以医院为入口的移动医疗解决方案提供商；另一类是以患者/普通大众为入口的移动医疗产品供应商。国内移动医疗提供商前 10 名企业包括东软集团股份有限公司、用友软件股份有限公司、东华软件股份公司、科大讯飞股份有限公司、银江股份有限公司、万达信息股份有限公司等。这 10 家企业的市场占有率达 83.46%，如图 4 所示。

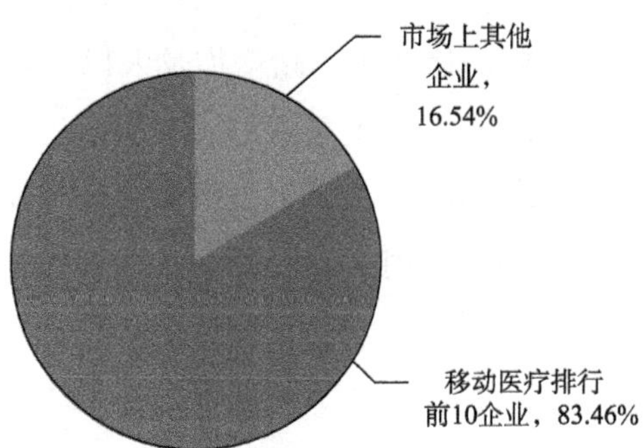

图 4 2014 年中国移动医疗企业市场占有率

资料来源：http://www.yidonghua.com/post/24217.html

根据对浙江谷瞰信息技术有限公司的相关调研资料分析，发现国内已与医院签约的移动医疗企业市场份额呈高度集中态势。大企业以自身在移动市场的原有优势，或借助先行优势不断扩大自身的市场份额。虽然在已有领域内已形成了一定的市场势力，但就整个移动医疗市场而言，初步发展起来的移动医疗市场仍有庞大的空间，在国内对移动医疗市场拥有绝对市场势力的大企业目前还未出现，如图 5 所示。

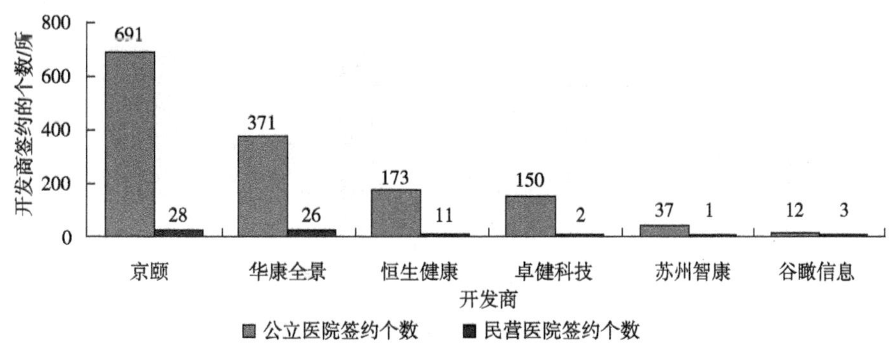

图 5 中国移动医疗主要开发商签约医院数量

以移动医疗 APP 为例，根据光合资本合伙人刘云介绍，国内市场已有 3 000 多款移动医疗 APP，正在进行医疗 APP 开发的公司就有 500~600 家，产品同质化程度较大，市场集中度较低。

（二）美国移动医疗市场结构

1. 美国移动医疗市场规模

美国移动医疗兴起时间早，一直处于全球领先发展地位。美国移动医疗发展与其医疗费用的不断增长、慢性疾病治疗费用不断增加及人口老龄化趋势有着不可分割的联系。截至 2011 年，慢性疾病支出达到美国医疗总费用的 75%。慢性病中心脏病发病率为 11.3%，糖尿病发病率为 8.6%，关节炎发病率为 21.9%。医疗费用的逐年增长（图 6），以及家庭和个人疗医保险费用支出的逐年增加（图 7），给美国医疗带来了巨大的压力①。

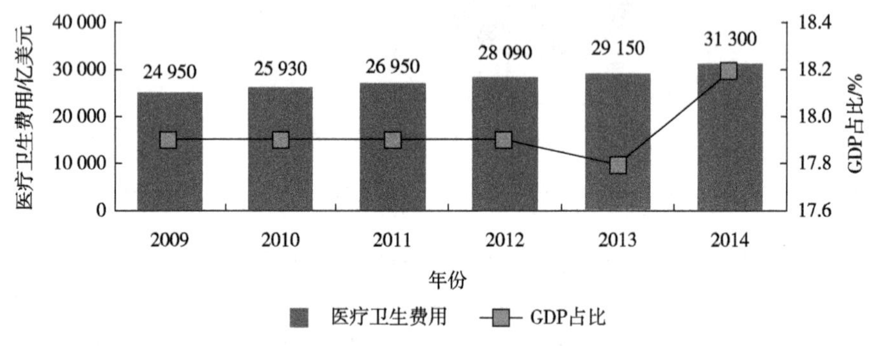

图 6　美国年度医疗卫生费用

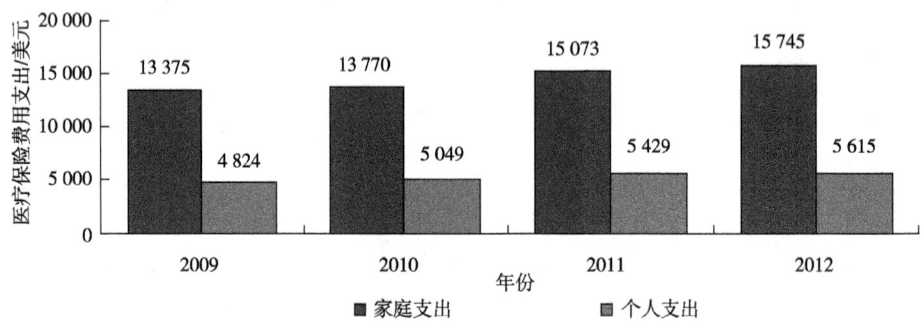

图 7　美国个人和家庭年度平均医疗保险费用

智能手机用户人数和移动互联网用户也在逐年增加，到 2014 年，美国智能手机用户达 13 300 万人，移动互联网用户达 14 210 万人，这为移动医疗的发展创造了条件。

① 数据来源：national health interview survey conducted by Centers for Disease Control and Prevention.

各类新兴技术在美国的快速发展和应用，为移动医疗的发展提供了契机。预计到 2017 年底，美国移动医疗市场规模将达到 59 亿美元，约占全球移动医疗市场的 25.6%。

2. 美国移动医疗应用种类

美国移动医疗应用主要包括面向医生类的辅助诊疗，增加病源和病人黏度等的产品；面向医院的简化流程类产品；专注于提高医疗服务效率和质量的产品。此外，还有面向医疗保险机构，帮助其监测投保人的身体状况以及时就医诊疗，避免不必要的治疗，控制医疗费用增长的产品。

非诊疗流程产品包括医保控费类产品，如 BioTelemetry 开发的 MCOT，用于移动心脏门诊遥测；WellDoc 开发的 bluestar APP，可以提供更丰富的临床数据以提高治疗有效性，通过实时检测和影响患者医疗选择，帮助医疗保险公司节省费用。另外，还有个人健康管理类产品，以健身、减肥及其他个人健康管理需求为主。这一类产品以个人需求为主要发展动力，属于非主流产品。

诊疗流程内的移动医疗产品包括诊前引导患者选择最合适、预约等待时间最短的医生等，如 Zocdoc 开发的平台，将有行医资格的医生按地域、日程安排、他人评价等集中展示，减少了病患预约等候时间，为医生提供丰富的临床数据并推送患者。移动医疗更多的是介入诊疗过程，以及诊疗后的跟踪服务，如辅助医生决策、病历大数据库、各类案例参考、诊疗后患者护理服务、跟踪药物使用情况、病人体征检测等。这类产品在一定程度上帮助医生提供更恰当的治疗方案，可持续追踪病人就诊后的恢复情况。

3. 美国移动医疗市场结构特征

1）医疗市场结构

美国医生数量比较丰裕，而且全国注册医院总数有 5 686 家，其中私立医院占 78.5%。2012 年美国各州每千人口医生数平均为 2.8 人[14]，每千人口医生数达到了高收入水平国家均值。每千人口医生数达 2 人的州占 90.38%。即使水平最低的爱达荷州，每千人口医生数也高于中等收入国家平均水平。

在医疗服务市场中，医生私人诊所相当于门诊部，提供最初级和主要的医疗服务。获得行医执照的私人医生拥有自由行医的权利，可以开立私人诊所或与医院签约。据美国医院协会 2014 年统计结果，约 65%拥有行医执照的美国医师从事私立开业，约 27%受雇于医院[15]。

医院主要负责急诊和为私人医生提供大型医疗设备服务。美国医院协会 2013 年调查数据显示，美国急症医院约有 5 199 所（表 3）。医院的另一个重要职能是教学和学术研究。截至 2014 年，全国约有 1 100 家教学医院，其中大型学术医疗中心约 400 家。

表 3　2013 年美国各类医院数量（单位：家）

<table>
<tr><th colspan="3">急症医院</th><th colspan="2">长期护理医院</th><th>总计
（美国注册医院）</th></tr>
<tr><td rowspan="3">社区医院
4 974</td><td>私立非营利性医院</td><td>2 904</td><td rowspan="3">私立精神病院</td><td rowspan="3">406</td><td rowspan="5">5 686</td></tr>
<tr><td>私立营利性医院</td><td>1 060</td></tr>
<tr><td>州政府、地方政府医院</td><td>1 010</td></tr>
<tr><td rowspan="2">其他
225</td><td>州联邦政府医院</td><td>213</td><td rowspan="2">私立长期护理医院</td><td rowspan="2">81</td></tr>
<tr><td>机构单位医院（监狱医院、学院医务室等）</td><td>12</td></tr>
</table>

资料来源：American Hospital Association Resource Center

美国医疗保险制度大体可分为私人医疗保险和公共医疗保险两大类型。私人医疗保险制度非常发达，八成以上美国人购买了各种私人健康保险产品。公共医疗保险，包括老年和残障健康保险（Medicare）、联邦政府对各州医疗援助资助（Medicaid）、儿童健康保险（children health insurance program，CHIP）等。医疗保险机构会参与监管诊疗全程。美国医疗保险机构对医疗服务内容有着极大的控制权，医生为病人进行检查，开出诊疗方案等都要求在病人所投医保的准许范围内。保险公司具有较强的市场势力。除自费患者外，医疗服务方案选择主要由支付方决定，患者和医生基本没有选择权。

2）移动医疗厂商市场势力

美国移动医疗市场以较大的几家企业为主，覆盖了大部分移动医疗应用用户。例如，全球第一家上市的移动医疗企业 Epocrates，在上市时就已为美国 50%以上的医生提供药品和临床治疗数据库及临床信息参考。最大的连锁药店沃尔格林推出的 Balance Reward 平台拥有 80 万名用户，40 多万台接入设备。为医院决策提供云服务平台的企业 Nant Health 拥有 250 家医院客户，2014 年获得了 3.75 亿美元投资额，接入 16 000 多台医疗设备，覆盖了全美 80%的肿瘤科。美国移动医疗市场中的一些大型专业企业获取的用户规模庞大，拥有一定的市场势力，提供的移动医疗产品通用性较强，能够被广泛使用。

（三）中美移动医疗市场结构比较

除了医疗市场构成基础不同外，中美两国医疗市场存在的较大差异是医疗保险机构在医疗市场中的地位大不相同，医疗保险机构对医疗服务领域的介入方式和程度有着较大的不同（表 4）。

表 4 中美医疗市场结构比较

<table>
<tr><td rowspan="4">医疗市场结构</td><td rowspan="2">医疗市场基础</td><td>私人医生为基础</td><td>美国：人均医生资源相对丰裕，以私人医生制度为基础，医生是医疗服务最基础和最主要的提供者</td></tr>
<tr><td>医院为主导</td><td>中国：人均医疗资源相对短缺，以医院为提供医疗服务的基本单位，医生隶属于医院。医疗市场以大型公立医院为主导</td></tr>
<tr><td rowspan="2">医疗保险</td><td>医疗保险机构决定医疗服务内容</td><td>美国：以私人医疗保险为主，医疗保险机构控制医疗服务内容，作为医疗服务的支付方对医疗服务内容拥有决定权</td></tr>
<tr><td>医疗保险机构介入医疗服务不深</td><td>中国：社会医疗保险基本覆盖全民，医疗保险机构对医疗费用报销范围和比例有规定，但是没有医疗服务内容的决定权，对医疗服务市场没有深度介入</td></tr>
</table>

中美两国移动医疗市场结构的差异性主要表现在移动医疗产品供应商市场势力、商业模式及进入监管三个方面。

1. 移动医疗产品供应商市场势力

以 2014 年两国国内各自获得投资额度最大的前 10 家移动医疗产品企业为分析对象，可以得到表 5（表中项目后括号内的数字代表所获投资额排名）。

表 5 中美移动医疗产品市场结构比较

<table>
<tr><th colspan="4">产品结构</th><th>中国</th><th>美国</th></tr>
<tr><td rowspan="3">非诊疗流程</td><td colspan="3">医保控费</td><td></td><td>WellTok（7）
WellDoc（10）
MDLive（6）</td></tr>
<tr><td colspan="3">个人健康管理</td><td>西柚经期助手/美柚女生助手（4）
咕咚网（6）
大姨吗（8）
IHealth/九安医疗（9）
缤刻普锐Latin（10）</td><td></td></tr>
<tr><td colspan="3">药械类</td><td>健一网（5）</td><td>Voluntis（5）</td></tr>
<tr><td rowspan="7">诊疗流程</td><td rowspan="3">诊疗前</td><td rowspan="2">医患交流或医生交流</td><td>医患交流</td><td>春雨掌上医生（3）</td><td></td></tr>
<tr><td>医生交流</td><td>丁香园（2）</td><td>Doximity（3）</td></tr>
<tr><td colspan="2">医联平台（预约挂号类）</td><td>挂号网（1）
华康全景网（7）</td><td></td></tr>
<tr><td rowspan="3">治疗过程</td><td colspan="2">医院内部流程管理</td><td></td><td>Voalte（4）
TigerText（8）</td></tr>
<tr><td colspan="2">医生临床诊疗支持</td><td></td><td>NantHealth（2）
Senseonics（9）</td></tr>
<tr><td colspan="2">远程医疗</td><td></td><td>MDLive（6）</td></tr>
<tr><td>诊疗后</td><td colspan="2">后续治疗跟踪管理</td><td></td><td>Proteus Digital Health（1）</td></tr>
</table>

资料来源：根据http://www.vcbeat.net/8620.html、TechCrunch、MobiHealthNews、村夫日记等媒体资料整理

中国2014年获得投资额排在前10位的移动医疗产品主要集中于个人健康管理、医患交流和医联平台类产品；美国则以医保控费、医院内部流程管理、医生临床诊疗支持及后续治疗跟踪管理为主。两国之间产品结构几乎没有重合，在移动医疗产品不同类别市场中的竞争程度也不同。

中国移动医疗市场以中小型企业为主，各自尚未拥有庞大的客户基础，还未形成市场势力。以医院为入口的移动医疗产品通用性较差，医院之间医疗信息互通还未实现。少数几家企业能够与医院合作，并在其中占有一定的地位，但整个医疗市场还未形成有市场势力的企业。以患者/普通人为入口的移动医疗产品同质化现象较为严重，竞争相对激烈。美国移动医疗市场中的大型上市企业相对较多。在各类移动医疗产品市场中，存在着一些拥有较大客户群的企业，有着一定的市场势力，产品通用程度较高。

2. 商业模式

中国移动医疗商业模式大多以向患者/普通人和医院收费为主，为医生个体提供的移动医疗服务基本免费或采用转移支付。美国移动医疗商业模式则以医生、药械企业、医疗保险机构等为收费对象，针对个人收费仅限于健康管理类产品（表6）。

表6　中美两国移动医疗商业模式比较

入口	商业模式	国家	典型代表
医院	为医院提供解决方案或技术服务，向医院收费	美国	Vocera——提供符合HIPPA法案的病人信息使用与传输的通信设备
	将移动功能植入医疗信息系统，向医院收费	中国	掌上浙一
医生	为医生提供临床数据，推送患者，向医生收费	美国	ZocDoc——提供线上医疗预约服务，向医生推送患者
	为医生提供专业资讯、文献数据或工具	中国	杏树林——通过转移支付收费
药械企业	为药械企业提供数据采集和分析咨询、产品推广和物流配送等，向药械企业收费	美国	Epocrates——药品和临床治疗数据库，为药械企业提供精确广告和问卷调查服务
	为药械企业提供推广渠道或者针对性的广告投放，向药械企业收费	中国	掌上药店——基于调查问卷、图文互动等手段投放广告
患者/普通人	为普通人提供健康管理服务及收费	美国	Wello——为健身需求者提供一对一私人教练服务内容
	提供自诊或轻问诊服务、健康管理服务，向大众收费	中国	春雨医生——自诊+轻问诊模式，会员费和自由定价模式
医疗保险机构	医保控费，为医疗保险机构检测或管理投保人员身体状况等，向保险公司收费	美国	CardioNet——远程心脏监测诊断服务

中国医疗资源以大型公立医院为主导，医疗保险机构未深度介入，移动医疗投资者基于医院的市场地位，大多选择以提高医院内部效率、缩短就医等待时间和充分利

用医疗资源为主要目标的产品。由于借助医院进入移动医疗市场要受到较多非市场因素制约，较多企业转而关注个人健康管理领域内产品的投资开发。

美国医疗资源以私人医生为基础，且医疗保险机构掌控着医疗服务内容，移动医疗投资者基于费用支付第三方（医疗保险机构）的市场地位、医生对病源的需求，以及提高医疗服务效率、质量的要求，会更多考虑费用支付方或潜在支付方的意愿。移动医疗产品供给和投资偏向于满足医生群体和保险公司的需求。

3. 进入监管

目前，中国政府还未有相关文件或政策对移动医疗市场进行监管。个人健康管理类的移动医疗产品同质化程度高，进入壁垒低。以医院为主要服务对象的移动医疗产品受地域和医院规模限制。

2013 年 9 月 23 日，美国 FDA（Food and Drug Administration，即食品和药物管理局）出台了移动医疗应用程序最终指南，对移动医疗的定义、不同种类移动医疗所需符合的标准或者条件都写明了监管原则与方法并详细解释，对美国市场上现有的移动医疗应用程序及新开发的产品起到了一定的监管作用。

三、中美移动医疗市场主体行为

（一）移动医疗市场主体之间关系

1. 中国移动医疗主体之间关系

中国移动医疗服务提供者（医院/医生）主要运用移动医疗产品供应商的产品优化自身流程管理，为患者提供高效、便利的医疗服务。移动医疗产品的最终使用者包括移动医疗服务提供者（医院和医生）和患者/普通大众。移动医疗产品的直接付费者主要是医疗机构、患者/普通人（图 8）。

中国移动医疗服务需求者和移动医疗服务提供者分别在非诊疗和诊疗领域与移动医疗产品供应商建立起商业联系。现有产品引导着移动医疗的消费，需求的更新促进市场上新产品的开发。医疗服务提供者（医院/医生）在为患者和普通人提供医疗服务时借助移动医疗产品。投资者的投资是在对移动医疗现有发展及未来发展预测的基础上进行的，同时受其他三类主体的影响。医疗保险机构暂时还未深度介入

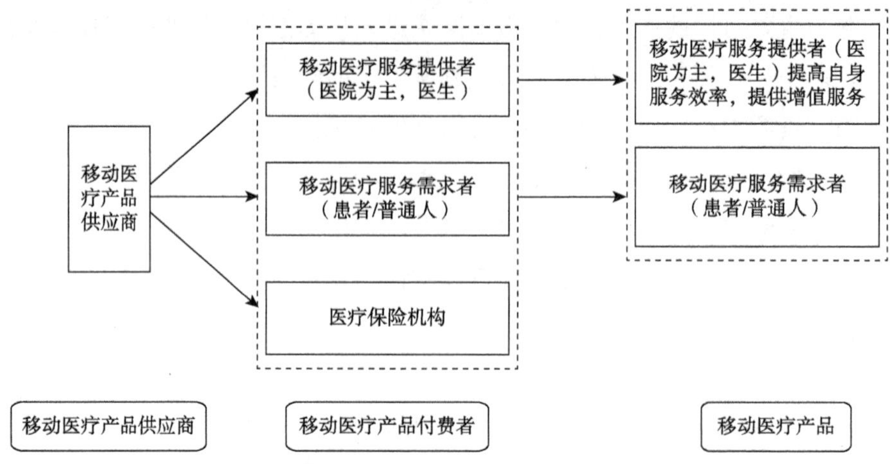

图8　中国移动医疗市场中移动产品使用者和付费者之间关系

移动医疗市场（图9）。

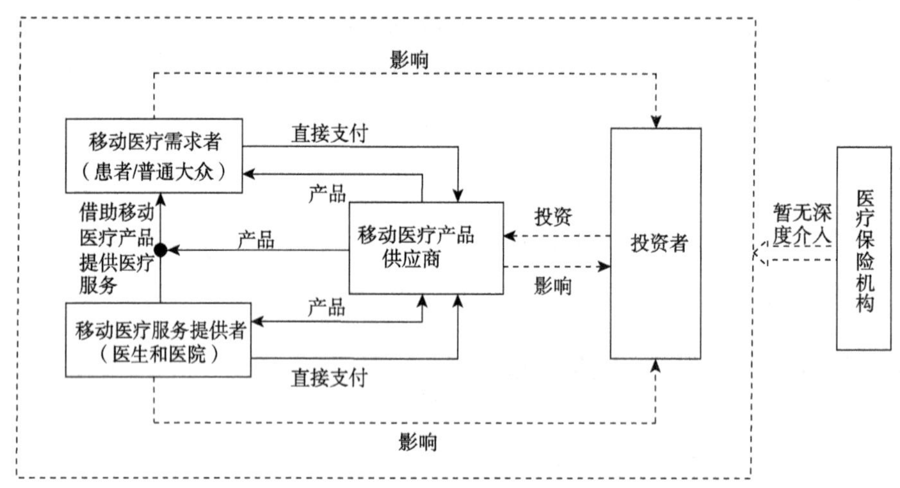

图9　中国移动医疗市场中五类市场主体之间关系

2. 美国移动医疗主体之间关系

美国移动医疗产品最终使用者包括移动医疗服务提供者、移动医疗服务需求者和医疗保险机构。移动医疗产品使用的直接付费者包括移动医疗服务提供者、移动医疗服务需求者和医疗保险机构（图10）。

美国移动医疗产品最终使用者除了移动医疗服务供需者外，还涉及第三方的医疗保险机构。付费者以移动医疗服务提供者和医疗保险机构为主（图11）。

移动医疗服务需求者、移动医疗服务提供者和医疗保险机构都与移动医疗产品供应商有联系。医生若是选择医疗保险承保范围内的移动医疗产品为患者提供医疗服务，

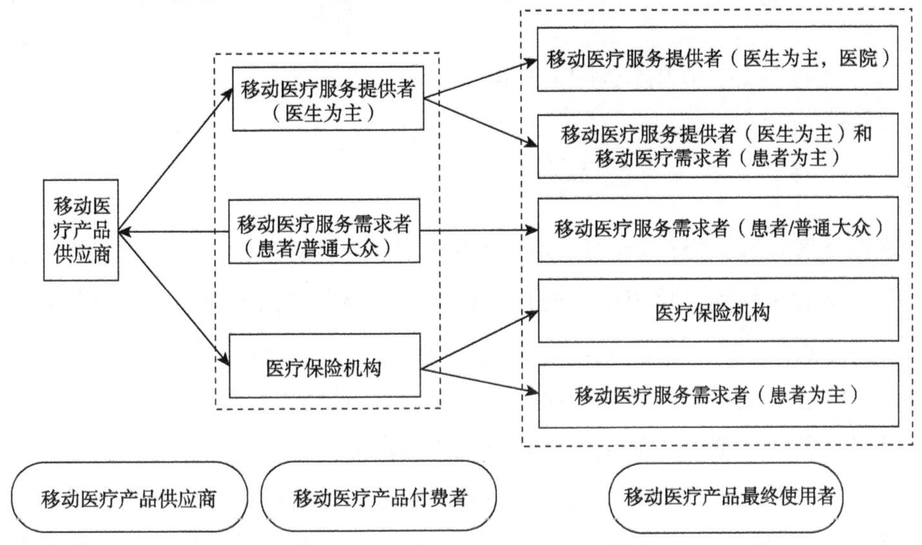

图 10　美国移动医疗市场中移动产品使用者和付费者之间关系

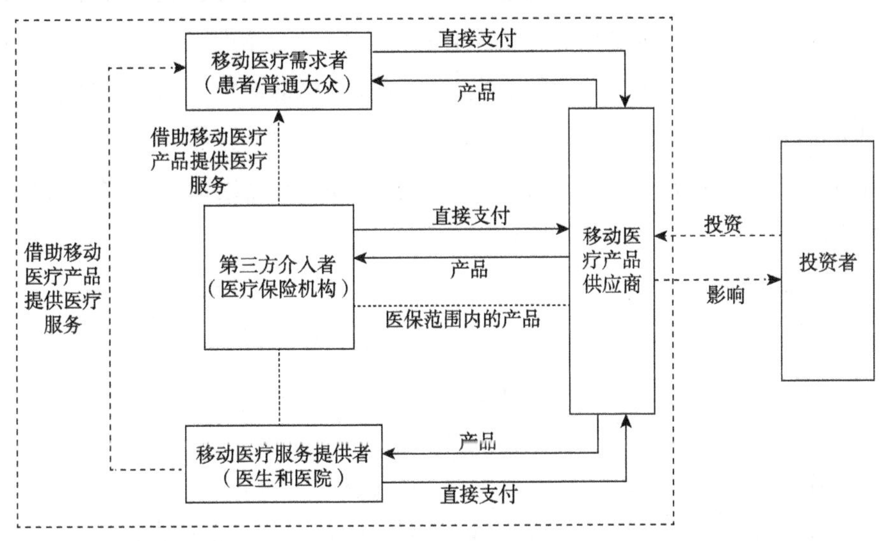

图 11　美国移动医疗市场中五类市场主体之间关系

除了移动医疗服务供需双方和移动医疗产品供应商之外，将医疗保险机构也关联进来，形成包含四类主体的联系网。投资者根据移动医疗服务提供者、移动医疗服务需求者、医疗保险机构及移动医疗产品供应商的行为进行投资选择。投资者的投资行为也影响着移动医疗的发展方向。

（二）移动医疗市场主体行为特征

1. 中国移动医疗市场主体行为特征

中国移动医疗服务提供者、移动医疗服务需求者、移动医疗产品提供者、医疗保险机构及投资者在移动医疗市场中的行为特征，主要通过其选择目的和选择移动医疗产品的行为来反映。

移动医疗服务提供者选择移动医疗产品时，对内选择以提高自身效益为主的产品；对外选择以方便患者就医，简化流程降低成本类产品。移动医疗服务提供者行为围绕自身建设开展。医院自身有着提高内部信息交流成效、节约医院成本等目的，偏好选择具有优化医院内部流程，将移动功能植入医院信息系统等功能的移动医疗产品。医院对外（患者）希望能缩短患者就医等待时间，简化就医流程，提高诊疗效率，提高患者就医体验，选择方便候诊类的移动医疗产品。医生个体则以提升自身医疗技术水平为主，选择具有医疗咨询、专业信息交流等功能的移动医疗产品，对医患交流类平台选择积极性一般。

患者更愿意选择免费使用的，有助于改善医疗环境和就医流程的移动医疗产品，如医院推出的挂号、取单、缴费一体化服务类的 APP，第三方预约挂号类平台，医患交流轻问诊产品，等等。

普通人对移动医疗的产品选择一般基于自身健康管理需求，大多选择非付费服务产品，如健康可穿戴设备类，减肥、儿科等专科咨询类 APP 产品。

移动医疗产品提供商所提供的产品切入口较多，有医院/医生、患者/普通人、医药企业、新媒体等，所提供的移动医疗产品同质化程度较高。在一些细分市场中，移动医疗产品提供商之间的竞争程度较为激烈。移动医疗产品提供商向医院提供产品时，存在着一定的市场锁定效应。

社会医疗保险机构对医疗服务介入不深。商业保险机构有意愿选择移动医疗产品为自身控制医疗费用、减少过度医疗，以及减少甚至避免逆向选择，提供更强大的监管。随着体制改革的不断深化，商业保险机构正在逐步介入移动医疗，借助与移动医疗产品提供商合作进一步控制医疗费用。

投资者的投资行为总是以获得盈利，抢占市场、用户，获得市场重要资源为主要目标。国内移动医疗市场上的投资者主要由互联网公司、国内外的股权投资或风险投资组成。投资者以其对行业的预期，对相关企业营利能力和发展前景的考察，决定其投资行为。

互联网企业以BAT（百度、阿里巴巴、腾讯）三巨头为典型，正在加快布局移动医疗。百度以医疗大数据积累，健康云平台建设为主，专注于移动医疗数据类产品。阿里巴巴介入移动医疗领域以占据并扩大市场为主，投资了中信21世纪、华康全景、寻医问药网、U医U药网站等，在电子病历、电子处方、药物配送、医保报销、保险赔付等支付环节抢占优势。腾讯以其在社交领域内的优势，投资丁香园和挂号网，以抢占移动医疗入口为主。

2. 美国移动医疗市场主体行为特征

美国移动医疗市场上，移动医疗服务提供者主要是直接接触患者的医生群体。各类主体在移动医疗市场中的行为特征可以通过其选择移动医疗产品的行为及其行为选择的目的来反映。

医生自身有着增强专业能力、增加相对固定病源、保持病源黏度的动机，愿意选择具有加强医生之间交流、提供各类医疗诊疗案例数据及推送患者等功能的移动医疗产品。医院对内有优化院内信息管理、院内交流沟通等方面的目的，愿意选择具有优化院内流程、创新流程管理类功能的移动医疗产品。

以患者为主的移动医疗服务需求者在移动医疗市场中，有降低成本、搜索可供预约的医生、减少预约等待时间的要求。普通人的移动医疗产品需求主要以个人健康管理类产品为主。

移动医疗产品供应商提供产品以符合国家相关标准为主。移动医疗产品开发应顺应医疗行业本身的发展需求，为医疗行业发展提供移动医疗技术等方面的支持。移动医疗产品供应商开发的产品须申请FDA的核准，或者产品在研发过程中主动符合政府相关政策及行业标准，会主动考虑各主体在移动医疗市场上的需求。

医疗保险机构有控制医疗费用，减少甚至避免逆向选择和道德风险的行为的目的，愿意选择具有医保控费，加强对投保人员合法监测等功能的移动医疗产品。

移动医疗投资者以风险投资为主，电信公司正在快速进入，互联网企业如Google、微软等一早就开始投资布局移动医疗产业。苹果公司也开始向移动医疗领域布局。投资者的投资行为看好移动医疗服务提供者和保险公司愿意支付的产品，注重在纵深领域深度开发的项目，投资重视医疗数据的积累和应用。

四、中美移动医疗市场结构对主体行为的影响

（一）中国移动医疗市场结构对主体行为的影响

中国移动医疗市场结构在一定程度上会影响市场主体的行为。大型公立医院具有主导地位，在选择移动医疗产品时具有较大的影响力。移动医疗服务个体需求者处于医疗信息劣势，分散化的个体患者对诊疗类移动医疗产品的选择不具有话语权。他们只是被动的接受者，只有那些非诊疗类移动医疗产品才是他们的“货币选票”。具体的中国移动医疗市场结构下的主体行为如图12所示。

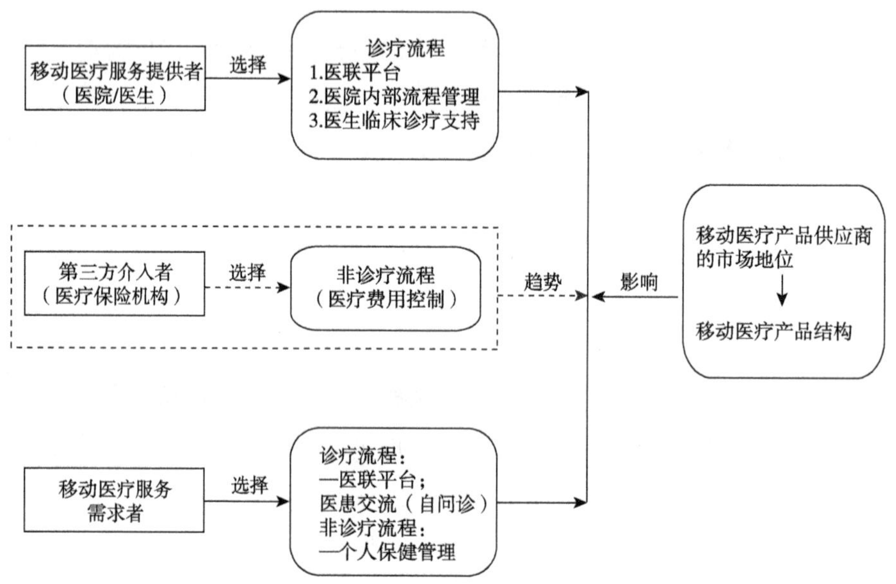

图12　中国移动医疗市场结构下的主体行为

1. 移动医疗产品供应商的行为

1）移动医疗产品供应商与医院之间关系

面向医院的移动医疗产品只有通过介入医院信息平台整合才能进入移动医疗服务市场，而且移动医疗产品还必须满足不同医院的各种差异化个性需求。大型公立医院在医疗市场结构中具有主导地位，掌握了绝大多数的医疗资源和患者，在移动医疗市场中具有较强的议价能力。而移动医疗产品供应商的讨价能力有限。这种关系可以用讨价还

价模型表示（假设为完全信息下非对称压力的讨价还价）。具体的关系博弈如图 13 所示。

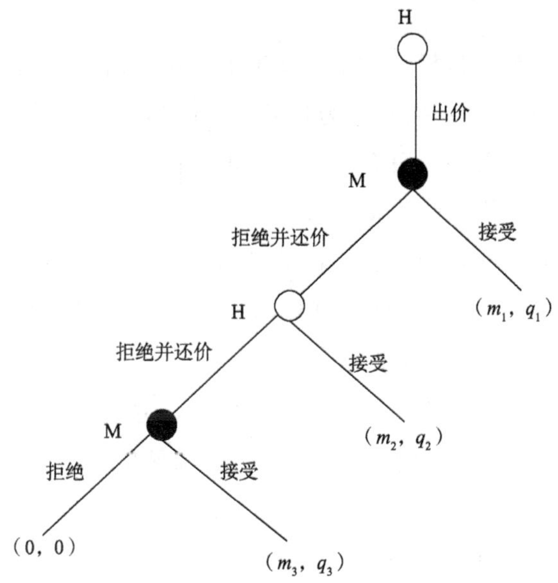

图 13　中国移动医疗产品供应商与医院之间的博弈

M 代表移动医疗产品供应商，H 代表医院。假设双方拥有的移动医疗相关产品价格的信息是一致的，即存在数量较多的医院均需要类似的移动医疗产品且根据医院的规模、等级所提供的价格趋同，移动医疗产品供应商获得价格信息不费力。

假设移动医疗产品供应商和医院都是“理性人”，以自身利益最大化为原则。M 和 H 各自可接受的价格区间为$[m_1, m_2]$和$[h_1, h_2]$，其中 m_1 为 M 的最低保留价格（可理解为产品成本加一定的利润），h_2 为 H 的最高保留价格（可理解为医院所出的最高预算），m_1，m_2，h_1，h_2 均大于 0，按照现实市场可令 h_1 小于 m_1，h_2 小于 m_2 并大于 m_1，即可以将双方的价格区间合并为$[m_1, h_2]$。讨价还价的价格需要在此期间内才能顺利进行。

假设双方讨价还价在三个阶段内完成。

假设 P 为讨价还价的最终解，对于 M 而言希望 P 越大越好，对于 H 而言希望 P 越小越好。

讨价还价需要引入时间参数——贴现率 δ（$0 \leqslant \delta \leqslant 1$）。贴现率 δ 会受到讨价还价双方心理状态的影响。时间压力会使谈判者在沟通过程中更容易达成协议。讨价还价双方的心理压力用 θ 表示。讨价还价周期越长，心理压力大的一方的收益贴现率就越小，δ 与 θ 之间呈负相关。心理压力大的一方在讨价还价中越容易妥协。

一般而言，$0 \leqslant \theta \leqslant \infty$，$d_\delta / d_\theta < 0$，$0 \to \infty$ 时，$\delta \to 0$ 且 $0 \leqslant \delta \leqslant 1$，$\delta = 1/(1+\theta)$

（$0\leqslant\delta\leqslant1$，$0\leqslant\theta\leqslant\infty$）。若在一个完全信息下博弈，此讨价还价就是经典的分蛋糕博弈[16]。

分蛋糕的三阶段讨价还价模型如下：H 出价为h_t，则 M 收益为$1-h_t$（在 M 出价时，要求 H 所得比例为m_t，M 的收益为$1-m_t$），同时各阶段的收益均折现到初期。阶段用t表示，$t=1,2,3$。在第一阶段（$t=1$）：H 出价得h_1，若 M 接受则其收益为$1-h_1$，讨价还价结束。否则进入第二阶段（$t=2$）：M 出价，H 得δm_2，M 收益为$\delta(1-m_2)$，H 接受则讨价还价结束。否则进入第三阶段（$t=3$）：H 出价h_3，收益为$\delta^2 h_3$，M 的收益为$\delta^2(1-h_3)$。对于三阶段讨价还价模型而言，利用逆向归纳法可知，有唯一子博弈精炼 Nash 均衡结果$h_1=1/(1+\delta)$。

在移动医疗市场谈判中，大型公立医院可借助其主导地位对移动医疗产品供应商施加压力。移动医疗产品供应商的心理压力大于医院，在讨价还价过程中更容易妥协。M 和 H 心理压力分别为$\delta_{\mathrm{M}}=1/(1+\theta_{\mathrm{M}})$，$\delta_{\mathrm{H}}=1/(1+\theta_{\mathrm{H}})$。排除极端情况后，假定$t=3$，H 的最大收益为$h_3$，折现到第二期$t=2$，H 收益为$\delta_{\mathrm{H}}h_3$，则按照前文所述的分蛋糕三阶段讨价还价模型，M 在第二阶段（$t=2$）出价$m_2\geqslant\delta_{\mathrm{H}}h_3$，所以 M 出价应为$m_2=\delta_{\mathrm{H}}h_3$，其收益为$1-\delta_{\mathrm{H}}h_3$。折现到第一阶段（$t=1$），M 的收益应为$\delta_{\mathrm{M}}(1-\delta_{\mathrm{H}}h_3)$，则 H 在第一阶段的出价为$h_1=1-\delta_{\mathrm{M}}(1-\delta_{\mathrm{H}}h_3)$。由于在第三阶段的最大收益从博弈均衡角度而言应当跟第一阶段时 H 的出价相同，所以$h_3=h_1=1-\delta_{\mathrm{M}}(1-\delta_{\mathrm{H}}h_3)$，得

$$h_1=\frac{1-\delta_{\mathrm{M}}}{1-\delta_{\mathrm{H}}\delta_{\mathrm{M}}},\ m_1=1-h_1=\frac{(1-\delta_{\mathrm{H}})\delta_{\mathrm{M}}}{1-\delta_{\mathrm{H}}\delta_{\mathrm{M}}} \tag{1}$$

h_1对θ_{M}，θ_{H}分别求导可得

$$\frac{\partial_{h_1}}{\partial_{\theta_{\mathrm{H}}}}=\frac{(1-\delta_{\mathrm{M}})\delta_{\mathrm{M}}}{(1-\delta_{\mathrm{H}}\delta_{\mathrm{M}})^2}\cdot\frac{-1}{(1+\theta_{\mathrm{H}})^2}<0,\ \frac{\partial_{h_1}}{\partial_{\theta_{\mathrm{M}}}}=\frac{(1-\delta_{\mathrm{H}})\delta_{\mathrm{M}}}{(1-\delta_{\mathrm{H}}\delta_{\mathrm{M}})^2}\cdot\frac{-1}{(1+\theta_{\mathrm{M}})^2}>0 \tag{2}$$

m_1对θ_{M}，θ_{H}分别求导可得

$$\frac{\partial_{m_1}}{\partial_{\theta_{\mathrm{H}}}}=\frac{(\delta_{\mathrm{M}}-1)\delta_{\mathrm{M}}}{(1-\delta_{\mathrm{H}}\delta_{\mathrm{M}})^2}\cdot\frac{-1}{(1+\theta_{\mathrm{H}})^2}>0,\ \frac{\partial_{m_1}}{\partial_{\theta_{\mathrm{M}}}}=\frac{1-\delta_{\mathrm{H}}}{(1-\delta_{\mathrm{H}}\delta_{\mathrm{M}})^2}\cdot\frac{-1}{(1+\theta_{\mathrm{M}})^2}<0 \tag{3}$$

从关系式（2）和式（3）中可以看出，博弈中 M 和 H 的收益与自身心理压力呈减函数关系，与对方的心理压力呈增函数关系。即当 M 的心理压力越大时，越急于达成合约，其收益越低；则 H 的收益越高。移动医疗产品供应商给医院量身定制产品时受到医院在市场中占主导地位的影响。

2）移动医疗产品供应商面向个体消费者的行为

在个人健康管理市场和医联平台市场中，一是现有移动医疗产品供应商数量众多，移动医疗 APP 已超过 3 000 个。二是多数产品的大致功能相似。趣医网董事长李志认

为现有市场中移动医疗 APP 同质化非常严重。三是目前大多数的移动医疗 APP 公司处于免费阶段。正如光合资本合伙人刘云指出的那样，目前国内这 3 000 多个移动医疗 APP 都没有盈利模式。四是市场进入基本上不存在技术壁垒或者其他壁垒。目前，国内移动医疗产品供应商在这部分市场上的主要行为是圈定市场和使用者，扩大自身的市场份额和争取更多的用户。

2. 移动医疗服务提供者行为

医疗市场上，医生处于信息优势地位，拥有自由处方权利（区别于美国的医疗服务内容由保险机构决定的情况）。医疗保险机构难以对其进行有效监督，政府机构的干预也难以从根本上解决信息不对称问题。

随着医改的不断深化，医院的“声誉机制”对医院/医生的制约作用将逐渐显现。医院/医生的声誉是由患者对其医术、诊疗方案、服务质量、职业道德等的综合评价。医院声誉与医院收益正相关，医院声誉又是全体医生声誉的集合。

医生声誉受医疗服务质量、个人绩效激励、医疗服务质量成本三个因素的影响。其中前两个因素主要由医院内部控制。移动医疗的发展和应用有助于降低医疗服务质量的成本。移动医疗产品不仅会直接提高医生的诊疗效率，其辅助诊疗功能对提高医疗服务质量也有较大的作用。

移动医疗应用的进入，还为医生和患者之间的信息交流传递提供了平台，帮助医生更多地了解患者的身体状况，也为患者提供更全面了解与疾病相关信息的途径，为缓解医疗市场中长期存在的信息不对称状况起到了一定的作用。这既可增强声誉机制对医生的激励作用，也有利于改善医患之间的紧张关系。

3. 医疗保险机构行为

社会医疗保险机构对移动医疗服务内容基本不予干涉。医疗保险机构通过对医疗服务的监管来缓解医患的道德风险问题。医疗保险市场上存在着两种信息不对称：一是患者的疾病状况；二是患者疾病的治疗方案。医疗保险机构对患者情况和医疗机构的治疗方案等相关信息了解很少。医疗保险的第三方支付方式也会在客观上促使患者的主动过度医疗，偏好使用更昂贵的药品和更先进的诊疗设备，甚至可能出现“一卡多用”等现象[13]。移动医疗产品在信息技术上有助于其更有效地实施对医疗机构的监管和成本控制。

医疗保险机构与医疗机构之间存在着不完全信息博弈。设医疗机构的行为是 $H=\left(h_1,h_2\right)$，其中医疗机构提供合适的诊疗方案且适当收费，记为 h_1，过度治疗方案收费记为h_2，诊疗成本为C_h。医疗保险机构的行为是$I=(i_1,i_2)$，其中医疗保险机构对医院的诊疗是否恰当进行监督检查为i_1，监督成本为C_i，不履行监督检查为i_2。医疗保险机构检查出乱收费的概率为 p，对未提供适当诊疗方案的医疗机构采取的处罚为其收入的α倍。此外，假设患者的疾病严重程度用S表示，s_1代表疾病严重，s_2代表疾病不严重。则医、患、保三方博弈树如图 14 所示。

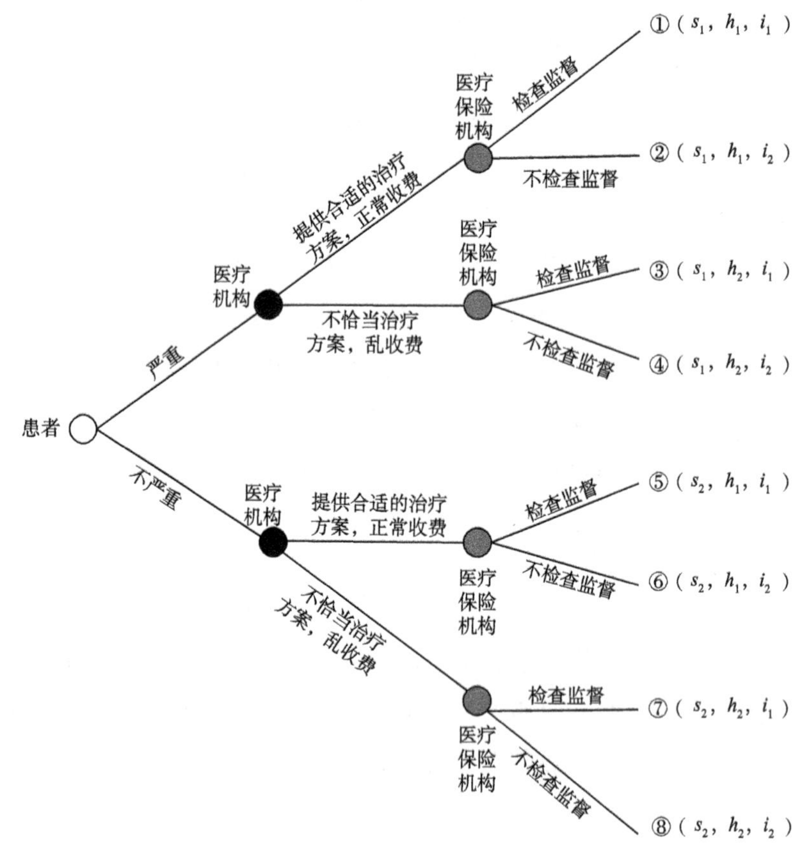

图 14　医、患、保三方博弈树

当医疗机构提供恰当的医疗服务时收益为(h_1-s_1/s_2)，医疗保险机构的收益为$-C_i$，而不检查时收益为 0。因此，当检查监督成本较高时，医疗保险机构选择不检查监督更有利。当医疗机构未提供恰当治疗方案且乱收费时收益为$\left[h_2(1-p)-s_1-\alpha h_2 p-C_h\right]$或$\left[h_2(1-p)-s_2-\alpha h_2 p-C_h\right]$。医疗保险机构不检查监督的收益为$(h_1-h_2)$，其值为负数，实际为损失。医疗保险机构检查监督的收益是$(p\alpha h_2-C_i)$。当且仅当$(p\alpha h_2-C_i)>(h_1-h_2)$时，医疗保险机构采取检查监督的行为是有利的。但是，随着医疗保险机构检查频率的增加，检查成本上升，其处罚收益C_i将呈下降趋势。

医疗保险机构的收益大小取决于p和C_i的大小。提高检查的有效性和降低检查成本是提高医疗保险机构监管效益的重要途径。移动医疗的普及以及大数据的运用可以以低成本获得更多的医疗信息，提高医疗保险机构监督的有效性。

（二）美国移动医疗市场结构对主体行为的影响

美国医疗保险机构可以确定医疗服务内容，医生及医院的行为会受到医疗保险机构的直接控制。在医疗资源相对充裕的情况下，移动医疗服务提供者（医院/医生）多从提高自身效益出发选择移动医疗产品，以期提高医疗资源利用效率和节省成本。医疗保险机构作为费用支付方，各主体对移动医疗产品的选择行为都要受到它的约束。美国移动医疗市场结构影响下的主体行为如图 15 所示。

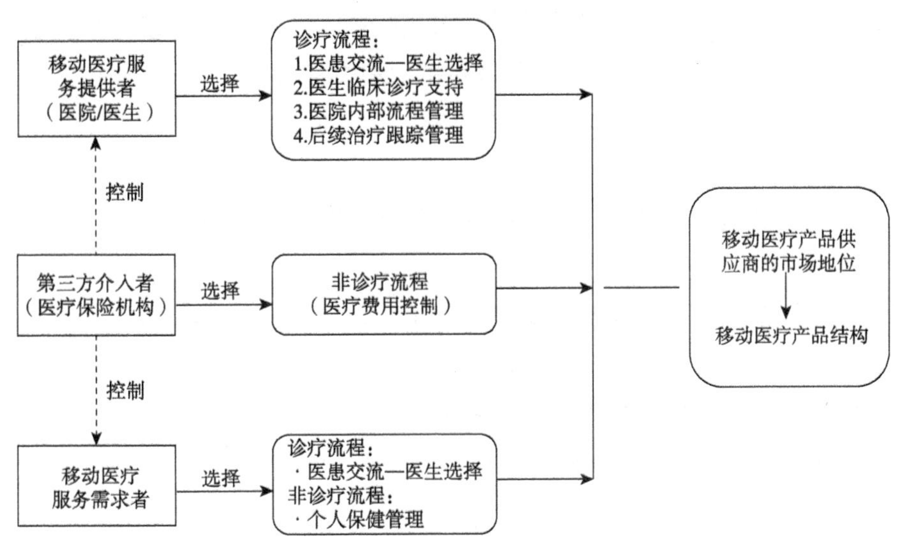

图 15 美国移动医疗市场结构影响下的主体行为

1. 移动医疗产品供应商的行为

1）移动医疗产品供应商与医院/医生之间的关系

美国医生诊疗要顾及患者保险中的控制条款。移动医疗产品供应商的供应对象主要是医生。市场上提供的大多是符合相关标准、具有较大通用性的移动医疗产品/平台。医生在选择移动医疗产品时一般考虑自身需求和医疗保险覆盖与否。移动医疗产品供应商与医院的供需关系一般与传统医疗市场中药械类产品相似。

2）移动医疗产品供应商供应个体产品行为

移动医疗应用程序要符合 FDA 移动医疗应用程序指南的规定，接受 FDA 的监管。

移动医疗产品供应商向个人提供符合 FDA 监管要求的产品，虽然美国市场上也存在着一些非 FDA 准入的产品，但是，从长期来看，美国移动医疗市场上提供的移动医疗产品必将要符合 FDA 或者其他相关部门的标准。

2. 移动医疗服务提供者行为

基于医疗保险机构的监督，私人医生更为关注个人声誉的保护，会借助现有市场中移动医疗产品的某些功能进行诊疗辅助，以便提供更好的医疗服务，提高声誉。

3. 医疗保险机构行为

作为医疗服务内容的决定方，美国医疗保险机构更愿意通过对移动医疗产品使用过程的信息监控，实时了解患者身体状况，检查监督医疗机构治疗方案是否恰当合理。所以 BioTelemetry 公司和 WellDoc 公司提供的通用类移动医疗产品都是向医疗保险机构收费，为其提供监测的投保人员的身体状况，并降低长期医疗费用。

（三）中美移动医疗主体行为对移动医疗发展的影响

2014 年，中美两国的移动医疗领域都获得了巨大的投资。除了来自风险投资外，也出现了一些实业资本的跨界投资。移动医疗市场结构决定了各类主体在产品与服务选择上的市场地位，进而影响着移动医疗产品与服务的发展走向。

中国移动医疗市场中，医院/医生占据主导地位。移动医疗供应商只有通过介入医院信息平台整合才能进入移动医疗服务主体市场。移动医疗产品更多地以服务于医院诊疗效益的提高为目标。目前移动医疗产品应用排在前两位的是在线问诊和预约挂号平台，且收费多为通过转移支付实现。移动医疗市场竞争的焦点是一系列分散化的医院客户争夺，而不是基于大市场的通用产品与服务的竞争。医院客户的获取往往受一些非市场因素的影响。医院对移动医疗产品占据主导地位的自利性选择行为，不利于以互联网为平台的开放性移动医疗产品的开发，不利于移动医疗产品的普及推广。一些移动医疗供应商为避开医院客户的竞争，正积极开拓以个人付费为主的手机 APP 类项目和预约导诊项目。

美国移动医疗产品市场中，医疗保险公司作为费用支付的第三方占据主导地位。虽然移动医疗产品也是较多面向医院/医生，但必须满足医疗保险机构对监控和降低医疗费用的需求。这在客观上促进了具有较高通用性的移动医疗产品的发展。移动医疗产品的通用性有利于提升市场的竞争性，并促进产品的深度开发。

五、结论与思考

中美两国医疗资源的差异影响移动医疗市场结构，进而影响移动医疗发展模式的选择。移动医疗市场主体的行为受其市场地位影响，其行为选择也会影响甚至改变移动医疗发展的走向。

中国医疗服务市场以公立大医院为主体，医疗保险机构对移动医疗市场尚未有明确的监管措施。移动医疗产品供应商以为医院提供专用移动医疗解决方案为入口进入移动医疗市场。移动医疗市场上还未出现拥有市场势力的企业。现有市场上的商业模式主要以向医院、患者和普通人收费为主。目前，大医院的选择行为对移动医疗产品发展走向有较大的影响。移动医疗产品主要集中在解决医院自身信息化管理，提供移动医疗解决方案，为患者解决看病难、就诊等待时间长等效率问题。

美国移动医疗市场中，医疗保险机构决定医疗服务内容。移动医疗产品供应商提供的移动医疗产品以提高医疗效率，控制医疗费用为主，大多服务于医保控费和医生辅助诊疗。移动医疗市场上存在拥有一定市场势力的大型移动医疗企业。移动医疗市场上的产品应用受 FDA 的监管。商业模式主要以向医生和医疗保险机构收费为主。医疗保险机构的选择行为对移动医疗产品发展走向有较大的影响。

目前中国移动医疗产品主要有两大类：一是为医院提供的专用系统平台和服务；二是非医疗诊断的个人健康数据管理类 APP。移动医疗的本质是医疗信息的共享、全数据分析及信息传递成本降低等。这类功能产品的开发既是中国移动医疗发展的主要方向，也是发展的主要瓶颈。随着医疗改革的深化，分级诊疗体系的推进，一方面要求移动医疗越来越具有通用性的远程医疗、智能医疗功能；另一方面又会引发移动医疗领域新的投资热，为移动医疗产品走出低水平竞争创造新机遇。

我们可以借鉴美国的经验，通过改变中国移动医疗市场结构，增强医疗保险机构作为支付第三方在移动医疗市场中的话语权，充分发挥医疗保险机构的监管和引导作用，积极鼓励通用性移动医疗产品开发。尤其要大力推进医疗大数据产品和服务发展，消除医院之间的信息孤岛现象，缓解患者与医院之间的信息不对称现象，使全国人民能借助移动医疗的发展共享到更好的医疗保障。

参考文献

[1] Yu X，Darrell W，Joshua B，et al. mHealth in China and the United States：how mobile technology is transforming healthcare in the world's two largest economies[EB/OL]. http://www.brookings.edu/research/reports/2014/03/12-mhealth-china-united-states-mobile-technology-health-care，2014-03-12.

[2] 易观智库. 中国移动医疗市场专题研究报告[EB/OL]. http://wenku.baidu.com/view/69bfaf73f90f76c661371aef.html，2015-03-16.

[3] Arrow K J. Uncertainty and the welfare economics of medical care[J]. The American Economic Review，1963，(5)：941-973.

[4] Beitia A. Hospital quality choice and market structure in a regulated duopoly[J]. Journal of Health Economics，2003，(6)：1011-1022.

[5] Mncedisi-Willie M. Market structure in the South African health care system[J]. World Medical Journal，2014，(60)：70-78.

[6] 祁红涛. 医疗市场管制：信息不对称、激励机制与社会福利[D]. 武汉大学博士学位论文，2014.

[7] 周春红. 论我国医疗服务市场中的信息不对称[J]. 卫生经济研究，2010，(4)：13-15.

[8] 张二华. 非对称医院双寡头竞争与医疗市场分割[J]. 数量经济技术经济研究，2004，(10)：33-39.

[9] 李秀娟，刘皓，王华. 论我国医疗市场结构及其影响[J]. 中国药物经济学，2009，(6)：57-65.

[10] McKellar M R，Naimer S，Landrum M B，et al. Insurer market structure and variation in commercial health care spending[J]. Health Services Research，2014，(3)：878-892.

[11] 张秋生，戈文鲁，张德书. 我国医疗服务市场不完全竞争性分析[J]. 中国农村卫生事业管理，2015，(5)：545-547.

[12] 杨永燕. 全面解析美国移动医疗 2015 年发展态势[EB/OL]. http://www.cn-healthcare.com/article/20150714/content-476059.html，2015-07-14.

[13] 中国科学院苏州生物医学工程技术研究所. 国内外移动医疗技术及产业发展状况调研报告[EB/OL]. http://wenku.baidu.com/link?url=tES1Qt41L_Q7rEBdpuSaUdMfbmxGjdCGBw1Ht_t84Cfeqk1jM-DqkFK5ueeShGIWs6SC94-y_PHW6u63ReyY12tBWJmWFcxvHAaBAXKT2Dm，2015- 06-09.

[14] National Center for Health Statistics. 2015 Total number of active physicians per 1000 persons by state，2011 and 2012[R]. 2011.

[15] 刘海艳. 美国医生私立行医的现状和前景[EB/OL]. http://health.sohu.com/20151006/n422640742.shtml，2015-10-06.

[16] 张会丽，姜勇. 我国发展移动医疗的PEST分析[J]. 医学信息学杂志，2012，(11)：6-9.

企业跨境电子商务发展的影响因素研究*

——基于 203 家企业调查数据的实证分析

谌　楠

（杭州电子科技大学浙江省信息化与经济社会发展研究中心，浙江杭州，310018）

摘　要：本文拓展了企业创新理论的内涵，提出并验证了企业创新包括技术创新、制度创新及商业模式创新三个子系统。来自 203 家企业的数据分析显示企业内部资源（即企业创新）及企业外部资源（即政府政策支持）都对电商企业对外贸易中的企业绩效有显著的正向影响。其中，企业创新在政策支持转化为企业绩效的过程中具有中介作用，尤其是制度创新与商业模式创新在环境政策支持与企业绩效间起完全中介作用，这为企业创新路径选择提供了新思路。本文还探索性地提出并验证了目前我国财税政策支持对企业商业模式创新有倒 U 形关系，环境政策支持对商业模式创新则只有显著的正向影响，为政府在跨境电子商务领域财税及非财税政策提出的方向与实施程度提供了理论依据。

关键词：企业创新；创新政策支持；企业绩效；中介作用

Effect Factors of How to Improve Development of Firms' Cross-border E-commerce

— Empirical Research on Survey Data of 203 Enterprises

Sheng Nan

（Information Technology and Economic and Social Development Research Center Hangzhou Dianzi University，Hangzhou 310018，China）

* 基金项目：国家社会科学基金青年项目“我国跨境电子商务突破新贸易保护主义的机理与应用对策研究”（17CGJ011）。

Abstract: The paper expanded the connotation of enterprise innovation theory by proposing and validating that enterprise innovation should consist of three subsystems: technology innovation, institutional innovation and business model innovation. According to an analysis of data from 203 foreign trade companies, all three subsystems played a mediator role of the relation between the government's supportive policy and the firm performance particularly institutional innovation and business model innovation played completely mediating role. The paper exploratory put forward and verified an inverse U-curve relationship between government's finance-taxation supportive policy and business model innovation. Besides, social environment supportive policy only had a significant positive impact on the business model innovation. The study provided a new idea for the enterprises to choose innovation path and also provided a theoretical base for the government in revising the fiscal policies and non-fiscal policies in the field of cross-border e-commerce.

Key words: Enterprise innovation; Government's innovation supportive policy; Firm performance; Mediating effect

一、引 言

阿里研究院发布的《2016 中国跨境电商发展报告》显示[1]，2015 年中国跨境电商市场交易额为 4.8 万亿元（包括批发和零售），同比增长 28%，占中国进出口总额的 19.5%，其中出口业务数量更是达到了 83.1%。在全球电商快速发展和中国电商全球化的大趋势下，跨境电子商务俨然已成为中国电商交易市场的新增长热点。如何利用跨境电商带动中国企业国际竞争力的提升，进而推动中国外贸的升级是目前的研究热点。跨境电子商务关键在“境”，因此少不了政府的支持，自 2011 年跨境电子商务兴起至今，用以规范与支持跨境电子商务市场的相关法规政策不断出台，跨境电商发展体系不断完善。其中，《关于实施支持跨境电子商务零售出口有关政策的意见》[2]更是将跨境电子商务提升到政策扶持的层面，为中国跨境电商企业参与国际竞争提供了良好的政治与社会环境。在这种情况下，中国已形成一批以全球速卖通、敦煌网、兰亭集势等为代表的有能力参与国际竞争的跨境电商企业，而这些企业成功的共通点在于其都是通过创新而不是简单模仿才在跨境电子商务领域抓住了发展的机会。

然而，企业管理领域的学术研究表明，政府的政策支持并非总能促进企业创新活动的开展；而作为新兴研究领域的跨境电子商务还没有实证研究表明企业的创新活动可以使企业运营更为有效。因此，一方面探讨政府创新支持政策对企业创新能力的影响可以帮助政府制定更有效的政策法规以支持跨境电商企业的创新活动，确保创新成果的实现；另一方面研究政府支持与企业创新对企业绩效的影响可以将企业创新理论的研究范围拓展至跨境电子商务领域，揭示政策转化为企业绩效的内在机理，为中国跨境电商企业选择适宜的创新活动以更好地参与国际竞争提供实证支持。本文以 203 家外贸企业为研究对象，探索了政府创新支持政策、企业创新能力与企业绩效之间的关系，对跨境电子商务领域政府创新政策制定与企业创新活动管理提出建议，具有理论与实践意义。

二、文献回顾与理论假设

（一）政府创新政策支持

凯恩斯经济学认为经济中不存在强大的自动机制，用一整套完整的经济学理论证明了国家一定程度干预经济的合理性。企业创新活动与企业其他商业行为相比具有公共物品属性，这导致国家支持对企业创新尤为重要，如果国家对企业创新活动市场激励不足，企业创新活动的资源投入就会低于社会最佳水平，从而影响到企业的发展[3, 4]。世界各国尤其是发达国家十分重视激励企业创新活动，其通过立法等形式推出了一系列保障企业创新活动的国家政策法规，这些政策法规不仅包含财政、税收、金融等方面的支持，还包括为企业创新活动提供社会化服务体系建设[5, 6]。目前，国内相关学术研究多认为政府创新政策支持由财税政策支持与创新环境支持两部分组成。曾萍等的研究表明国家政策支持对企业技术创新与制度创新均有正向影响[7]。但是，余泳泽的研究采用科技活动经费筹集额中政府资金比例作为政府支持的测量项，得出了政府支持对企业创新具有负影响的结论，不过也存在单一变量并不能充分体现政府支持综合作用的缺点[8]。因此本文采纳了政府支持由多个因子测度的方法，并且认为政府支持对企业技术创新与制度创新均有正向影响。

此外，杨震宁与李东红的研究表明恰当的国家监管制度可以提升企业创新绩效[9]。孙德梅等以 31 个省级面板数据为支撑证明了国家政策支持对企业创新绩效的提升作用明显[10]。盛亚与孔莎莎的研究表明财税政策支持对我国技术创新绩效有明显的正向影响，创新环境支持的影响力度则较小[11]。程华与钱芬芬通过对不同政策工具的比较发现环境政策对技术绩效和经济绩效都有显著的正向激励作用[12]。基于上文中的研究述评，本文将政府创新政策支持分为财税政策支持与创新环境支持两部分，提出假设政府创新政策支持可以对企业创新及企业绩效产生显著的正向影响：

$H_{1a\text{-}1}$：政府财税政策支持对企业技术创新有正向影响。

$H_{1a\text{-}2}$：政府财税政策支持对企业制度创新有正向影响。

$H_{1b\text{-}1}$：政府创新环境支持对企业技术创新有正向影响。

$H_{1b\text{-}2}$：政府创新环境支持对企业制度创新有正向影响。

H_{2a}：政府财税政策支持对企业绩效有正向影响。

H_{2b}：政府创新环境支持对企业绩效有正向影响。

（二）企业创新

关于企业创新的研究多从经济增长效果的角度出发，将企业创新的作用机理归结为企业的技术创新或制度创新。1991 年，Damanpour 提出的协同论[13]指出企业创新应该包括技术创新与管理创新（即制度创新）两大关键驱动因素，这个理论在以后的学术研究中得到了不同领域学者的验证。谢朝华与刘衡沙的研究发现企业的金融规模与效率可以通过技术创新与制度创新的协同作用促进全要素生产率的增长[14]。魏江等的研究显示中小企业中技术创新与制度创新会对企业的总体绩效产生积极的影响[15]。关于企业创新的实证研究多表明技术创新与制度创新对企业绩效具有正向的积极影响。例如，Yamin 等发现制度创新和技术创新与企业绩效显著正向相关[16]；崔海云和施建军的研究验证了农业龙头企业中企业创新与经济绩效和社会绩效之间的正相关关系[17]。

但是，互联网经济时代的企业面临更为复杂的市场环境，张娜娜等利用多案例分析法对阿里巴巴、当当网等中国 5 家电商领军企业进行分析，得到中国电商企业创新体系应该包括技术创新、制度创新及商业模式创新三个子系统的新结论[18]。Magretta 以价值链理论为基础的研究也表明商业模式创新是企业创新的组成部分[19]。可见，商业模式创新应该成为电商企业创新活动中不容忽视的组成部分。Zhong 和 Yang[20]、Narasimha[21]分别通过对中国和印度的信息技术改革历程回顾，指出政策支持可以在一定程度上提高资源配置以促进企业创新，但过度的国家支持或者无法统一执行的政策都会对企业创新活动造成阻碍。也就是说，只有“适度”的政策支持才能促进企业的商业模式创新，因此，本文提出政府创新政策支持与企业商业模式创新之间存在倒 U 形关系。基于以上分析，本文提出以下假设。

$H_{1a\text{-}3}$：政府财税政策支持对企业商业模式创新有倒 U 形影响。

$H_{1b\text{-}3}$：政府创新环境支持对企业商业模式创新有倒 U 形影响。

H_{3a}：企业技术创新对企业绩效有正向影响。

H_{3b}：企业制度创新对企业绩效有正向影响。

H_{3c}：企业商业模式创新对企业绩效有正向影响。

（三）企业绩效

企业绩效指标通常情况下被分为财务指标（包括销售收入和利润）和非财务类指标（如市场占有率）。大部分研究认为财务绩效体现的是企业的经济产出，运营绩效则体现企业内部的运营效率，两者的结合才能较全面地体现企业的总体绩效水平。例如，樊耘等就是通过销售收入、企业整体执行力等不同的财务绩效及运营绩效两个方面测量企业总体绩效水平的[22]。Li 和 Atuahene-Gima[23]、Li 和 Zhang[24]针对中国企业开发的企业绩效量表包括 5 个财务指标及 4 个市场型指标。值得注意的是，一个企业客观的财务数据收集是困难的，采用主观性的测量结果合理替代客观的财务绩效指标能更有效地解决敏感数据的缺失问题。Reinartz 等开发的企业绩效测量量表要求被访企业评估自己相对于主要竞争对手而言的表现情况，从公司整体绩效、市场份额、公司成长、公司盈利 4 个方面来测量组织绩效，这种做法使信息容易获取的同时又不失客观，得到不少学者的认可[25]。金昕等采用这种非具体可量化的指标对企业绩效进行衡量得到了不错的效果[26]。刘新梅等[27]、张婧和段艳玲[28]的研究都采用了这种相对绩效水平进行问卷调查并得到了有效数据。因此，本文沿用这种主观测量的方法对企业绩效进行衡量。

（四）企业创新的中介作用

已有的一些研究证明了企业创新能力在一些企业内部资源变量，如企业中层管理能力[29]、集群氛围[30]与企业绩效之间具有中介效应。本文提出企业创新能力在政府支持和企业绩效之间也具有中介效应，因为根据前文中政府支持对企业绩效的影响研究综述可以看出政府支持与企业绩效之间并不存在必然的正相关关系；但是，政府支持能够促进企业创新活动的进行，而企业创新活动的开展又可以提升企业的产出与效能。不同企业对外部环境做出反应的能力不同，企业创新的程度越高，应对外部环境动态变化的能力就越强，将政府支持转化为企业绩效的可能性和程度也会更高。基于以上分析，本文提出企业创新在政府支持与企业绩效之间作为中介变量的假设。

H_{4a-1}：政府财税政策支持可以通过企业技术创新为中介促进企业绩效的提高。

H_{4a-2}：政府创新环境支持可以通过企业技术创新为中介促进企业绩效的提高。

H_{4b-1}：政府财税政策支持可以通过企业制度创新为中介促进企业绩效的提高。

H_{4b-2}：政府创新环境支持可以通过企业制度创新为中介促进企业绩效的提高。

H_{4c-1}：政府财税政策支持可以通过企业商业模式创新为中介促进企业绩效的提高。

H_{4c-2}：政府创新环境支持可以通过企业商业模式创新为中介促进企业绩效的提高。

（五）理论模型

本文认为企业的内部创新活动可以直接影响企业跨境电子商务的开展，而企业的外部因素（即政府的政策支持）也可以通过企业的创新活动对企业产生一定的影响，同时通过企业绩效可以直观地表现出政府政策与企业创新活动对促进企业开展跨境电子商务是否有效。其中，政府政策支持应该包括财税政策支持与创新环境支持，企业创新活动包括企业的技术创新、管理制度创新与商业模式创新。根据以上表述，本文构建了如图 1 所示的促进企业开展跨境电子商务的内在机理模型。

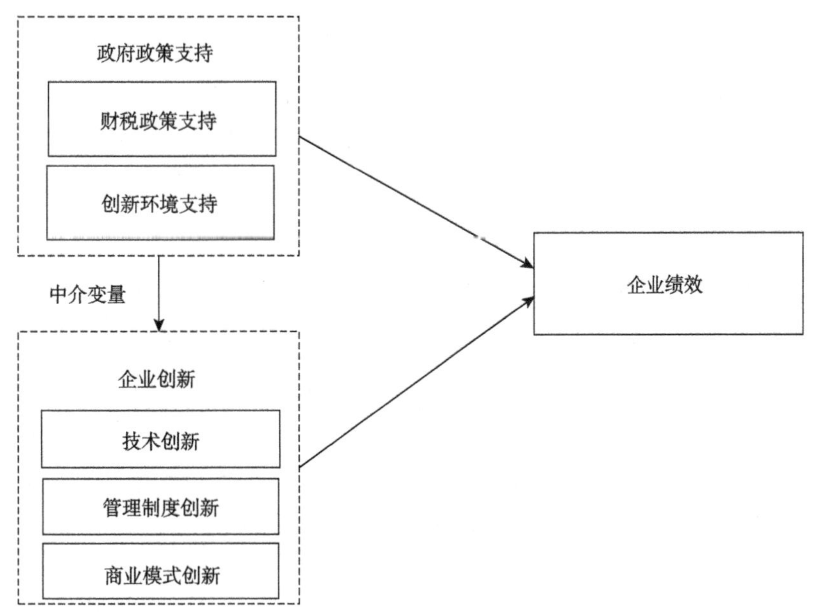

图 1　理论模型

三、研究设计与方法

（一）样本与数据

2015 年 8~10 月，研究者委托一家专业公司对外贸企业“跨境电子商务发展状况”展开调查，共回收问卷 257 份，其中有效问卷 203 份。问卷按照企业规模分类分别为大于 2 000 人（18 份）、301~2 000 人（73 份）、小于 301 人（112 份）；按照企业开展跨境电子商务的年限分类分别为小于 4 年（26 份）、4~8 年（131 份）、9~12 年（35 份）、大于 12 年（11 份）。回收的有效问卷均具有单位名称，共由 138 名企业中层及 65 名高层管理人员填答，从一定程度上保证了企业情况反映的真实性、准确性。本文采用 Harman 单因子检验方法[31]对所有测量指标进行主成分分析，结果不存在一个能解释所有测量指标大部分方差的主导因子，因此认为本文研究问卷不存在共同方法偏差问题。

（二）量表设计

本文构件的测度直接使用国内外成熟量表，所有量表均采用利克特七分量表，从“1”到“7”为“非常不同意”到“非常同意”。政府支持的测量量表主要基于曾萍等[7]、崔海云和施建军[17]、郑国洪[32]的设计，将政府创新政策支持分为财税政策支持与创新环境支持两部分，并且由商务部《跨境电子商务服务规范》起草组专家进行修订。企业技术创新与制度创新量表主要参考了魏江等[15]的量表设计，结合跨境电子商务的特征对某些题项进行了修正使之更适合调查的对象。对商业模式创新的度量是在参考 Zott 和 Amit[33]新颖型商业模式设计量表的基础上，主要改编自郭海和沈睿[34]的商业模式创新量表。企业绩效测量量表主要参考了 Reinartz 等[25]、Tanriverdi[35]及陈晓红等[36]的研究设计。本文将企业规模按员工数量划分为 3 个级别，设置为控制变量，企业开展跨境电子商务的年限设置为连续变量作为控制变量。

四、数据分析与结果

（一）信度与效度检验

本文首先使用 AMOS 17.0 和 SPSS 13.0 软件，并采用结构方程模型进行验证性因子分析。政府对于外贸企业开展跨境电子商务在税收方面给予的优惠较多（0.574），企业为了开展跨境电子商务大幅度调整了企业的组织结构（0.219），相对主要的竞争对手公司在过去 3 年里的发展表现更成功一些（0.567），这 3 个题项因为因子载荷小于 0.6 被剔除。调整后的问卷信度与效度检验如表 1 所示，所有测度项的因子载荷均大于 0.6，每一个变量的 AVE 值均大于等于 0.50[37]，说明模型具有良好的聚合效度。AVE 的平方根值均大于相应行与列的相关系数，表明本文中所有变量测量的区分效度较好。所有构件的 Cronbach's α 值均超过 0.7[38]，各变量的组合信度 CR 值均大于 0.7[39]，说明实证测量模型的信度水平也较好。另外，模型拟合指数显示各项配适度指标均在可接受范围内[40]，χ^2/df=1.169，RMSEA=0.029，NFI=0.904，CFI=0.984，GFI=0.945，AGFI=0.912，表明测量模型与实际数据具有较好的拟合度。

表 1　信度与效度检验

构件	测量题项（简称）	因子载荷	Cronbach's α	AVE	CR
财税政策支持	补贴力度大	0.933	0.77	0.67	0.80
	新产品/服务贴息政策	0.679			
创新环境支持	保税区的大力支持	0.64	0.73	0.57	0.80
	高新技术引进的政策鼓励	0.922			
	跨境电子商务法律执行好	0.602			
技术创新	开发新产品/市场投入大	0.689	0.72	0.51	0.76
	使用最新的商业化技术	0.798			
	能第一批推出新产品/服务	0.652			
制度创新	注重引进电子商务人才	0.775	0.70	0.55	0.71
	引进新商业概念、管理实践	0.711			
商业模式创新	提供不断增值的产品/服务	0.621	0.73	0.50	0.74
	不断引入多样化的新客户	0.868			
	引入多样化的合作伙伴	0.6			
企业绩效	相对市场份额更多	0.692	0.72	0.51	0.75
	相对获利能力更强	0.75			
	相对销售收入增长更快	0.683			

（二）假设检验

本文使用 SPSS 13.0 并采用分层回归分析的方法检验提出的假设。表 2 中的模型 1 是仅加入控制变量的回归分析，模型 2 在模型 1 的基础上加入自变量以判断主效应，模型 3 判断的是中介变量与因变量的关系；表 3 是自变量与中介变量的回归分析，并加入自变量的平方项判断了政策支持与商业模式创新的倒 U 形关系；表 4 显示的是在控制中介变量的情况下自变量与因变量的回归分析，对比表 2 与表 4 中自变量回归系数的变化可以判断企业创新这一中介变量对政策支持与企业绩效的中介效应。

表 2　自变量、中介变量与因变量的回归分析

变量		模型1	模型2		模型3		
		企业绩效	企业绩效		企业绩效		
控制变量	企业规模	0.056	0.053**	0.013	0.039**	0.057***	0.07
	开展年限	0.122	0.087**	0.068	0.003	0.015	0.073**
自变量	财税支持		0.538***				
	环境支持			0.363***			
中介变量	技术创新				0.599***		
	制度创新					0.621***	
	模式创新						0.596***
R^2		0.021	0.296***	0.147***	0.363***	0.384***	0.374***
调整后的R^2		0.011	0.285***	0.134***	0.353***	0.374***	0.364***
F值		2.11	27.867	11.42	37.817	41.273	39.603

***表示$p<0.001$；**表示$p<0.01$；*表示$p<0.05$

表 3　自变量与中介变量的回归分析

变量		模型4		模型5		模型6	模型7
		技术创新		制度创新		商业模式创新	
控制变量	企业规模	0.075	0.012	0.082	0.057	0.12***	0.079
	开展年限	0.175**	0.159**	0.149	0.107	0.052	0.015
自变量	财税支持	0.508***		0.392***		0.452***	
	环境支持		0.332***		0.461***		0.446***
倒U形关系	财税支持平方项					−0.146*	
	环境支持平方项						0.281
R^2		0.292***	0.152***	0.176***	0.234***	0.204***	0.199***
调整后的R^2		0.281***	0.139***	0.164***	0.222***	0.2***	0.195***
F值		27.312	11.874	14.2	20.239	51.617	49.788

***表示$p<0.001$；**表示$p<0.01$；*表示$p<0.05$

表 4 中介效应检验

变量		模型8	模型9	模型10	模型11	模型12	模型13
		企业绩效					
控制变量	企业规模	0.02**	0.019	0.014	0.045**	0.001	0.055**
	开展年限	0.01	0.017	0.016	0.008	0.064***	0.06
自变量	财税支持	0.315***		0.351***		0.326***	
	环境支持		0.185***		0.103		0.115
中介变量	技术创新	0.44***	0.538**				
	制度创新			0.477***	0.565***		
	模式创新					0.449***	0.546***
R^2		0.433***	0.392***	0.483***	0.392***	0.453***	0.384***
调整后的R^2		0.421***	0.38***	0.473***	0.379***	0.442***	0.372***
F值		37.793	31.93	46.278	31.852	41.045	30.854

***表示p<0.001；**表示p<0.01；*表示p<0.05

如表 2 所示，对比模型 1 与模型 2 可以看出，政府政策支持对企业绩效的回归系数为正且显著，说明政策支持对企业绩效有显著的正向影响，假设 H_{2a} 与 H_{2b} 得到支持。从模型 3 来看，在控制变量的基础上加入了企业创新变量后，对企业绩效的解释能力显著增加（R^2 从 0.021 分别上升为 0.363、0.384 和 0.374），回归系数为正且显著，说明企业创新对企业绩效也有显著的正向影响，假设 H_{3a}、H_{3b}、H_{3c} 得到支持。

从表 3 中可以看出，政府政策支持对企业技术创新与制度创新有显著的正向影响，假设 H_{1a-1}、H_{1a-2}、H_{1b-1}、H_{1b-2} 得到支持。模型 6 加入了自变量的平方项后，财税政策支持的回归系数为正且具有显著性（β=0.452，p<0.001）；财税政策支持平方项的回归系数为负同时也具有显著性（β=−0.146，p<0.05），说明财税政策支持对企业商业模式创新具有倒 U 形影响，假设 H_{1a-3} 得到支持。模型 7 中环境政策支持的回归系数为正且显著，但是环境政策支持平方项的回归系数不为负且不显著，所以环境政策支持对商业模式创新不存在倒 U 形关系，假设 H_{1b-3} 不成立，但同时也可以看出环境政策支持对商业模式创新具有显著的正向影响。

对于中介效应的检验，采用 Baron 和 Kenny 提出的方法，分为四个步骤进行[41]：第一步，自变量与因变量的关系显著，如模型 2 所示；第二步，验证自变量与中介变量的关系显著，如表 3 所示；第三步，中介变量与因变量的关系显著，如模型 3 所示；第四步，在控制中介变量的情况下检验自变量与因变量的关系，如表 4 所示。对比表 2 与表 4 可以看出，在加入企业创新这一中介变量后，自变量与因变量的回归系数均显著降低。例如，模型 2 中财税政策支持的回归系数（β=0.538，p<0.001）在加入中介变量（技术创新）后，在模型 8 中明显降低为 0.315（p<0.001）。这说明企业创新在政策支持与企业绩效之间有中介作用，假设 H_{4a-1}、H_{4a-2}、H_{4b-1}、H_{4b-2}、H_{4c-1}、H_{4c-2} 均得到支持。其

中在分别加入制度创新与商业模式创新变量后，环境政策支持对企业绩效的回归系数变为不显著，分别是 0.103、0.115，说明企业制度创新与商业模式创新在环境政策支持与企业绩效之间有完全中介作用。

五、结论与讨论

本文以企业创新为中介变量，探索政府政策支持作用于企业绩效的内在机制，得到了如下三个结果：第一，研究表明，在跨境电子商务领域，企业创新活动可以帮助企业将政府的政策更好地转化为对企业绩效的正向影响，尤其是企业的制度创新活动与商业模式创新活动，两者完全中介于政府环境政策支持与企业绩效。也就是说，相比主要竞争对手，跨境电子商务企业只要更注重引进电子商务人才、新的管理实践、多样化的新客户与合作伙伴，提供不断增值的产品与服务，就有很大可能比竞争对手更好地利用与享受政府的创新支持政策，从而达到企业绩效不断提升的良性循环。对于政府来说，一旦企业不开展创新活动，政府创新支持政策的社会效益就会大打折扣，所以形成了一个政策支持—企业创—政策支持的倒逼效应，政府对创新支持政策的不断修订让企业创新有了新方向，而企业创新才是发挥政策效应的最好途径。第二，本文在相关文献基础上，结合跨境电子商务发展现状与趋势，探索性地提出政策支持对商业模式创新具有倒 U 形关系。实证分析表明环境支持政策对商业模式创新只具有显著的正向影响，而财税政策支持对企业商业模式创新具有倒 U 形关系。这说明政府财税支持并非越多越好，一方面对政府财税支持政策提出了“恰到好处”的更高要求；另一方面也可以成为政府找到财税支持政策实施效率拐点的理论依据。第三，本文拓展了企业创新理论，用实证研究证明了企业创新是由技术创新、制度创新及商业模式创新三个子系统协同发展的。本文验证了以往研究表明的企业的技术创新与制度创新对企业绩效会有显著正向影响的结论在跨境电子商务领域同样适用，此外，商业模式的不断创新也可以提高企业绩效，并且商业模式创新完全中介于政策支持与企业绩效，在跨境电子商务法律、保税区支持、技术引进政策到企业绩效的转化过程中扮演着重要的角色。这一研究结果补充了政府跨境电子商务政策作用于企业绩效的内在过程。

本文也具有一定的实践意义，不仅展示了政府支持政策转化为企业绩效的内在机理，表明了企业创新在跨境电子商务企业中的重要作用，为中高层管理人员提供了企业创新路径选择的思路，也为政府关于跨境电子商务财税及非财税支持政策的修订提供了理论依据。

当然，本文也存在一定局限，如本文中来自西北、西南地区的样本数较少，而这些地区恰好是经济发展较缓慢地区，导致本文结果可能更适用于跨境电子商务发展较快地区。本文的一个重要贡献在于验证了商业模式创新是企业创新的一个子系统，并且在政策支持这一企业外部资源与企业绩效之间起到了重要的中介作用。未来需要探索跨境电子商务在企业内部资源与企业绩效之间发挥的作用，才能完善商业模式创新作为企业创新子系统的提法，为进一步探索企业创新理论及其在跨境电子商务企业中的应用提供理论依据。

参考文献

[1] 阿里研究院. 2016. 中国跨境电商发展报告[EB/OL]. http://www.aliresearch.com/blog/article/detail/id/ 21054.html，2016-09-02.

[2] 商务部，发展改革委，财政部，等. 关于实施支持跨境电子商务零售出口有关政策的意见[Z]. 2013.

[3] Arrow K. The economic implications of learning by doing[J]. The Review of Economic Studies, 1962, 29（3）：155-173.

[4] Guellec D，van Pottelsberg He De La Potteria B. The impact of public R&D expenditure on business R&D[J]. Economics of Innovation and New Technology，2003，12（3）：225-243.

[5] 樊增强. 日本、欧盟中小企业技术创新支持政策的比较分析及其对我国的启示与借鉴[J]. 现代日本经济，2005，24（1）：41-45.

[6] 汤临佳，池仁勇，骆秀娟. 中小企业创新政策前沿[J]. 科学学与科学技术管理，2013，34（8）：138-147.

[7] 曾萍，邬绮虹，蓝海林. 政府的创新支持政策有效吗?—— 基于珠三角企业的实证研究[J]. 科学学与科学技术管理，2014，35（4）：10-20.

[8] 余泳泽. 创新要素集聚、政府支持与科技创新效率—— 基于省域数据的空间面板计量分析[J]. 经济评论，2011，32（2）：93-101.

[9] 杨震宁，李东红. 政府监管，鳗鱼效应与知识产权管理：企业创新绩效的提升[J]. 中国管理科学，2010，18（6）：177-184.

[10] 孙德梅，胡媚琦，王正沛，等. 政府行为、金融发展与区域创新绩效——基于省际面板数据的实证研究[J]. 科技进步与对策，2014，31（20）：34-41.

[11] 盛亚，孔莎莎. 中国知识产权政策对技术创新绩效影响的实证研究[J]. 科学学研究，2012，30（11）：1735-1740.

[12] 程华，钱芬芬. 政策力度、政策稳定性、政策工具与创新绩效——基于 2000-2009 年产业面板数据的实证分析[J]. 科研管理，2013，34（10）：103-108.

[13] Damanpour F. Organizational innovation：a meta-analysis of effects of determinants and moderators[J]. The Academy of Management Journal，1991，34（3）：555-590.

[14] 谢朝华，刘衡沙. 中国金融发展与 TFP 关联关系实证研究——基于技术创新和制度创新的中介效应分析[J]. 财经理论与实践，2014，35（1）：33-38.

[15] 魏江，戴维奇，林巧. 管理者社会连带影响企业绩效的机理：以组织创新为中介变量[J]. 科学学与科学技术管理，2009，30（2）：148-153，159.

[16] Yamin S，Gunasekaran A，Mavondo F T. Innovation index and its implications on organizational performance：a study of Australian manufacturing companies[J]. International Journal of Technology Management，1999，17（5）：495-503.

[17] 崔海云，施建军. 开放式创新、政府扶持与农业龙头企业绩效的关系研究[J]. 农业经济问题，2013，9（2）：84-91.

[18] 张娜娜，付清芬，王砚羽，等. 互联网企业创新子系统协同机制及关键成功因素[J]. 科学学与科学技术管理，2014，35（3）：77-85.

[19] Magretta J. Why business models matter[J]. Harvard Business Review，2002，80（5）：86-92.

[20] Zhong X，Yang X. Science and technology policy reform and its impact on China's national innovation system[J]. Technology in Society，2007，29（3）：317-325.

[21] Narasimha R. Science，technology and the economy：an Indian perspective[J]. Technology in Society，2008，30（3）：330-338.

[22] 樊耘，纪晓鹏，邹艺. 中层管理者多重角色行为对企业绩效影响的实证研究[J]. 管理工程学报，2012，26（2）：1-11.

[23] Li H，Atuahene-Gima K. Product innovation strategy and performance of new technology ventures in China[J]. Academy of Management Journal，2001，44（6）：1123-1134.

[24] Li H，Zhang Y. The role of managers' political networking and functional experience in new venture performance：evidence from China's transition economy[J]. Strategic Management Journal，2007，28（8）：791-804.

[25] Reinartz W, Krafft M, Hoyer W D. The customer relationship management process: its measurement and impact on performance[J]. Journal of Marketing Research, 2004, 41（3）: 293-305.

[26] 金昕，陈松，徐劲松. 企业知识管理方式对技术创新过程和创新绩效的影响研究[J]. 预测，2014，33（3）：15-20，33.

[27] 刘新梅，刘超，江能前. 组织创造力与绩效：企业家导向与过程控制的调节作用[J]. 科学学与科学技术管理，2013，34（11）：171-180.

[28] 张婧，段艳玲. 战略导向、组织创新性与经营绩效关系的实证研究[J]. 管理学报，2013，10（11）：1625-1633.

[29] 杜跃平，方韵然. 企业中层管理能力和技术创新绩效关系研究——企业创新能力的中介效应检验[J]. 软科学，2014，28（4）：42-47.

[30] 刘新艳，赵顺龙. 集群氛围对集群内企业创新绩效的影响研究——以企业创新能力为中介变量[J]. 科学学与科学技术管理，2014，35（7）：31-39.

[31] Podsakoff P M, Organ D W. Self-reports in organizational research: problems and prospects[J]. Journal of Management, 1986, 12（4）: 531-544.

[32] 郑国洪. 政府支持企业技术创新路径选择研究——基于对重庆市320家工业企业调查的分析[J]. 软科学，2009，23（2）：49-53.

[33] Zott C, Amit R. Business model design and the performance of entrepreneurial firms[J]. Organization Science, 2007, 18（2）: 181-199.

[34] 郭海，沈睿. 如何将创业机会转化为企业绩效——商业模式创新的中介作用及市场环境的调节作用[J]. 经济理论与经济管理，2014，（3）：70-83.

[35] Tanriverdi H. Information technology relatedness, knowledge management capability, and performance of multi-business firms[J]. MIS Quarterly, 2005, 29（2）: 311-334.

[36] 陈晓红，王思颖，杨立. 变革型领导行为对企业绩效的影响机制研究—— 基于我国中小企业领导人的问卷调查[J]. 科学学与科学技术管理，2012，33（11）：160-171.

[37] Numally J C. Psychometric Theory[M]. New York: McGraw-Hill, 1978.

[38] Bagozzi R P, Yi Y. On the evaluation of structural equation models[J]. Journal of the Academy of Marketing Science, 1988, 16（1）: 74-94.

[39] Fornell C, Larcker D F. Evaluating structural equation models with unobservable variables and measurement error[J]. Journal of Marketing Research, 1981, 18（1）: 39-50.

[40] 侯杰泰，温忠麟，成子娟. 结构方程模型及其应用[M]. 北京：教育科学出版社，2004.

[41] Baron R M，Kenny D A. The moderator-mediator variable distinction in social psychological research：conceptual，strategic，and statistical considerations[J]. Journal of Personality and Social Psychology，1986，51（6）：1173-1182.

三维框架下的网络强国金融支持体系评价研究*

郭金秀

（杭州电子科技大学经济学院，浙江杭州，310018）

摘　要：本文运用动态因子分析法，从金融、环境、网络发展水平三个维度构建了一个关于网络强国战略支持体系的评价框架，以2007~2015年我国31个省（自治区、直辖市）为样本的实证分析表明，地区间金融支持力度差异大，与经济基础、创新水平和网络发展水平因素密切关联，同时又具有一定的相对独立性。政策建议是：网络强国战略的实施需要平衡推进和整体推进，应积极配合财税政策，加强融资体系建设，减少金融抑制，优化信用环境，同时也要谨防过度投资引发互联网泡沫。

关键词：网络强国战略；金融支持；动态因子分析；评价

Research on the Evaluation of Financial Support for Network Power Strategy in the Three Dimensional Framework

Guo Jinxiu

（School of Economics，Hangzhou Dianzi University，Hangzhou 310018，China）

Abstract: This paper uses dynamic factor analysis from the three dimensions of financial support，environmental support，network development and constructs a evaluation framework about network power strategy. Empirical research based on the samples of 31 regions in mainland China from the year 2007 to 2015 indicates that there are obvious differences

---

* 基金项目：浙江省教育厅科研项目（Y201329739）、浙江省软科学研究项目（2015C35023）。

作者简介：郭金秀（Guo Jinxiu）（1978—），女，汉族，江西吉水人，博士，讲师，宏观金融方向。工作单位：杭州电子科技大学经济学院。联系地址：杭州电子科技大学下沙校区经济学院，邮编：310018，联系电话：18072842953。

between regions, the implementation of financial support for network power strategy should be related with the factors of economic foundation, innovation level and network development level, at the same time it has a relative independence. The suggestions are: implementation of network power strategy needs to be promoted in balanced manner and as a whole; financial support should actively cooperate with the finance and taxation policy; strengthen the financial system construction; reduce financial repression; optimize the credit environment; and also pay attention to the Internet bubble.

Key words: Network power strategy; Financial support; Dynamic factor analysis; Evaluation

一、引　　言

G20 峰会上，中国提出创建创新、活力、联动、包容的世界经济理念。在当前，给经济带来活力的因素中，互联网是最突出的。互联网发展 20 余年来，从小到大、由弱渐强，已经渗透中国经济社会生活的方方面面，并对国际政治、经济、社会、文化乃至军事的发展产生了深刻的影响。从 2006 年发布的《2006—2020 年国家信息化发展战略》到 2012 年的“互联网+”行动计划，再到 2016 年 7 月发布的《国家信息化发展战略纲要》，一系列政府指导政策密集出台。在第二届世界互联网大会上，习近平同志提出，“‘十三五’时期，中国将大力实施网络强国战略”，为此在经济上要推动网络经济创新发展，推动全球数字经济发展，由此可见中国对互联网发展的重视。世界各国正千方百计加速互联网产业发展。中国互联网信息中心（China Internet Network Information Center，CNNIC）发布的第 38 次《中国互联网发展状况统计报告》显示，截至 2016 年 6 月，中国网民规模达到 7.1 亿人，互联网普及率达到 51.7%，超过全球平均水平 3.1 个百分点。中国作为一个拥有庞大网民数量的大国，如何实施网络强国战略，是当前理论界和实务界关注的重大议题。

关于网络强国的实践，美国是最早的。Paul 和 Hrynyshyn 指出，今天的网络竞争已经上升为不同政治经济体之间的竞争[1]。实际上，美国在 20 世纪 80 年代即开始实施网络强国战略。为了吸取在与日本经济竞争中的失利教训， 80 年代开始，美国即确立了在全球信息化发展中的领先地位，并以信息化带动经济全面转型。1993 年，克林顿政府实施政务电子化是美国信息化发展的国家战略地位的体现。2013 年的“斯诺登事件”引爆了全球对网络空间战略的觉醒，因而，2014 年中国开始了网络强国战略的顶层设计。关于网络强国的内涵，方兴东等对网络强国的内涵和层次进行了探索性阐述，网络强国可以分为四个层次：一是一国互联网产业本身的发展实力；二是互联网作为基础设施对 IT、互联网、传统行业等各领域的影响；三是国家层面在网络空间的实力强弱；四是国家在国际上的地位[2]。邓晓旭指出，网络强国的内容包括信息经济、信息服务、网络文化、网络交流与合作[3]。关于网络强国的战略实施，赵子忠指出，网络强国的建设要求建立新型的信息安全体系，形成新的宽带产业，建立适度竞争的宽带市场结构[4]；贺永强提出，必须大力加强网络信息安全和信息化建设[5]；杜振华认为网络强国首先要求信息基础设施要适应社会需求，要求信息传播速度更快、网络性能更稳定、存储信息更安全、价格更低廉[6]。关于网络强国战略的金融支持，Castells 以美国为研究对象，分析得出，在美国互联网产生、发展、壮大的过程中，风险投资的作用不可替代[7]。鉴于中国在利用信息网络技术方面可能有巨大的机会比传统的经济部门增长得更快，胡鞍钢和周绍杰提出，可以以国家力量设立信息化与网络化发展专项基金，甚至开放电信业，鼓励外国资金参与；发展资本市场，支持民间投资基金和风险基金；鼓励发展互联网金融[8]。辜胜阻和李永周也提出了相似的观点，不过更强调风险投资机制建设，如风险投资体系、风险投资运行机制、风险投资法律体系、风险投资退出机制[9]。也有学者认识到信用环境的重要性，如何师元认为，金融助推实体经济发展的核心基础是信用，如果没有完善的信用记录和信用评级体系，其他一切都是空的[10]。这些研究为网络强国战略的实施提供了重要思路，但都属于定性研究。与以往研究不同的是，本文从三维的视角提出了一个网络强国战略实施的支持体系评价框架（三维即网络发展水平、网络发展环境、金融支持体系，这三个维度是有机关联的），并在三维视角下提出金融支持网络强国战略的对策。

二、指标、数据与方法

（一）指标

网络强国的内涵十分丰富，不是单纯的网络，而是延伸到了经济、政治、社会、军事等层面。网络强国战略实施的支持体系是多方面的，包括实施能力、实施环境、政策体系等。单个指标不足以说明问题，需要选择有代表性的指标群进行分析，也要考虑指标横向比较的可能性。通过对影响网络强国战略实施的相关因素进行系统考量，在选取指标时参照以下原则：第一，动态可比性原则。就是要考虑横向和纵向的对比，在时间维度上考察网络强国战略支持体系随时间的变化，与过去相比，是退化还是进步，在空间维度上可进行区域内对比，因地制宜地提出政策措施。第二，主导性原则。就是在众多影响网络强国战略实施的因素中，选择一个因子不能做出科学的评价，以一概全也不现实，因此，应选择具有代表性的、能直接反映网络强国战略支持体系的主导性指标。第三，可操作性原则。指标体系的设计应尽可能考虑数据的可获得性，指标虽好，但其数据很难获取也无法实现，因此，在选取指标时本文遵循数据便于获取、便于操作的原则。

方兴东等[2]学者认为网络强国包含四大要素：IT、互联网信息、技术与产业；网络空间硬实力、软实力和创新力；关键基础设施承载政治、经济、文化、社会各项功能，与现实空间承载功能融为一体；网络安全军事设施、国防建设兼顾防御与进攻、军民融合与协同。2016 年中共中央办公厅、国务院办公厅印发的《国家信息化发展战略纲要》三步走的顶层设计方案中特别强调信息化发展能力、应用水平和发展环境建设。本文侧重从网络发展水平、网络发展环境、金融支持三个方面构造一个网络强国战略支持体系的三维评价体系，其内涵如下。

（1）网络发展水平指数。网络强国战略是个复杂而庞大的体系，其中，网络是载体，因而网络发展水平是网络强国战略实施的基础。根据数据指标的可操作性和数据来源的可获得性原则，本文选择软件单位数比重、软件业务收入比重、信息业投资比重、信息业就业人员比重、电话普及率、广播覆盖率、电视覆盖率、人均电信业务量、IPV4 地址数比重、域名比重、网站比重、人均网页数、网民普及率 13 个指标来衡量网络发展水平。

（2）网络发展环境指数。网络强国战略是以网络为载体来实现的，本文用网络发展环境来表征网络强国战略的环境支持。网络强国战略的实施需要一定的人文和经济基础，网络发展环境指标体系反映的是网络强国战略实施的环境支持体系，包括经济水平、产业结构优化升级、政府财力、创新水平和开放程度等方面的内容。本文用人均 GDP（国内生产总值）、第三产业比重、城市化率、每百万人发明专利授权量、财政收入规模、财政自给率、外贸依存度 7 个指标来反映网络强国战略实施的经济与创新等环境情况。环境指数衡量的是对网络强国战略实施的支持潜力和物质基础，同时也从侧面反映了该战略实施的动力和压力。

（3）金融支持指数。金融支持指标体系衡量的是金融系统对网络强国战略实施的支持深度和广度，体现金融深度、金融机构竞争程度、间接融资、信用环境、政策性金融、保险、直接融资等金融市场发展等内容，因此，本文选择本外币存款规模、本外币贷款规模、金融竞争度、不良贷款率、政策性金融密度、贷款规模、保险密度、保险深度、债券规模、股票规模 10 个指标来反映金融支持力度。

（二）方法选择

本文在方法的选择上遵循三个原则，即简单、实用、灵活，技术上符合被评对象的性质与结构，结果具有可解释性。由于本文考虑横纵向对比，又考虑指标权重计算的客观性，因而选择动态因子分析法（dynamic factor analysis）。该方法弥补了静态因子分析法中对时间因素的忽略，可将主成分分析得到的截面分析结果和线性回归模型得到的时间序列分析结果进行综合，因而广泛应用于欧洲、美国和英国等国家和地区宏观经济变量的预测。假定

$$\begin{aligned} \boldsymbol{y}_t &= \boldsymbol{P}\boldsymbol{f}_t + \boldsymbol{u}_t \\ \boldsymbol{f}_t &= \boldsymbol{R}\boldsymbol{w}_t + \boldsymbol{A}_1\boldsymbol{f}_{t-1} + \boldsymbol{A}_2\boldsymbol{f}_{t-2} + \cdots \boldsymbol{A}_p\boldsymbol{f}_{t-p} + \boldsymbol{v}_t \\ \boldsymbol{u}_t &= \boldsymbol{C}\boldsymbol{u}_t + \boldsymbol{C}_1\boldsymbol{u}_{t-1} + \boldsymbol{C}_2\boldsymbol{u}_{t-2} + \cdots + \boldsymbol{C}_p\boldsymbol{u}_{t-p} + \boldsymbol{e}_t \end{aligned} \tag{1}$$

式中，t 表示时间。在动态因子模型中，内生变量受到一些不可观测的因子及外生变量的影响，$\boldsymbol{y}_t$ 就是表示这种受不可观测因子及外生变量影响的 k 维向量。$\boldsymbol{f}_t$ 表示的是影响 $\boldsymbol{y}_t$ 的不可观测因子，$\boldsymbol{f}$ 是 n 维向量，由 n 个不可观测因子组成，具有时间特征，受其自身 1 至 p 阶滞后项影响。由于 $\boldsymbol{f}$ 是从一些外生变量中提取的共同因子，因而还受外生变量 $\boldsymbol{w}$ 的影响，$\boldsymbol{w}$ 是若干个影响 $\boldsymbol{f}$ 的外生变量构成的 n 维矩阵。$\boldsymbol{x}_t$ 和 $\boldsymbol{w}_t$ 不同，$\boldsymbol{x}$ 是影响 $\boldsymbol{y}$ 的外生变量组成的 k 维矩阵。$\boldsymbol{u}$ 是和 $\boldsymbol{y}$ 对应的 k 维向量，表示随机扰动项，$\boldsymbol{u}$ 具有时间特征，即 $\boldsymbol{u}_t$ 受其自身 1 至 p 阶滞后项的线性影响。$\boldsymbol{v}_t$ 和 $\boldsymbol{e}_t$ 都是随机扰动项，独立同分布，$\boldsymbol{v}$ 是和 $\boldsymbol{f}$ 对应的 n 维向量，$\boldsymbol{e}$ 是和 $\boldsymbol{u}$ 对应的 k 维向量。动态性体现在不可观测的因子 $\boldsymbol{f}$ 和扰动项 $\boldsymbol{u}$ 都具有向量自回归结构特征上。$\boldsymbol{P}$、$\boldsymbol{R}$、$\boldsymbol{A}_1\sim\boldsymbol{A}_p$、$\boldsymbol{C}$、$\boldsymbol{C}_1\sim\boldsymbol{C}_p$ 表示对应的系数矩阵。

该方法的具体计算分以下 7 个步骤。

（1）数据标准化处理。对所有数据进行标准化处理，以消除指标量纲的影响。

（2）求解平均协方差。根据各个年份的协方差矩阵，假设为 $\boldsymbol{S}(t)$，求解平均协方差矩阵，设为 $\boldsymbol{S}_T$，$\boldsymbol{S}_T$ 综合反映了数据静态结构差异和动态变化的影响，计算公式如下：

$$\boldsymbol{S}_T = \frac{1}{T}\sum_{t=1}^{T}\boldsymbol{S}(t) \tag{2}$$

式中，t 表示各年；T 表示总年数，即共有 T 年；$\boldsymbol{S}(t)$ 表示第 t 年的协方差矩阵；$\boldsymbol{S}_T$ 表示各年协方差矩阵的平均值矩阵。

（3）求解 $\boldsymbol{S}(t)$ 的特征值、特征向量及各个公因子的方差贡献率、累计方差贡献率。

（4）提取公因子，并建立原始因子载荷矩阵。

（5）计算静态得分矩阵。各样本的平均得分矩阵即为静态得分矩阵。平均得分矩阵计算公式为

$$\boldsymbol{C}_{ih} = (\overline{\boldsymbol{Z}}_i - \overline{\boldsymbol{Z}}_{\#})'\boldsymbol{a}_h \tag{3}$$

式中，$\boldsymbol{C}_{ih}$ 表示样本 i 的静态得分矩阵；′表示矩阵转置；$\boldsymbol{a}_h$ 表示矩阵正交化；$\overline{\boldsymbol{Z}}_i = \frac{1}{T}\sum_{t=1}^{T}\boldsymbol{Z}_{it}$，$T$ 表示总年数，$\boldsymbol{Z}_{it}$ 表示第 t 年样本 i 对应的所有变量构成的向量，该向量求 T 年的平均值即得到 $\overline{\boldsymbol{Z}}_i$，因而 $\overline{\boldsymbol{Z}}_i$ 是对单个样本纵向求出的各年平均值向量，这里的样本在本文指的是地区，总共有 I 个样本地区，对所有样本地区再横向求平均值得到 $\overline{\boldsymbol{Z}}_{\#}$，$\overline{\boldsymbol{Z}}_{\#} = \frac{1}{I}\sum_{i=1}^{I}\overline{\boldsymbol{Z}}_i$ 是总体平均向量，$i = 1,2,\cdots,I$，$t = 1,2,\cdots,T$。

（6）计算动态得分矩阵。各样本第 t 年的动态得分计算公式为

$$\boldsymbol{C}_{iht} = (\boldsymbol{Z}_{it} - \overline{\boldsymbol{Z}}_{\#t})'\boldsymbol{a}_h \tag{4}$$

式中，$\boldsymbol{C}_{iht}$ 表示样本 i 第 t 年的动态得分；$\boldsymbol{Z}_{\#t}$ 是对第 t 年每个变量求所有 I 个样本地区的平均值得出的向量，即 $\overline{\boldsymbol{Z}}_{\#t} = \frac{1}{I}\sum_{i=1}^{I}\boldsymbol{Z}_{it}$，$h = 1,2,\cdots,k$，$t = 1,2,\cdots,T$。

（7）计算平均得分 $\boldsymbol{E}$：

$$\boldsymbol{E} = \frac{1}{T}\sum \boldsymbol{C}_{iht} \tag{5}$$

式中，$\boldsymbol{C}_{iht}$ 是第 t 年各样本的动态得分。

三、三维框架下金融支持的实证分析

（一）样本选择及数据来源

本文选择 2007~2015 年我国 31 个省（自治区、直辖市）的面板数据，指标说明及描述见表 1。软件业务收入比重指标来源于工业和信息化部官网；IPV4 地址数比重、域名比重、网站比重、人均网页数、网民普及率等数据来源于中国互联网络信息中心第 21 次至第 37 次《中国互联网络发展状况统计报告》。金融各项指标来源于 2007~2015 年各地区金融运行报告。电话普及率、广播覆盖率、电视覆盖率、人均电信业务量等指标来源于 2007~2014 年各地区统计年鉴比重；发明专利数据来源于各地区知识产权

局；其余数据来源于国家统计局网站；进出口数据来源于海关信息网。各指标如表 1 所示，目标层即网络强国战略支持指数，表 2 是各指标的统计描述。

表 1　评价指标体系

准则层	指标层	单位	指标说明
金融支持指数	保险密度	元/人	保险收入/常住人口人数
	保险深度	%	保险收入/GDP
	本外币存款规模	%	本外币存款余额占GDP比重，反映金融深度
	本外币贷款规模	%	本外币贷款余额占GDP比重，反映金融深度
	政策性金融密度	元/人	国家开发银行、中国进出口银行、中国农业发展银行三大银行资产总和/常住人口人数
	债券规模	%	债券融资规模占总融资规模比重，反映债券市场情况
	金融竞争度	%	非中、农、工、建、交五大国有商业银行资产占金融机构资产比重
	不良贷款率	%	商业银行不良贷款率，反映信用环境
	贷款规模	%	贷款占总融资规模比重，反映间接融资情况
	股票规模	%	股票融资占总融资规模比重，反映股票市场情况
网络发展环境指数	财政收入规模	%	地方财政一般预算收入占GDP的比重
	财政自给率	%	地方财政收入占地方财政支出的比重
	城市化率	%	常住人口中城镇人口的比重
	人均GDP	元	GDP/常住人口
	外贸依存度	%	进出口总额占GDP比重，反映开放程度
	第三产业比重	%	第三产业增加值占GDP的比重
	每百万人发明专利授权量	项/百万人	每一百万名常住人口中发明专利数，反映创新水平
网络发展水平指数	软件单位数比重	%	地区软件单位数占全国的比重
	软件业务收入比重	%	软件业务收入占第三产业增加值的比重
	信息业投资比重	%	信息传输、计算机服务和软件业投资占全社会固定资产投资的比重
	信息业就业人员比重	%	信息传输、计算机服务和软件业就业人员占城镇就业人员的比重
	电话普及率	部/百人	每百人中固定电话和移动电话数量
	广播覆盖率	%	用普通的收音机在中午能正常收听广播节目的人口比重
	电视覆盖率	%	明确表示能收到电视频道的人口比重
	人均电信业务量	元/人	电信业务总量/常住人口人数
	IPV4地址数比重	%	区域IPV4地址数在全国的比重
	域名比重	%	区域域名数量在全国的比重
	网站比重	%	区域网站数量在全国的比重
	人均网页数	个/人	网页总数/常住人口人数
	网民普及率	%	上网人数占总人口比重

表2　各指标的统计描述

指标层	单位	样本数	最小值	最大值	均值	标准差
保险密度	元/人	279	12.10	6 502.00	1 152.436 3	1 018.220 22
保险深度	%	279	0.80	7.00	2.870 0	0.916 26
本外币存款规模	%	279	0.11	5.60	1.648 2	0.736 98
本外币贷款规模	%	279	0.54	2.58	1.137 6	0.407 43
政策性金融密度	元/人	279	0.00	76 245.10	8 684.298 0	10 235.969 51
债券规模	%	279	−2.59	64.10	11.503 7	8.906 11
金融竞争度	%	279	21.33	368.82	46.182 3	22.121 90
不良贷款率	%	279	0.23	24.60	2.456 1	3.421 53
贷款规模	%	279	29.90	100.00	82.006 4	10.755 30
股票规模	%	279	0.00	52.00	5.208 4	5.870 82
财政收入规模	%	279	5.60	22.11	10.268 0	3.112 61
财政自给率	%	279	6.40	95.09	50.695 2	21.023 93
城市化率	%	279	21.45	90.00	52.005 6	14.443 76
人均GDP	元	279	7 878.00	110 160.00	38 226.435 9	21 349.621 98
外贸依存度	%	279	3.49	166.89	30.758 0	36.926 78
第三产业比重	%	279	28.30	92.91	42.225 9	9.438 70
每百万人发明专利授权量	项/百万人	279	1.38	1 626.72	94.565 1	195.971 80
软件单位数比重	%	279	0.00	31.90	3.225 6	4.607 50
软件业务收入比重	%	279	0.00	106.61	5.862 2	8.873 14
信息业投资比重	%	279	0.04	4.80	1.124 1	0.774 24
信息业就业人员比重	%	279	0.56	8.86	1.474 1	1.110 76
电话普及率	部/百人	279	24.80	228.09	96.614 7	33.334 93
广播覆盖率	%	279	84.12	100.00	96.526 1	3.211 20
电视覆盖率	%	279	88.94	100.00	97.465 3	2.209 73
人均电信业务量	元/人	279	556.87	5 708.46	1 531.286 5	815.102 44
IPV4地址数比重	%	279	0.10	25.68	2.973 5	4.387 52
域名比重	%	279	0.00	25.60	2.948 0	4.551 32
网站比重	%	279	0.00	18.20	2.903 6	4.036 55
人均网页数	个/人	279	166.41	39 169 961.79	943 442.704 1	3 395 102.955 56
网民普及率	%	279	6.00	76.50	37.167 7	16.145 82

（二）数据处理

动态因子分析前需要对数据进行一定的处理。首先进行正向化处理，根据统计发现，贷款规模、不良贷款率、股票规模等指标需要进行正向化，本文采用倒数的方法进行正向化处理。其次，进行标准化处理，根据指标层原始指标 2007~2015 年具体数据进行 Z-score 标准化处理，即新数据=（原数据−均值）/标准差，以消除指标量纲的影响，使数据同质化。

（三）计算过程

本文基于动态因子分析法，运用 Stata14.0 软件，根据分析的需要，对金融支持指数、网络发展环境指数、网络发展水平指数进行单独的动态因子分析，分开度量指标层的权重。分析过程如下：先进行 KMO 和 Bartlett 检验，金融支持指数、网络发展环境指数、网络发展水平指数的 KMO 度量结果都在 0.85 以上，Bartlett 的球形度检验的 Sig 值均为 0，适合进行因子分析。

根据前述动态因子分析法的步骤 1 至步骤 4，得到特征值、因子的方差贡献率和累计方差贡献率。根据累计方差贡献率大于 85% 的原则，提取公因子，说明提取的公因子可以反映各变量综合信息的 85% 以上，可以用提取的公因子代表全部指标，反映地区的主要信息，结果如表 3 所示。

表 3　动态因子分析法运行结果

公因子	网络发展水平指数			金融支持指数			网络发展环境指数		
	特征值	方差贡献率/%	累计方差贡献率/%	特征值	方差贡献率/%	累计方差贡献率/%	特征值	方差贡献率/%	累计方差贡献率/%
e_1	6.934	53.341	53.341	4.831	48.313	48.313	4.755	67.932	67.932
e_2	1.886	14.510	67.851	1.395	13.952	62.265	0.895	12.791	80.723
e_3	1.125	8.657	76.508	1.058	10.579	72.844	0.458	6.536	87.259
e_4	0.756	5.815	82.323	0.832	8.320	81.164	0.436	6.235	93.494
e_5	0.627	4.824	87.147	0.781	7.807	88.971	0.244	3.484	96.978
e_6	0.566	4.351	91.498	0.416	4.161	93.132	0.133	1.898	98.877
e_7	0.374	2.875	94.374	0.245	2.454	95.585	0.079	1.123	100.000
e_8	0.282	2.167	96.541	0.220	2.203	97.788			
e_9	0.128	0.988	97.529	0.147	1.470	99.259			
e_{10}	0.119	0.913	98.442	0.074	0.741	100.000			
e_{11}	0.088	0.676	99.117						
e_{12}	0.072	0.552	99.670						
e_{13}	0.043	0.330	100.000						
提取的公因子个数	5			5			3		

根据动态因子分析法步骤 5 至步骤 7，计算各个样本的静态因子得分、动态因子得分和平均综合得分，可以得到 2007~2015 年我国 31 个省（自治区、直辖市）在金融支持指数、网络发展环境指数、网络发展水平指数上的得分，平均综合得分如表 4 所示，平均综合得分和静态因子得分的结果方向是一致的。

表 4　平均综合得分和排名

地区	网络发展水平	网络发展环境	金融支持	按网络发展水平指数排名	地区	网络发展水平	网络发展环境	金融支持	按网络发展水平指数排名
北京	3.022	1.316	2.896	1	河北	－0.243	－0.206	－0.315	17
广东	1.248	0.525	－0.080	2	内蒙古	－0.289	－0.052	－0.291	18
上海	1.152	1.105	0.992	3	新疆	－0.309	－0.205	－0.067	19
浙江	0.650	0.375	0.171	4	山西	－0.314	－0.078	0.172	20
江苏	0.450	0.419	－0.109	5	湖南	－0.369	－0.245	－0.363	21
福建	0.352	0.161	－0.061	6	宁夏	－0.391	－0.216	0.021	22
辽宁	0.196	0.147	0.003	7	河南	－0.419	－0.309	－0.331	23
天津	0.160	0.635	0.227	8	广西	－0.422	－0.256	－0.311	24
山东	－0.004	0.077	－0.295	9	青海	－0.427	－0.371	－0.039	25
陕西	－0.072	－0.155	－0.085	10	安徽	－0.433	－0.213	－0.210	26
黑龙江	－0.098	－0.200	－0.230	11	江西	－0.461	－0.218	－0.336	27
吉林	－0.149	－0.191	－0.288	12	云南	－0.465	－0.235	－0.074	28
重庆	－0.161	0.031	0.170	13	甘肃	－0.546	－0.375	－0.061	29
海南	－0.196	－0.027	0.032	14	贵州	－0.628	－0.261	－0.177	30
四川	－0.212	－0.239	－0.129	15	西藏	－0.700	－0.448	－0.578	31
湖北	－0.243	－0.169	－0.255	16	最高值与最低值之差	3.722	1.764	3.474	

（四）结果分析

根据表 4，从静态角度分析，我们发现以下三点。

（1）网络发展水平、网络发展环境和金融支持力度在全国范围内差距悬殊。网络发展水平处于平均水平之上的地区有北京、广东、上海、浙江、江苏、福建、辽宁、天津 8 个地区，其余 23 个地区均处于平均水平之下；网络发展水平指数最高的是北京，达到 3.022，网络发展水平最低的是西藏，是−0.700，北京和西藏的网络发展水平指数差距高达 3.722。网络发展环境指数处于平均水平之上的地区有北京、广东、上海、浙江、江苏、福建、辽宁、天津、山东、重庆 10 个地区，其余 21 个地区处于平均水平之下，最高的北京和最低的西藏相差 1.764。金融支持指数处于平均水平之上的地区有北京、上海、浙江、辽宁、天津、重庆、海南、山西、宁夏 9 个地区，其余 22 个地区处于平均水平之下，最高的北京和最低的西藏相差 3.474。可以说，资源分配极度不平衡。

（2）网络发展水平指数、网络发展环境指数和金融支持指数三个指数高度相关，这可以从图 1 看出。两两之间的相关系数均在 0.96 以上，网络发展水平指数与金融支持指数之间的相关系数高达 0.99。也就是说，网络强国战略的实施离不开金融支持。同时，金融支持体系、网络发展水平也要与网络发展环境，也就是经济基础和创新水平相适应。例如，北京的网络发展水平高与它的金融支持力度大和经济基础好、创新水平高是分不开的。换个角度说，网络发展水平受制于经济基础和创新水平，也就是网络发展环境，其他省份如要提高网络发展水平，首先要抓好基本功，提升自身的经济基础和创新水平。这可能意味着，我国网络强国战略的实施是分梯度的。根据 2016 年 7 月发布的《国家信息化发展战略纲要》三步走战略，国家信息化发展的三大战略任务包括增强发展能力、提升应用水平、优化发展环境。根据本文的研究结果，对于增强发展能力、提升应用水平、优化发展环境，可以在顶层设计中对每一项设定分梯度的指标，以供不同经济基础和创新环境的地区结合自身的实际情况有计划、有步骤地推进网络强国战略的实施，并选择合适的金融支持方法、渠道和力度。

（3）表 4 中如果按金融支持指数从高到低排名，依次是北京、上海、天津、山西、浙江、重庆、海南、宁夏、辽宁、青海、甘肃、福建、新疆、云南、广东、陕西、江苏、四川、贵州、安徽、黑龙江、湖北、吉林、内蒙古、山东、广西、河北、河南、江西、湖南、西藏，这和按网络发展水平指数排名有些出入，意味着金融体系的运行具有相对独立性，需要配合财税政策进行引导，否则资金的流向可能会与政府的阶段性目标相悖。很意外的是，网络发展环境较好、网络发展水平较高的广东，金融支持指数排在第 15 位，究其原因，有保险深度和密度不足、债券市场不成熟、金融竞争程度较低、金融抑制较严重等方面的原因，但最突出的原因是政策性金融密度低、间接融资比重过高。如图 2 和图 3 所示，和有代表性的海南、山西比较，广东的人均政策性金融机构资产从 2007 年的 2 118.01 元增加到 2015 年的 7 350.91 元，而海南的人均政策性金融机构资产从 2007 年的 5 408.28 元增加到 2015

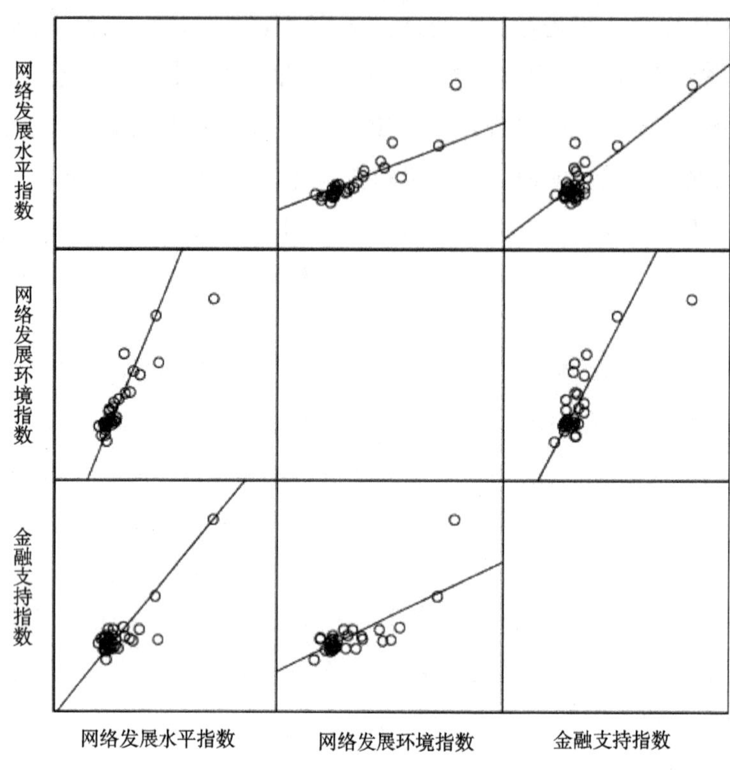

图 1　三指数的矩阵图

年的 34 330.6 元。作为政府主导经济发展的国家，政策性金融的作用不可替代。从融资比重上看，2013 年，广东的间接融资比重高达 90.18%，2015 年是 73.3%，而山西是 68.7%，北京则是 43.75%。再从动态角度分析，2007~2015 年，绝大部分地区的三大指数都处于缓慢上升当中，网络发展水平和金融支持力度都在提升，网络发展环境在不断改善，国家信息化战略的实施取得了一定成效。同时，三个指数呈现明显的层次性，2007~2015 年，北京一直是三个指数上的领先者，远远领先于其他地区。从各地区 2007~2015 年三大指数的动态得分年均增加值（表 5）上看，9 年间，北京网络发展水平指数平均每年增加 0.221，金融支持指数平均每年增加 0.224，两项都排在第一，因此，北京与其他地区有差距拉大的趋势。宁夏、新疆、西藏的网络发展水平指数年平均增加值为负值，主要是因为经历了 2011 年的低谷。金融支持指数增加最慢的是西藏。在网络发展环境指数上，北京平均每年增加－0.089，这主要是因为受次贷危机的影响，2009 年北京的网络发展环境指数一度从 2007 年的 2.083 跌到了 1.008，但此后有恢复趋势，2015 年达到了 1.368。

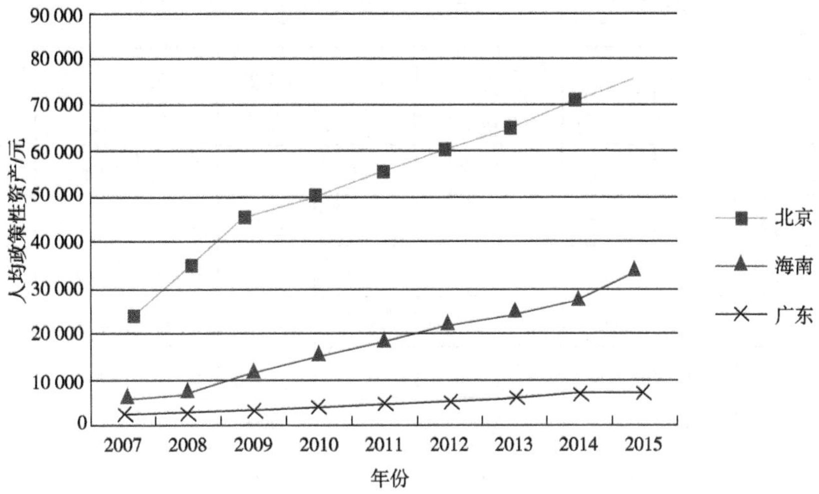

图 2　人均政策性资产变动趋势

资料来源：根据各年度各地区金融运行报告计算得出

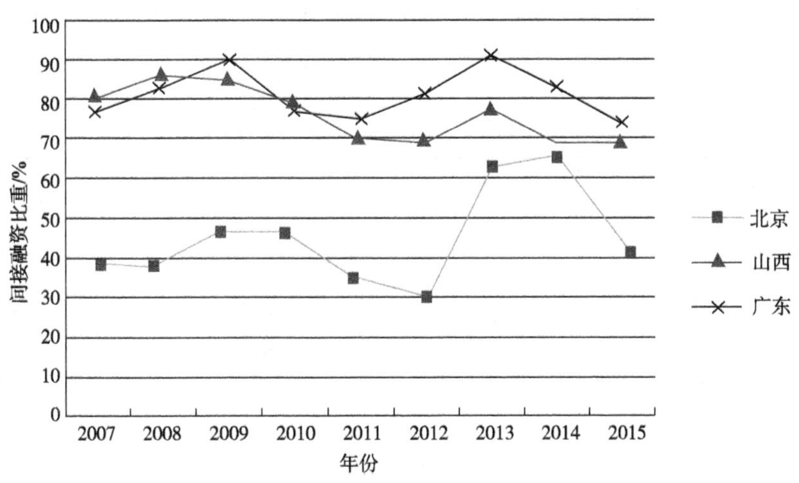

图 3　间接融资比重的变动趋势

资料来源：根据各年度各地区金融运行报告计算得出

表 5　2007~2015 年各地区三个指数动态得分年均增加值及排名

地区	网络发展水平	网络发展环境	金融支持	按网络发展水平指数年平均增加值排名	地区	网络发展水平	网络发展环境	金融支持	按网络发展水平指数年平均增加值排名
北京	0.221	−0.089	0.224	1	辽宁	0.077	0.027	0.158	6
天津	0.098	0.032	0.158	2	吉林	0.073	0.041	0.053	7
河北	0.094	0.029	0.076	3	黑龙江	0.072	0.013	0.118	8
山西	0.086	0.010	0.101	4	上海	0.072	0.024	0.157	9
内蒙古	0.084	0.040	0.106	5	江苏	0.070	0.054	0.104	10

续表

地区	网络发展水平	网络发展环境	金融支持	按网络发展水平指数年平均增加值排名	地区	网络发展水平	网络发展环境	金融支持	按网络发展水平指数年平均增加值排名
浙江	0.057	0.037	0.080	11	重庆	0.040	0.023	0.099	22
安徽	0.056	0.026	0.116	12	四川	0.037	0.054	0.092	23
福建	0.055	0.034	0.101	13	贵州	0.034	0.034	0.092	24
江西	0.054	0.026	0.095	14	云南	0.033	0.032	0.146	25
山东	0.052	0.034	0.072	15	陕西	0.028	0.024	0.108	26
河南	0.050	0.040	0.148	16	甘肃	0.025	0.030	0.086	27
湖北	0.047	0.041	0.089	17	青海	0.023	0.044	0.112	28
湖南	0.046	0.048	0.187	18	宁夏	－0.001	0.045	0.108	29
广东	0.042	0.051	0.057	19	新疆	－0.002	0.012	0.093	30
广西	0.041	0.024	0.089	20	西藏	－0.009	0.035	0.048	31
海南	0.041	0.043	0.114	21	最大值与最小值之间的差距	0.23	0.143	0.176	

有意思的是，从网络发展水平指数动态增加值上看，发展较好的上海、江苏、浙江、广东排名靠后，说明北京与全国差距拉大的同时，局部地区出现了趋同趋势。以浙江为例，其他地区的三个指标变动趋势和浙江基本一致，都处于缓慢上升状态。

（1）就网络发展水平指数而言，2007~2015年，浙江排在北京、广东、上海之后，主要原因是相关人才缺乏、投资不足，浙江信息传输、计算机服务和软件业的固定资产投资、就业人员规模都落后于北京、广东和上海，这使浙江网络发展水平非常缓慢，2010年的网络发展水平指数是0.832，到2015年为0.915，刚超过2010年的水平，中间四年的时间都因为金融危机的影响处于回落状态，如图4所示。图5和图6分别是浙江信息传输、计算机服务和软件业就业人员比重及固定资产投资比重与优秀地区的比较。信息产业投资和人才会影响网络强国战略实施的后劲。

（2）就金融支持指数总体而言，如图7所示，浙江排在北京、上海之后，2014年超过了天津。在金融支持的指标中发现，除了在金融深度、保险深度和密度、金融竞争、政策性金融密度、直接融资上的差距外，最大的差距来自于不良贷款率。不良贷款率过高，大大削减了浙江金融支持指数。图8揭示了2007~2015年浙江与北京不良贷款率的差距变化，2010年以来，浙江不良贷款率高于北京，且处于上升趋势，2015年不良贷款率达到2.37%，说明浙江信用环境有恶化趋势。

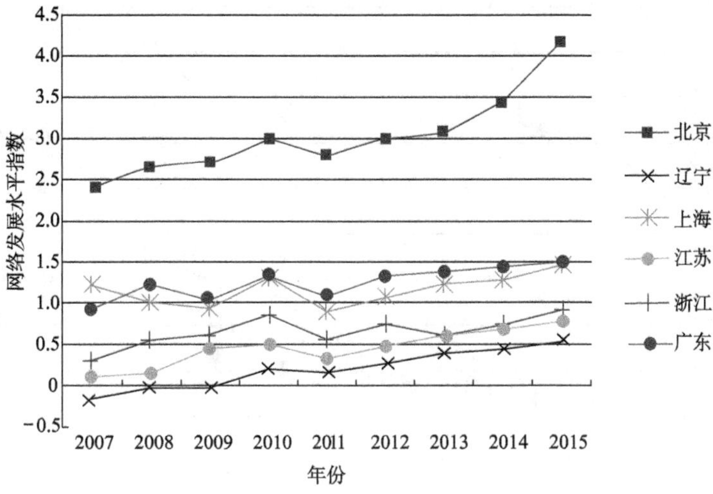

图 4　网络发展水平指数趋势变动

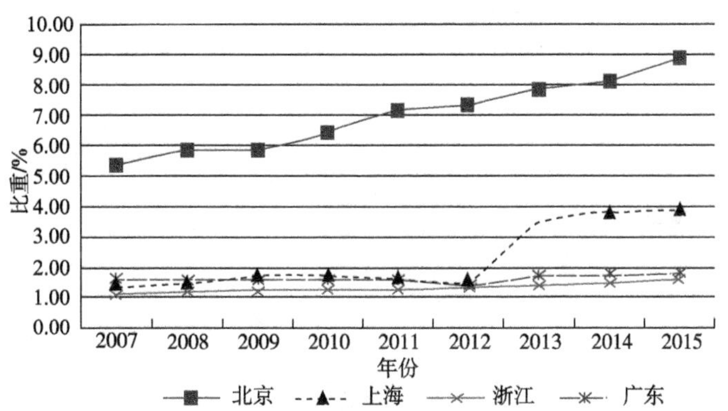

图 5　信息传输、计算机服务和软件业就业人员比重

资料来源：根据各年度各地区统计年鉴和统计公报计算得出

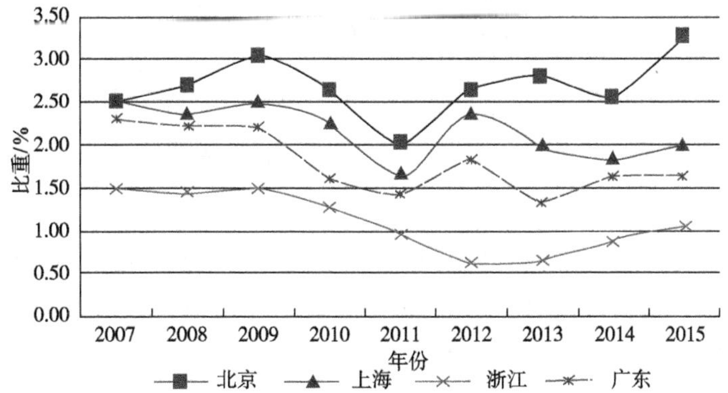

图 6　信息传输、计算机服务和软件业固定资产投资比重

资料来源：根据各年度各地区统计年鉴和统计公报计算得出

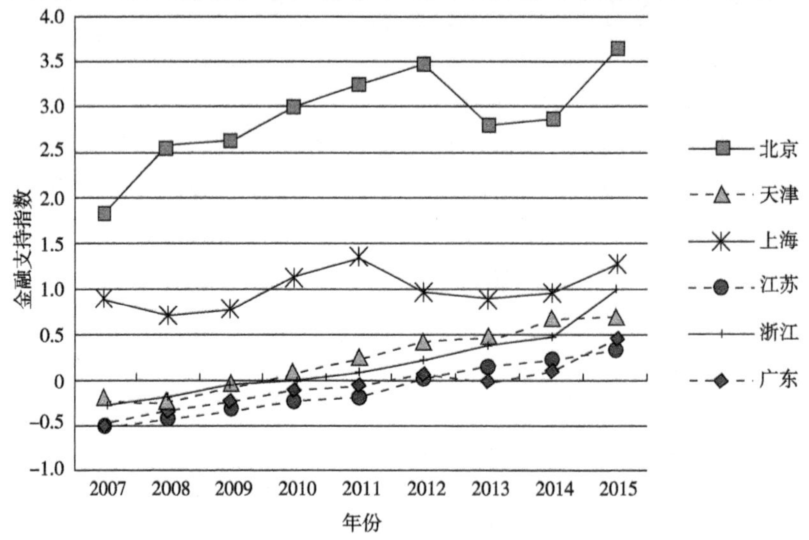

图 7　金融支持指数趋势变动

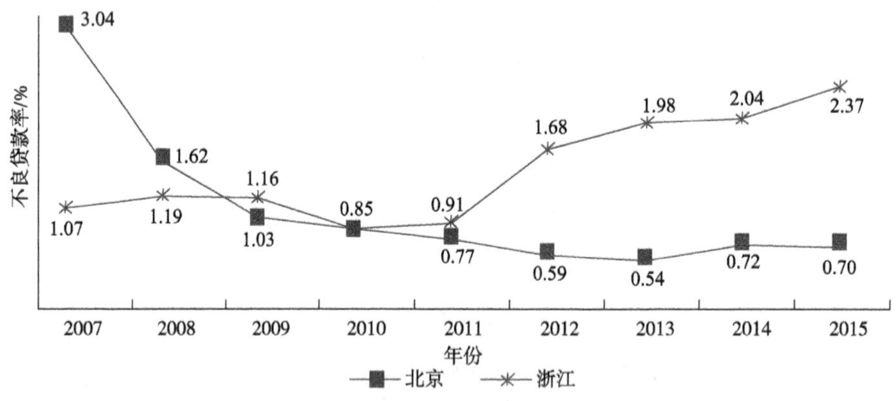

图 8　不良贷款率变动趋势

资料来源：各年度各地区金融运行报告

（3）就网络发展环境而言，北京、上海、天津、广东、江苏好于浙江。如图 9 所示，在网络发展环境的指标中，产生差距的因素主要有浙江财政实力弱于其他省份、第三产业发展不足、城市化率较低及创新水平较弱。

总体上来说，尽管各个地区的网络发展水平指数、网络发展环境指数、金融支持指数和北京有较大差距，但我国信息化战略实施总体上取得了较好的效果，为网络强国战略的实施打下了硬件和软件基础。

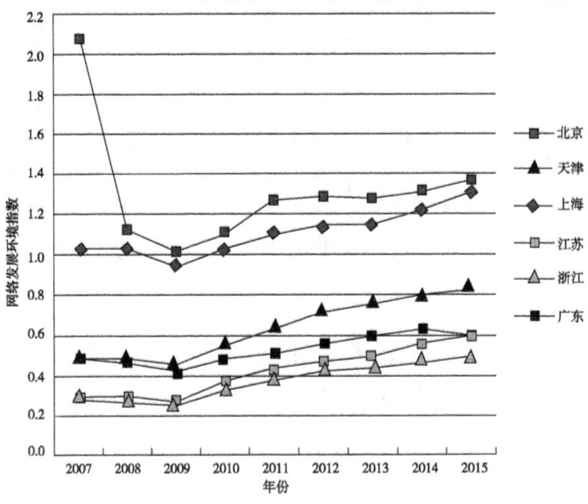

图 9　网络发展环境指数变动趋势

四、结论与政策建议

网络强国战略的实施是事关国计民生乃至国家综合实力的重大战略，离不开金融体系的支持，同时，金融支持体系的支持也要与网络强国战略的实施环境相适应，与地区的经济基础和创新水平相适应。本文运用动态因子分析法对我国 31 个省(自治区、直辖市)的金融支持指数进行了评价，同时结合网络发展环境、网络发展水平等维度进行了单维评价，结果表明：①从静态角度分析，北京、广东、上海、浙江、江苏、福建、辽宁、天津、山东等东部和沿海地区在网络发展水平和发展环境上明显占优，这与金融支持体系的发展分不开。同时，金融支持力度的排名与网络发展水平的排名不完全一致，表明金融支持具有相对独立性，要实施网络强国战略，还需要财税支持配合金融支持，引导资金流向。在网络发展水平、网络发展环境、金融支持三个指数上，形成了明显的层次性，明显占优的是北京，且差距有扩大的趋势。网络强国目标不是靠某一个地区来实现的，需要全国上下结合本地区实际情况有计划、有步骤地推进，因而实施网络强国发展战略，缩小地区之间的差距，解决网络强国战略发展的区域不平衡问题至关重要，同时也要考虑梯度推进的问题，东部城市实施网络强国战略的基础较好，可在金融支持上着重提升信息化能力建设。②整体而言，虽然北京、上海、天津、山西、浙江等地区的金融支持指数相对较高，但从绝对水平看，还有较大的提升空间和优化空间。因此，需要多策并举弥合地区之间的金融支持指数的差距。

在网络强国大的政策背景下，金融支持指数的高低主要取决于地区本身，但是现实的差距需要国家政策的综合平衡来弥合。为此需要各地区积极改善金融支持环境，建议如下。

（1）金融与财税配合。有些地区金融支持力度大，网络发展水平和环境未对应发展，这些地区应在财税政策的引导及财政支出结构上下工夫，致力于提高网络发展水平和优化网络发展环境，优化金融支持效果。为此，可设立网络发展专项基金；优化财政收支结构，把对网络相关产业的税收支持力度，甚至对从事网络相关产业创业人员的税收优惠落到实处，通过税收政策引导资金加大对网络经济的投资和就业；加大对教育、研发的投入比例，可以增加财政性的在职的、非在职的教育培训基金，提升人力资源禀赋，还可以通过行业协会的辅助，联通学校与企业，加强理论与实践之间的联系，为网络强国战略的实施提供人才。当然，最直接的方式是通过税收、奖励、补贴等激励方式吸引国内外相关资金和人才聚集。

（2）加强融资体系建设。信息产品风险大、时间长，一般不受间接融资体系青睐，可鼓励金融机构创新相关的质押金融产品和服务；完善风险投资和退出机制，风险投资能更好地解决逆向选择和道德风险问题，实践证明，风险投资在促进美国信息经济发展方面起了非常大的作用，因此可进行风险投资组织形式的制度创新，建立高效的风险投资运行机制和保护知识产权的风险投资法律体系；完善资本市场，资本市场的完善可以给予技术入股和股票期权这样的分配制度以制度支持，更好地促进相关企业的发展；积极吸引外资，形成主板市场、创业板市场、海外市场等多元化的资金渠道；可以建立市场化网络平台，及时提供资金供需信息，激励各方金融资源，如政府的、民间的、国内的、国外的，通过股权、债权、信托、互助合作等多种形式，参与网络强国战略的实施。

（3）减少金融抑制。有些地区网络发展水平和环境较好，但金融支持的力度相对弱一些，应提升金融支持的效果，尽可能消除金融抑制的诱因。需要减少金融行政干预，增加政策性金融的支持力度，积极优化资金聚集氛围。对于政策性金融机构，可以允许其实行混业经营，根据网络强国战略的实施层次和性质，采取诸如政策性支助、直接投资、控股或参股、提高信用担保等方式，为网络相关产业和就业人员提供资金支持。

（4）优化本地区的信用环境。网络时代，信息不对称导致的道德风险、信用风险极易发生。金融体系通过把资金从贷方转移到有生产性投资机会的借方手里，并保证借方能够以合理的收益回馈贷方从而形成良性循环，提高经济效益。资金融通环节和收益回馈环节缺一不可，其中任何一个环节断裂，良性循环被打破，虚拟经济不能服务于实体经济，影响的是整个经济运行的效率。因而，道德层面的信用在网络时代显得异常重要，如果这个问题不解决，银行不良贷款增加、企业圈钱、互联网金融平台跑路，金融信用缺失，会严重阻碍网络强国战略的实施。为此，必须提高全社会民众的信用意识；采用媒介联合、政企联合的方式，建立企业、各类机构、家庭和个人信用记录在内的社会化信用体系；提高信用成本，完善与网络相配套的法律制度，加强全国范围内的联合执法；建立统一的电子信用平台，及时准确地披露信用信息。

最后，网络强国战略的实施过程中还要尽量避免金融泡沫形成，如美国 2000 年出现的互联网泡沫。网络强国不是一朝一夕之功，应有计划、有步骤地推进。

根据网络强国战略实施的不同阶段和地区经济发展整体状况，采取不同的金融支持组合，配合税收、财政收支结构，以保持网络强国战略实施的可持续性，支持建设网络强国的软硬环境，为网络强国战略的实施创造良好的氛围。需要指出的是，由于缺乏各地区的网络安全、电子政务等方面的数据，本文的评价指标体系中未涉及网络安全、电子政务等指标，但并不影响本文的结论。

参 考 文 献

[1] Paul C A，Hrynyshyn D. Values at play in digital games[J]. New Media & Society，2016，18（4）：1054-1056.

[2] 方兴东，卢卫，胡怀亮，等. 网络强国能力指标体系与战略实现路径研究[J]. 现代传播（中国传媒大学学报），2014，（4）：121-126.

[3] 邓晓旭. 试论建设网络强国的价值路径[J]. 陕西师范大学学报（哲学社会科学版），2015，（3）：162-171.

[4] 赵子忠. 三网融合的关键视角　用宽带战略解读三网融合[J]. 现代传播（中国传媒大学学报），2010，（6）：6-9.

[5] 贺永强. 立足管得住　给力正能量[J]. 求是，2014，（9）：51-52.

[6] 杜振华. “互联网+”背景的信息基础设施建设愿景[J]. 改革，2015，（10）：113-120.

[7] Castells M. La era de la información，economía，sociedad y cultura[J]. Alianza Editorial，1998，7（1）：66-78.

[8] 胡鞍钢，周绍杰. 网络经济：21 世纪中国发展战略的重大选择[J]. 中国工业经济，2000，（6）：5-10.

[9] 辜胜阻，李永周. 论高技术产业的机制创新[J]. 经济评论，2001，（6）：41-43.

[10] 何师元. “互联网+金融”新业态与实体经济发展的关联度[J]. 改革，2015，（7）：72-81.

美韩两国网络安全建设比较及经验启示

胡保亮，赵田亚

（杭州电子科技大学管理学院，浙江杭州，310018）

摘　要：作为世界上率先建成的网络强国，美国很早时候就已经开展网络安全建设，是网络安全建设的领先者，积累了许多值得学习的经验。韩国是新兴发达国家，也是世界网络强国建设和网络安全建设的后起之秀，摸索出了许多值得借鉴的经验。本文旨在对美韩两国网络安全建设的经验进行梳理、比较和分析，从中总结对中国网络安全建设的启示，助推中国网络强国战略实施和目标达成。

关键词：网络安全；网络强国；网络安全建设

A Comparative Study of the United States and Korea Network Security Construction Experience and Enlightenment

Hu Baoliang，Zhao Tianya

（School of Management，Hangzhou Dianzi University，Hangzhou 310018，China）

Abstract：As one of the world's leading Internet powers，the United States has been building cyber security for a long time. It is a leader in network security building and has accumulated a lot of experience which is worth learning. Korea is a newly developed country and a rising star in the construction of the world's cyber powers and the construction of cyber security. The purpose of this paper is to the network security of the construction of the two countries experience to comb，the comparison and analysis，it summarizes the enlightenment to our country network security construction，boosting our country network strategy implementation and a goal.

Key words：Network security；Network power；Network security construction

当今世界，信息技术创新日新月异，以数字化、网络化、智能化为特征的信息化浪潮蓬勃兴起。以信息化驱动现代化，建设网络强国，是落实“四个全面”战略布局的重要举措，是实现“两个一百年”奋斗目标和中华民族伟大复兴中国梦的必然选择[1]。为此，党中央做出实施网络强国战略的重大决策部署。

我国的网络强国战略是“网络安全”与“信息化”两翼齐飞战略[2]。习近平总书记于2014年2月27日下午召开中央网络安全和信息化领导小组第一次会议并发表重要讲话，指出：“网络安全和信息化是一体之两翼、驱动之双轮，必须统一谋划、统一部署、统一推进、统一实施。”网络强国犹如时代之“列车”，网络安全和信息化便是其“驱动之双轮”。建设网络强国，既要解决网络安全问题，也要加快发展信息化，让这“双轮”协调一致，同步前进，为“网络强国”这辆列车保驾护航。

一、美韩两国网络安全建设的实践

（一）美国网络安全建设的实践

1. 战略重视网络安全

自2003年布什政府发布《网络空间国家安全战略》以来，美国政府逐步认清了网络空间对国家利益和国家安全的重要意义，并把网络空间安全提升至国家安全的战略高度。2011年5月，美国发布了《网络空间国际战略》，集中阐述了美国对未来网络空间的看法和目标，明确了美国今后着力推进的政策重点和行动举措。与战略上重视网络安全一致，美国政府不断增加对网络安全的资金投入以便更好地应对国内和国外的网络威胁。2016年，奥巴马政府更是投入140亿美元增强国内网络安全防御能力。

2. 加强网络安全立法

一是加强顶层设计，出台网络安全基本法。美国于2014年通过了《国家网络安全保护法》，强化了国土安全部的国家网络安全和通信集成中心在联邦部门和私营部门共享网络安全信息方面的重要作用，为立足国家层面部署和加强公共与私营部门网络安全信息共享提供法律依据[3]。

二是加强国家安全立法，保护国家信息与网络安全。例如，美国于 2002 年通过《2002 联邦信息安全管理法》，主要目的是全面保护美国政府机构信息系统的信息安全。2012 年美国将该法更新为《联邦信息安全改革法》，强调对计算机网络进行实时、自动监控，加强联邦政府网络安全保护。

三是加强网络交易安全立法。2010 年，美国为了确保国内及其贸易伙伴通过安全网络进行自由贸易，审议通过了《2010 网络安全法案》。该法案对网络安全的人才发展、计划和职权、网络安全知识培养、公私合作等进行了规定。

四是加强关键基础设施立法。美国于 2013 年发布《关于提高关键基础设施网络安全的行政命令》和《关于关键基础设施安全与容灾的总统令》，于 2014 年颁布《关键基础设施信息安全框架》，用法律的手段保护关键基础设施。

3. 设立网络安全机构

为了适应飞速变化的网络安全威胁，美国设立统筹协调和管理机构，明确相关部门的网络安全职能。

一是设立网络安全总体负责机构。“9・11”事件以后，为了加强网络安全工作统筹和综合协调，美国在总统办公厅设立网络安全办公室，全权负责国家网络安全事务。其主要职责包括监督信息安全政策实施情况，加强公私部门与有关机构和行业合作的信息共享和政策协调，在遭受针对信息技术的大规模攻击情况下协调由各机构管理的信息基础设施的防御等。

二是细化各部门职责。美国政府明确规定各部门应该负责什么样的工作。例如，国防部负责与军情和情报等相关的网络安全工作；国土安全部负责与关键基础设施相关的网络安全工作；商务部负责网络安全标准制定工作；网络保密局则在其内部设立计算机安全中心和网络攻击中心，专门负责网络战的战略情报预警、网络攻防技术开发和网络信息战指导。

4. 加强社会各界合作

一是加强政府部门与高校联合研究。2006 年，美国军方为了防范黑客的攻击，与伊利诺伊大学联合研究如何提高战场计算机和通信系统的安全性能。2008 年，美国空军部门与罗切斯特理工大学、布法罗大学、宾夕法尼亚大学等共同开展网络黑客攻击行为研究，主要目的是通过分析黑客们已使用过的攻击方法来预测今后他们攻击的新方式和新特点，以先发制人的方式将黑客攻击降到最低。

二是加强政府与企业之间的合作。近年来，为了保障网络安全建设有序进行，美国政府一直积极与硅谷公司合作，利用他们的信息技术优势获得网络空间的绝对安全。

5. 网络安全人才教育

一是出台网络安全人才顶层计划。2011 年，美国国土安全部和人力资源办公室牵头提出《网络安全人才队伍框架（草案）》。该草案明确提出了网络安全专业领域的定义、任务及人员应具备的“知识、技能、能力”，对开展网络安全专业学历教育、职业培训和专业化人才队伍建设起到了重要的指导作用。2012 年，美国专门针对网络安全人才队伍建设发布了“NICE 战略计划”，明确提出了对普通公众、在校学生、网络安全专业人员三类群体进行教育和培训，以提高全民网络安全的风险意识、扩充网络安全人才储备、培养具有全球竞争力的网络安全专业队伍。

二是开设网络安全教育课程。在美国国家安全局的主导下实施“国家信息安全教育培训计划”。该计划采用授权的管理方式，在美国 23 个院校设立信息安全保障教育和学术交流中心，开设从职业培训、学士、硕士到博士的网络安全系统课程。

三是加强专业人才资格认证。2014 年，美国发布《国家网络空间安全教育计划》，制订网络安全职业培训计划，以及国家网络安全专业人才资格认证标准和指南。

6. 网络安全宣传教育

互联网的主要特征是“人人参与、人人受益”。维护网络安全需要社会公众的参与和配合，加强网络安全宣传教育势在必行。2004 年，美国启动国家网络安全意识月活动，主要目标是推动公共部门、私营部门及国际共同体提升网络安全意识，对美国公民进行网络安全自我保护教育，维护网络空间带来的巨大机遇并进一步推动经济增长。

7. 重视网络攻防建设

网络安全是保障国家安全和经济安全的重要环节，美国早在 20 世纪 90 年代就提出了网络战概念，加强海陆空多方面的网络安全，近年来更是大力发展网络部队保护网络空间安全。

一是成立网络司令部统筹网络军队。2002 年美国海军率先成立海军网络司令部，随后空军和陆军也相继组建自己的网络部队。2010 年 5 月美国正式创建网络司令部，统一协调保障美军网络战、网络安全等与电脑网络有关的军事行动。

二是组建网络部队，增强网络作战能力。2013 年初，美军开始组建网络部队，主要有三类分支：一类是执行进攻任务的作战部队，一类是保护国防部内部网络的网络保护部队，还有一类是国家任务部队，主要保护美国国内电网、核电站等重要基础设施。迄今为止已建成 123 支网络部队，总人数为 4 990 人。目标是在 2018 年建成 133 支具有全面作战能力的网络部队，总人数为 6 187 人。

三是加快网络武器研发，提高网络攻击及防御能力。2011 年，美国国防部曾决定在未来 5 年内拨款 5 亿美元给国防部高级研究项目局，以加快网络武器及防御性网络技术的研发。2012 年，美国五角大楼加快新一代网络武器的研发。这些武器可帮助美军在敌军军事系统未接入互联网的情况下对其施加干扰。2015 年，美军已研制出 2 000 多种电脑病毒武器。

四是建立网络安全基础设施。美国在 2004 年就启动研发以“爱因斯坦”计划为核心的网络防御系统，建立“国家网络靶场”“网络空间安全数据中心”等网络安全基础设施。

五是开展网络战争演练，提高实战能力。网络演练是提高实战能力的基本途径。一方面，美军举行大规模网络攻击实地演习。美国政府自 2006 年起，每两年举行一次网络风暴演习。这个演习由国土安全部主办，由上百个相关部门参加，主要检验各部门如何应对全球激进主义者、黑客等发起的破坏性网络攻击。另一方面，利用电脑游戏练兵。美国开发专门的军用版电脑游戏用于本国军事人员的培训。

（二）韩国网络安全建设的实践

1. 立体化的网络安全战略

一是技术层面的安全战略。为了促进韩国 IT 产业的发展，韩国信息通信部 2004 年制定了“IT839 战略”，从法律和技术两个方面阐述了信息安全问题应对策略，主要内容如下：第一，研发“可信赖的融合型网络”，为安全的网络连接开发加密和认证技术，确保不同网络之间的安全互操作性，开发快速切换代理技术及标准化接口技术；第二，为确保泛在服务的安全性，为新的智能设备建立新的标准，开发轻量级加密技术以保护隐私，研发数字版权管理技术以防止非法数字内容的分发；第三，为未来的信息环境改进法律制度，并努力构建安全文化。

二是国防军事层面上的网络安全战略。韩国制定的《2008 年国防白皮书》主要集中在技能培训和教育等方面，目的是培养国防网络安全高级人才。例如，韩国军方与高校联合设立网络战学校，根据韩国的兵役制度，这些学生在毕业之后将成为韩国军队网络战部门的军官，应对各种网络空间威胁。而随后韩国制定的《2010 国防白皮书》则主要阐述了军方的网络安全防御框架，并对韩国军方的网络安全政策进行了较为详细的描述。

三是国家和国民层面上的网络安全战略。2011 年，韩国政府制定《国家网络安全总体规划》，旨在防止网络攻击对国民财产和国家安全的威胁。该规划的主要内容是对网络攻击的预防、探测和响应。该规划同时要求政府各部门和私营企业应采取加密、数据备份，以及装载各种必要的软件来防御黑客攻击。

2. 设立网络安全管理机构

在网络安全建设的过程中，韩国通过设立专门的网络安全管理机构来更加专业地、有针对性地处理网络安全事件。

一是设立网络攻击统一指挥机构。2013 年，韩国制定了《国家网络安保综合对策》，规定总统府青瓦台是主管应对网络攻击的统一指挥机构，国情院、未来创造科学部、国防部、行政安全部等 14 个其他部门各负责本部门的网络安全工作。

二是政府各机构设立安保中心加强网络信息安全。2013 年，韩国法务部、国土交通部等都设立了自己的网络安保中心，保护本部门网络信息安全。2014 年，企划财务部设立网络安保中心，联合央行、国税厅等主要财政、经济部门共同应对黑客入侵。

三是设立专门机构保障国家政府机构的安全。2013 年，韩国政府在总统府设立网络安全秘书一职，直接向青瓦台国家安全室室长负责，能迅速、有效应对针对一些国家关键机构的网络攻击。

四是设立机构制定网络安全相关政策。韩国成立了国家网络安全委员会，主要负责网络政策发展的协调工作，韩国互联网安全中心是其指导部门。在国防安全政策制定方面，韩国政府在国防部新设网络战政策总管科，主要负责制定研发韩国网络防御性武器的相关政策和网络战人力供给计划[4]。

3. 加强各方统筹协调合作

一是加强政府和其他民间机构、企业之间的协调合作。企业也是网络安全建设的主力军和推动者。2011 年，为了应对网络恐怖袭击，韩国政府决定将以国家网络安全中心为中心的政府有关部门和民间组织、机构联合起来，共同采取应对措施，以更好地进行网络反攻。2013 年，韩国政府与企业合作，出台“打击网络攻击”的全面政策，并建立更加具有合作特征的信息分享系统。

二是加强各国之间的协调合作。2013 年，韩国政府与俄罗斯首次达成国际信息安全合作协议，协议内容包括两国专家联合行动保护计算机网络免受黑客攻击，打击利用信息和计算机技术犯罪等。2016 年，韩美两国决定强化网络安全合作，具体包括共同开发技术，进一步分享网络威胁信息和加强网络安全政策对接。韩国还重视与北约合作，双方共同应对包括网络攻击在内的安全威胁。

4. 高度重视网络攻防建设

近年来，韩国已将网络安全提升到了国防战略的高度。为了有效地防御网络攻击，并实施有效的反击，韩国政府实施了一系列的举措。

一是组建司令部。2011 年 4 月，韩国组建国防部直属的网络司令部，主要负责网络空间中的攻防作战行动。

二是设立部门专门负责网战。2014 年，韩国军方设立专门负责网战的部门，主要保护联合参谋本部的网络运行。

三是设立部门保障国防信息系统安全。韩国在军方宪兵部门建立了计算机应急响应机构，监视国防信息系统，而且在国防部成立网络战略中心，确保政府与金融信息系统的安全性。

四是主导或参与各种网络安全军事演习。韩国作为亚太区电脑保安事故协调组织的副主席国，积极参与该组织举办的国际共同模拟演习。2005 年和 2006 年，韩国主导举办国际共同模拟演习，2013 年参与演习。并且，韩国从 2008 年就开始参加美国国防部组织的国际网络防御研讨会，实施模拟演习。

5. 重视网络安全人才培养

一是网络安全宣传教育。韩国政府设立“网络安全日”，开展“清净互联网运动”，并通过媒介进行宣传，以提高国民的网络安全意识。

二是确定网络安全人才培养计划。2012 年韩国政府启动了为期 6 个月的“下一代信息安全专家培养计划”。2013 年韩国政府推出网络安全建设培训计划，具体包括：培养与信息安全产业相关的信息安全规划专家；在中学增加开设信息保护课程；培养信息安全的专业人才，发展高级的精英人才。

6. 研发网络安全核心技术

一是政府主导。韩国信息通信部 2007 年发布“信息安全技术开发 5 年计划”，计划投资 2 777 亿韩元以产学研合作形式共同研发国内核心技术。

二是企业推进。例如，为了应对网络威胁，三星集团将旗下三星 SDS、Unitel、三星电子、S1 及三星科技研发中心五大机构的信息安全技术整合一体，成立三星计算机安全公司，专门从事网络安全产品的研发、生产及全球范围的销售。

7. 加强互联网内容的管制

一是颁布“普法”和“专法”共同管制互联网内容。1995年韩国颁布《电子通信商务法》。在《电子通信商务法》管理框架下，信息通信道德委员会颁布了有关互联网内容管制的专法，如2001年公布的《不当 Internet 站点鉴定标准》和《互联网内容过滤法令》，在法律框架内确定了信息内容过滤的合法性。

二是建立专门的互联网审查机构。韩国是最早建立互联网审查专门机构的国家。1995年的《电子通信商务法》将“危险通信信息”作为管制对象，并将管制权利赋予信息通信部，委托信息通信道德委员会行使管理权限。

三是实行网络实名制。韩国是世界上首个强制实行网络实名制的国家，主要是通过立法规范和监督来保障实名制的顺利进行。实名制的实行不仅在一定程度上规范了网站内容信息，为网民提供健康的网络信息，而且也在一定程度上减少了青少年“网络中毒”现象的发生。

四是倡导民间自律和监督行为。韩国相关部门在小学、初中的德育教科书和高中的道德、市民伦理、电脑等教科书中增添了有关网络伦理的内容，促使青少年树立正确的网络伦理观。而且，韩国政府还要求教师必须进修信息通信伦理意识的课程，以便向学生传授正确的相关知识。

二、美韩两国网络安全建设的对比

美韩两国网络安全建设实践既有共性也有差异，两国网络安全建设对比如表1所示。

表1　美韩两国网络安全建设的对比

内容	两国的差异		两国的共性
	美国 VS 韩国		美国＆韩国
在网络安全战略方面	制定网络安全战略总体规划	在不同层次上制定战略规划	把网络安全建设提到国家战略高度，并颁布一系列文件保障规划的顺利实施
在网络安全立法方面	从上到下有序制定法律，有网络安全基本法和一系列功能法	针对不同功能而制定法律	
在网络安全机构方面			两国都首先设立了总管网络安全的统一机构，并根据不同职责细化不同部门
在网络安全力量方面			两国都积极推进政府同企业、高校及其他国家的合作

续表

内容	两国的差异		两国的共性
	美国 VS 韩国		美国&韩国
在网络安全教育方面	在网络安全人才培养方面有一系列成套的体系	制订了网络安全建设培训计划	两国都设置了网络安全日（或月），传授网络安全知识，提高国民网络安全意识
在核心技术研发方面	注重发挥企业的作用	产学研合作	
在网络攻防建设方面	注重网络武器的研发以及网络安全基础设施的建立	保障国防信息安全；注重网络安全军事演习	两国都积极筹备网络部队；建立了各自的司令部，积极地参加各种网络战争演习以提高网络军队的作战能力
在互联网内容管制方面		更加注重互联网内容的管制	

1. 网络安全战略方面的对比

美国和韩国都将网络安全建设提高到国家战略的高度，也都将网络安全建设作为互联网时代国家安全建设的重中之重。

美国颁布《网络空间国家安全战略》，制定了网络安全战略总体规划，统领网络安全建设各个方面，明确网络安全建设的重点和方向，并且不遗余力地投入资金以支持网络安全的全面建设[5]。

韩国从技术层面、国防安全层面和国家国民层面发布战略规划，明确各方网络安全建设的具体措施和方向。例如，在技术层面制定“IT839战略”，主要阐明了信息安全问题的应对措施；在国防军事层面制定战略，明确了培养国防网络安全高级人才的主要措施；在国家和国民层面上制定战略以加强对网络攻击的预防、探测和响应，保护国家安全和国民安全。

2. 网络安全立法方面的对比

美国是从上到下进行立法，有网络安全基本法和一系列功能法。基本法主要是指《国家网络安全保护法》，功能法包括为保护网络安全交易而颁布的《2010 网络安全法案》、为保护关键基础设施而颁布的《关键基础设施信息安全框架》等。

韩国主要是针对不同功能而制定网络安全方面的法律，如制定《电子通信商务法》以加强互联网内容管制。

3. 网络安全机构方面的对比

美国和韩国都首先设立了总管网络安全的统一机构，然后根据不同职责细化不同部门。

美国设置网络安全总体负责机构，又在不同部门（商务部、国防部、国土安全部等）设立网络安全管理中心，明确各部门职责，使其各司其职，共同保护美国网络安全。

韩国设立网络攻击统一指挥机构，即总统府青瓦台，在政府各机构部门设立自身专门的安保中心以加强网络信息安全。

4. 网络安全力量方面的对比

美国和韩国都采取的是“政府与社会各界合作”的方针策略。政府部门不仅要和各高校合作以提高网络安全技术及培养网络安全人才，更要和相关企业合作以提高技术研发能力，加强和其他各国的合作，共同抵御共同的敌人，具体如下。

美国主要是政府与高校联合培养人才，与企业联合开发先进技术，与盟友共同抵御网络侵略。

韩国主要是政府和民间组织机构合作，提高民众的网络安全意识，增强网络安全建设力量；与企业合作，增强网络安全技术以及联合制定网络安全政策；与其他国家合作，借鉴别国先进技术并共同开发新信息网络安全技术[6]。

5. 网络安全教育方面的对比

美国和韩国都规定了自己的网络安全日或安全月，向国民传授网络安全知识，提高他们的网络安全意识。

美国在网络安全人才培养方面有一系列成套的体系规则。首先出台网络安全人才顶层计划，规定网络安全人才所需技能，其次通过高校培养来使他们具备这些技能，最后通过资格认证来确保他们的网络安全技能已达到规定水平。

韩国在网络安全人才培养方面还没有形成一套成熟严谨的体系，只是初步制订了网络安全建设培训计划。

6. 核心技术研发方面的对比

美国政府积极发挥企业的创新主体作用，利用这些企业的信息技术优势获得网络空间绝对安全。

韩国倡导产学研合作，如韩国信息通信部“信息安全技术开发 5 年计划”强调合作研发。

7. 网络攻防建设方面的对比

美国和韩国都积极筹备自己的网络部队，以更好地在网络战中保持自己的优势。

双方都建立了各自的司令部以便统筹规划网络军队，并积极地参加各种网络战争演习，以提高网络军队的作战能力。

美国更加注重网络武器的研发及网络安全基础设施的建立。韩国更加注重保障国防信息安全，并加强网络安全军事演习。

8. 互联网内容管制方面的对比

互联网内容是网络安全问题的源头。在这一方面，韩国更加注重互联网内容的管制，主要从法律、审查机构、网络实名制及加强网民自律等方面来进行。

三、美韩两国网络安全建设的启示

1. 立体化的战略规划指导

积极发挥战略规划的指导作用，是美国和韩国网络安全建设的重要经验。特别是对于韩国而言，更是将立体化的战略规划的指导作用发挥到了极致。而中共中央网络安全和信息化领导小组的成立，标志着网络安全成为中国国家战略。2015 年出版的《2014—2015 年中国网络安全发展蓝皮书》意味着中国网络空间安全顶层设计雏形初现。2016 年，中国更是积极地制定国家网络空间安全的战略文件。中国已经初步形成了网络安全建设的顶层规划，但在更细化的领域并没有做出战略指导。例如，没有从技术层面制定战略规划，以更好地发展网络安全技术；没有从国防安全层面制定战略规划，明确军队在网络安全中应负的责任；没有从网络基础设施建设方面出发，明确基础设施建设的方针以及未来的发展方向；等等。

2. 指导性法律与实施性法律并行发展

法律法规是网络安全建设的保障。习近平总书记在网络安全和信息化工作座谈会上的讲话指出“要加快网络立法进程，完善依法监管措施”[7]。中国网络安全伴随着国家信息化的发展，初步形成了覆盖网络与信息安全、电子商务、电子政务、互联网治理等信息社会核心领域的规范体系。但是中国网络安全立法是由低层级的规章或者规章以下的规范性文件构成，一些重要领域立法规范缺乏，高层次立法较少。而根据美国和韩国的经验，中国下一步要进行的就是再进一步完善网络安全的基础性法律，并出台覆盖各领域的法律规范，更有针对性地指导中国网络安全建设工作[8]。

3. 多方合作共同推进网络安全建设

有效、紧密的多方合作才能更好地进行网络安全建设。中国在网络安全建设中也积极地寻求与国际社会的合作。近年来，中国与美国、德国、俄罗斯等互联网大国展开了就信息安全、网络安全等方面的合作。根据美韩两国的经验，中国不仅要加强与国际社会的合作，而且要加强与本国企业、高校等机构的合作。本国企业、高校是网络安全建设的主力军，他们不仅能提供网络安全最新技术，并能就网络安全政策、法规等方面提出建设性意见[9]。

4. 完善网络安全人才培养体系

网络安全人才培养是国家信息安全保障体系建设的基础和先决条件，也是网络安全建设的关键和持续发展的推动力。网络安全涉及国家的安全、社会的稳定、经济的发展等各个方面，要建设国家网络安全保障体系，政府、军队、公安等重要部门及金融、电力、能源等重要基础设施都需要大量的网络安全专门人才。在这一点上，我们可以仿效美国的培养体系，首先设定网络安全人才培养总体规范，规定网络安全合格人才应具备的技能和知识等，其次通过高校培养及职业培训等方式培养人才，最后通过资格认证的方式保证网络安全人才达到既定水平[10]。

5. 建立网络军队积极开展网络攻防

未来的战争主要是网络战争，提高网络战水平才能在未来保持优势地位。我们主张和平管理互联网，但同时要做好自身的防御工作。2011 年，中国组建“网络蓝军”，主要目的是提高中国军队网络安全防护水平，捍卫军队的网络安全。但是中国军队还缺乏网络空间上的战略布局，缺少统一发展规划、统一组织机制、统一指挥控制机构等。根据美国和韩国网络战经验，中国应进一步完善网络军队的组织机构和人员力量，积极地研发提高网络作战能力的技术及建立网络安全基础设施，并积极地参加国际社会举办的网络军事演习。

6. 完善网络安全技术研发体系

核心技术是中国争取网络安全主动性的基石。在网络空间中，拥有先进技术的国家才能在网络空间中掌握主动权。根据韩国核心技术的研发经验，企业在技术研发的能力方面有着更大的优势。对于中国而言，不仅要发挥高校与科研院所在研发网络安全技术方面的作用，也要将企业作为核心技术研发的主力。正如习近平总书记 2016

年在网络安全和信息化工作座谈会上所指，应该鼓励和支持企业成为研发主体、创新主体、产业主体，鼓励和支持企业布局前沿技术，推动核心技术自主创新[7]。

7. 积极净化网络环境

净化网络环境是网络安全建设的重点之一。根据韩国的经验，中国可以从法律、监管及网民自律等方面入手监管互联网内容。而对于互联网实名制，韩国2012年因遭受巨大网络袭击而使网民信息大规模泄露，最终致使韩国政府停止网络实名制。而近年来，韩国又开始在局部领域实行了网络实名制，这说明网络实名制有它自身的价值。中国在实行网络实名制时要注意加强网络信息的安全性。

参考文献

[1] 中共中央办公厅，国务院办公厅. 国家信息化发展战略纲要[EB/OL]. http://www.gov.cn/zhengce/2016-07/27/content_5095336. Htm，2016-07-27.

[2] 习近平. 网络强国战略[EB/OL]. http://news.Xinhuanet.com/politics/2015-11/12/c_128421072. Htm，2015-11-12.

[3] 文娟. 多国网络安全立法的经验与启示[N]. 中国文化报，2015-07-17.

[4] 杜宏伟. 韩国互联网内容管制[J]. 世界电信，2006，19（3）：21-24.

[5] 王舒毅. 世界主要国家网络安全建设经验及启示[J]. 当代世界与社会主义，2015，（4）：184-190.

[6] 韩燕南，方蔚涛. 太极旗护卫下的木槿花国——韩国网络安全战略浅析[J]. 中国信息安全，2012，（7）：68-71.

[7] 习近平. 习近平在网络安全和信息化工作座谈会上的讲话[EB/OL]. http://news.xinhuanet.com/new media/2016-04/26/c-135312437.htm，2016-04-26.

[8] 刘晓，郝宜. 国外网络安全立法经验及启示[J]. 保密科学技术，2015，（7）：17-24.

[9] 冯伟. 借鉴重点国家网络安全建设经验　加快完善我国网络安全保障体系[J]. 信息安全与技术，2014，（9）：3-6.

[10] 刘金芳. 国外网络安全人才建设的经验及启示[EB/OL]. http://news.xinhuanet.com/newmedia/2016-04/26/c_135312437_4.htm，2014-11-27.

网络文化的主体性与非主体性矛盾及其化解

汪广荣

（嘉兴学院，浙江嘉兴，314001）

摘　要：网络凸显人的主体地位的表象与网络技术对主体的异化，表现为网络文化的主体性与非主体性之间的矛盾。回归人的主体地位，应当以人的主体性实践化解社会层级之间的隔阂、社会虚拟化与现实性之间的矛盾，以及主体的人内在的心理异化。

关键词：网络文化；主体性；非主体性

The Contradictions Between the Subjectivity and The Non-subjectivity of Network Culture and the Way of Resolving Contradictions

Wang Guangrong

（Jiaxing University；Jiaxing 314001，China）

Abstract: The appearance that network highlights the subject status of the people，and the alienation of subject by network technology often manifest as the contradictions of network culture between the subjectivity and non-subjectivity. To recovery the subject status of human，people shall dissolve the gap between the social hierarchy，the conflict between social virtualization and reality，and the internal psychological alienation of main body base on the people's subjective practice.

作者简介：汪广荣（1970—），女，汉族，籍贯江苏省连云港市，农业推广硕士学位，副教授。研究方向：虚拟生存与网络文化。通信地址：嘉兴学院马克思主义学院，邮政编码：314001，联系方式：15157347018，电子邮箱：654952189@qq.com。

Key words：Network culture；Subjectivity；Non-subjectivity

一、网络文化的主体性与非主体性

（一）网络文化的主体性是技术文化的表象

技术产生于文化的实践，却成为操纵文化主体的工具。现代技术对社会实践的渗透拉开了主体间的层级距离，并加强了社会层级之间的技术管控。网络文化的表象是社会民主化、去中心化及人的个性化，网络文化对自我表达与价值实现进行了全方位的表象包装，却把人推向了自我否定的后现代本质。

理解人的本质是理解文化主体性的前提。“我们不能通过任何内心的、构成人的形而上的实质的法则来定义人，也不能通过任何天生的能通过经验观察确认的身体机能或本能来定义。人的特征和显著标记，不是他的形而上学或物理学本质，而是他的作品。正是人的作品，人类活动的体系，定义并且决定了人类的范围。语言、神话、宗教、艺术、科学和历史都是构成元素，是这个范围的不同部分。因此，人的哲学应该是一种能让我们深入理解各种人类获得的基本结构，同时又能使我们从整体上理解它们的哲学”[1]。人的本质是通过人的文化实践得以把握的，形而上的人性无法替代文化实践创造中所呈现出的人的本质。人的本质最终体现为实践的成果即文化，并通过多元的文化元素及文化的产品体现人的本质内容。全面把握文化，从整体上理解人，透过文化作品指向文化内核，以区别不同主体的属性特征，这是人的本质外化的实践价值。

主体性的实现途径是人通过实践和自我反思形成对自身的主体认知并指导实践，“认识你自己”是主体的自我认知，“人是万物的尺度”则是人在与现实世界的对象化实践中的关系性认知。人与人的相互尊重以主体间认知为前提，并在此基础上形成相互认同和依存关系。主体间认知是通过文化的交往、传播、交流与合作，而不是非文化的、野蛮的、战争方式实现的，不是通过排他的主体存在以凸显自我的价值和实现自我的利益。非文化的主体路径表现为主体间的相互否定，即以他者为客体，以技术手段为工具，非理性地相互倾轧。原始的野蛮本能到种族之间、国家之间的战争，以及现代社会的技术异化、经济掠夺、权力操控和层级隔阂都是文化的非主体性表现。

现代文化架构是包括文化主体的个性特征与社会公共性、文化主体间关系的共生与融合等方面的综合体系。在科技进步、通信发达、传播媒介多元的信息社会，网络文化的交汇与交融既促进人的主体性确认，也在与其他主体的文化合作与思想交流中形成文化多元化环境下的个性化特征。“只有当某一民族文化与其他文化进行交往，并在交往过程中意识到‘文化自我’和‘文化他者’时，才有可能产生所谓的民族文化主体性问题”[2]。文化的主体觉醒也意味着对文化内核的价值延承，文化的个性是在文化的碰撞与融合的过程中的文化历史性延续。“在现代科技条件下，文化与经济被硬性地捆绑在一起，一个国家或民族在经济和科学技术领域的优势，往往容易产生文化上的优势和文化霸权。这种霸权不仅表现为西方在文化交往过程中的自负和傲慢，而且进一步反映在西方国家对人类文化传播过程中的人为干扰和破坏上。一方面，西方国家利用强大的经济实力和先进的科技信息手段，如互联网、多媒体和遍及全球的传播媒介等，将西方文化渗透世界的各个国家和地区，使发展中国家的思想意识、价值体系、民族文化与信仰等受到严重冲击；另一方面，西方国家又总是阻止背离其价值观念的异质文化的传播，同时采取政治、经济和科技等多种手段，对发展中国家的优秀文化进行贬低和丑化”[3]。因此，文化作为主体精神的生存方式，意味着主体的社会定位和价值选择及对主体间关系模式的选择，并拓展到国家之间、区域之间的文化尊重。文化正是基于文化主体长期生活的积累所形成的社会认同的符号体系，是现代社会的公共表达与价值体系的传播，也是不断延展的社会共生关系与价值共识。

文化主体通过公共的文化平台呈现个体独立及文化主体间关联。“‘公共’一词表明了两个密切联系却又完全不同的现象。它首先意味着，在公共领域中展现任何东西都可为人所见、所闻，具有可能最广泛的公共性。对于我们来说，展现——即可为我们，亦可为他人所见所闻之物——构成了存在”[4]。差异共存和个性共生是公共文化彰显主体性的重要环境，网络文化正是从公共文化路径上丰富了文化的主体性内涵。因此，文化的主体性既是人对自我的确认，也是相互尊重的主体独立。然而技术研发水平、技术运用能力和技术推广程度的区域性、国家性、个体性差异决定了技术的层级化以及技术层级之间激烈的资源竞争和信息博弈，技术成为现代社会隐形控制的表象化文明的象征，其实质则成为技术权力的利器和信息资源的掌控阀。

（二）文化非主体性是文化技术化的结果

网络主体的虚拟符号以“非人”替代人的存在，“现代理性思维把人化成了社会所需要的人，从而遮蔽了人的否定、质疑和批判的精神向度，塑造成了默认现实，接受现实的‘非人’、‘假人’和‘无人’”[5]。要理解网络情境下“非人”、“假人”和“无人”等文化现象，需要从技术与人的关系方面进行分析。

第一，技术的发展过程是文化主体的创造性与社会需求相结合的过程，技术体现人与自然的关系，具有无差别的、服务于人的公共功能，而技术工具却具有社会属性，被赋予支配人的功用。因此，技术导致的“非人”“假人”“无人”的现象实质上是技术功能与技术价值的内在矛盾，现代社会以“无人化”的技术程序、符号和镜像虚拟地满足人的多元需求，技术门槛分隔了主体间的层级差异，成为强有力的权力工具，人成为技术的奴隶。

第二，现代技术以智能化、自主性实现自主运行、自主维护、自主修复等，实现了人的劳动解放，释放了主体的创造性，也对信息技术能力提出了更高的要求。但是智能技术对人的智力模拟和劳动取代加剧了技术至上的价值趋向，普通人的劳动机会丧失，技术对人的支配被社会忽略，劳动权利被无视。社会的“非人”、“无人”及“假人”现象都是对人的替代等技术环境造成的。

第三，虚拟技术的拟真情境构成了人的虚拟化及物我不分的主体焦虑。这种焦虑的现实性蔓延表现为人与人之间的冷漠及现实关系中的符号化和数字化。人在现实社会中的荒谬感是虚拟渗透的直接后果，真实的人成为虚拟符号的遗形物，生理机体成了支撑虚拟生存的物理载体，人的主体感正从现实情境向虚拟情境发生转移。现实的虚拟化和虚拟的拟真性之间的混同，加剧了技术社会的“非人”、“假人”和“无人”效应。

总之，网络技术以现代文化的外衣分离了完整意义上的人，把人作为技术的工具，形成了文化主体、技术主体及网络环境下虚拟主体之间的分裂，衍生为现代社会的技术主体及其权力架构。

（三）主体性与非主体性的矛盾归根结底是人自身的内在矛盾

“文化主体的特性是从文化生成与创造的视域来考察人的特性”[6]，从人的主体实践所产生的文化过程和文化结果考察人的主体自觉性、创造性和建构性，把文化作为考察人性的起点，是定义人的主体性依据。因此，文化主体特指以文化为起点，或以文化为依据，具体考察人在文化过程中所反映出的主体内容与结果。网络文化对人的主体个性的发挥是空前的契机，这要从个性层面进行考察。“‘个性’表现出人类对‘个体生命’的关注，一方面是生命个体的自我关注，生命意识、自我存在的意识增强——‘内向’；另一方面是社会对生命个体的尊重，尊重个人的存在，尊重个人的选择与差别”[7]。虚拟主体是通过数字符号和网络媒介平台进行有选择的表现的部分主体。这既意味着主体心理上自我呈现的不完全性，也是主体自我实现与自我超越的局限性。“由于人们沉溺于数字化的环境，脱离‘在场’的社会关系太久，将自己视为纯粹意义上的‘符号’——步入纯粹的数字化过程，从而使自己成为片面的人”[8]。虚拟主体的片面性在于，数字符号与物质实践之间的关系并非直接关系而是间接关系，只有从精神实践转入物质实践，才真正具有主体的生命力。

虚拟实践对主体意识的影响是真切存在的，“身未动心已远”形象地比喻了虚拟情境中主体的身心分离。主体意识沉溺于虚拟空间，主体意识符号以数字形式展现，身心关系走向单向度的现实性封闭和虚拟性沉溺，从而出现“非主体”的异化生存。网络信息泡沫以其强大的虚拟吸引力制造信息消费“黑洞”，以掌控网络个体的虚拟心理制造屈从式的虚拟消费氛围，成为游离于现实与网络之间的虚拟“避难所”。网络心理依赖归根结底是人的本能意识对虚拟情境的意向性寄存，这直接导致人与人之间现实关系的符号化及现实社会的整体性分化，甚至出现背离社会道德伦理规范和健康心理状态的变异性特征。多重角色在虚拟与现实之间的交替意味着人格的多向性，而人格心理的碎片化意味着人的自我意识和认知的主体性的蜕化、现实的实践能力的萎缩和蜕化，以及主体认知对网络信息源的依赖。交往的屏幕化隔离意味着直接的主观感受能力的蜕化，而信息的泛滥意味着主体整合与消化信息的途径受到操控，个人对真实事件的感知性或意义问题的思索表浅化。符号化公众的非理性汇聚意味着反智形式向网络转移，正如安德鲁·基恩在《网民的狂欢》一书中提到的，“高贵的野蛮人，他们企图用无知代替经验，用浪漫主义的幻想代替启蒙运动以来的智慧和常识”[9]。

网络文化的影响是双向的。一方面，从网络文化多元的表象来看，个性化的虚拟铺陈具有强烈的主体意向性，是数字化的任性和随意的表达。人在虚拟主体的自我实现过程中试图超越现实对主体的束缚，把自我抛掷于虚拟关联的网络关系中。无界化跨域的网络关系主体是松散的、偶然的、无中心化的“真空式”关系架构。虚拟主体化的实现意味着网络文化的“非主体性”，即从主体价值、存在意义、关系指向上都是随机的、荒谬的。虚拟主体的生存是可复制、可删除、可更改的超文本的数字化存在，价值感和意义概念从虚拟的“非主体性”中被消解，虚拟主体的幻灭感直接指向网络生存虚拟化的本质，即“非主体性”。

另一方面，网络数字化的“代主体”颠覆了文化体系固有的价值评判尺度。现代文明的价值评判体系建构于主客二分基础之上，并成为公共社会约定俗成的伦理规则和道德规范的基本内容。而网络数字化“代主体”的文化生活方式，是以主体客体化的虚拟符号为前提，主客模糊化、物我一体化、个人符号化和生活程序化的“非我”的我。网络“非主体”的虚拟生活方式具有“非文化”的本能趋向，所谓“非文化”可以显而易见地从网络“粗暴”式的“互撕”“恶搞”“人肉”，或网络粗口、自爆隐私等非人性的、动物本能的，甚至心理变态的网络怪象中窥见，伦理传统和道德框架已经遭遇了前所未有的冲击。

二、网络文化的主体性与非主体性矛盾的成因

（一）现实社会矛盾的网络化折射

现实社会的经济、政治等层级关系通过网络工具向虚拟媒介平台转移，网络文化成为信息权、话语权、知情权等权力争夺的新境域，网络实质上成为全球范围内的政治关系、经济关系和社会关系的信息主场。一方面，社会公众无界链接的网络关系提升了个人的影响力；另一方面，公共性质的政治、经济、文化和社会组织机构也依赖网络途径实现与社会公众的及时沟通。现代民主需要网络平台作为保障，以维护网络舆论环境并尊重社会公众的网络舆情权利。“权力既是一种力量或能力，又是一种资源”[10]，社会关系的不平等意味着经济资源的法权不公正、公众话语权的压抑及文化信息权的剥夺。全球网络文化的无界化拓展意味着层级权力框架体系受到了颠覆性的冲击，不同区域之间的全面融合与文化渗透正在解构现实层级权力体系，传统媒体的权威性与文化精英的话语权遭遇了挑战。

全球文化融合的背景下，无界化虚拟实践使人的主体性认知获得了充分的发展，一切对主体权利的否定、阻碍、操纵都将遭遇现代文化理念与文化实践的质疑、颠覆与拆解。总之，网络文化集中体现了社会层级之间关于信息资源和公共话语权的博弈，既有利于文化主体间的和解与有机化关联的形成，也聚焦了文化权力与现代民主、技术的工具理性与文化的价值理性之间的矛盾，最终反映为人与人、人与社会及人与自身的主体性与非主体性之间的本质冲突。

（二）网络技术与主体精神的虚拟“相遇”

主体精神觉醒自欧洲启蒙运动所倡导的自由、平等和理性精神，对神学体系的革命性颠覆具有重要的历史意义。而现代文明与网络技术的密切结合是主体性精神的衍生，构成现代生活的文化轴心：①现代社会的经济、政治和文化管理需要融入信息网络和掌握数字技术，如网络犯罪的惩治和监控、网络立法的有效实施、网络舆论的监

控和引导等；②区域理念和文化差异的隔阂需要借助网络跨域链接实现区域间社会合作和文化流动；③数字技术植入现代生活，全球化的网络文化链接起多元主体的现代生活并满足多样化的文化需求。

从全球文化的发展表象来看，网络文化是以打破区域化、层级化的信息垄断为前提，试图在文化内容上倡导合作共赢、包容认同的价值理念；是以个人为主体的去中心文化，试图打破社会层级藩篱与区域隔离；是以体现自由性、开放性、包容性及人性特征的现代文化，构建广泛合作与理性交流的全球文化共同体；是以发挥网络文化的共享优势和网络社会的民主化氛围，以激发公众创新的文化潜能。

然而，文化的全球化不等于技术的全球化。技术竞争的日益激烈凸显了技术权力在现代社会的中轴位置。技术的社会层级划分是全球资源的再分配，丧失了技术的公开性和技术价值的公用性，则一切网络文化所呈现出的虚假繁荣都将随时破灭。尤其是丧失了信息技术能力的个体，将成为信息贫困的受难者，最终沦为技术的对象化产物而彻底丧失其主体地位和自我掌控能力。网络文化的主体性与非主体性矛盾呈现彼此分化的两极。

（三）人的内在矛盾的网络化表达

第一，人性本身的内在矛盾导致人的非主体性变异。

人性本身就是自然变异的产物，变异不是违背客观规律的结果，而是人的必然突变。所谓异化，即变异的过程、结果和可能产生的影响等内容的集合，而网络心理变异即技术异化环境下人作为主体的心理状态和主观感受。从黑格尔的异化观来理解虚拟关系中主体心理变异的原因，是人在情境切换的情况下由于虚拟主体的存在感和主体的虚拟确认而发生的内在心理冲突和矛盾。从海德格尔的“异化是人的沦落，失去本真状态”的观点看待虚拟心理变异，是由于主体意识的自我否定与信息网络的普及发展趋势之间的矛盾而造成人的心理变异，其中“沦落”所表达的是对信息文明走向的悲观看法。从费尔巴哈提出“人才是异化的主体”来理解，人对虚拟技术的选择既出于人的主体意愿，又源于人的内在矛盾，这与黑格尔的“异化来自于内在矛盾”不谋而合。至于弗洛姆认为的“异化的人不再是自己行为的发出者，而是听命于自己的行为及其结果而成为一个被认识的‘物’”[11]，则深刻地揭示了网络环境下虚拟选择本身是主体心理的内在矛盾。

第二，技术与环境的外在条件影响人的非主体性变异。

技术革新生产和生活方式的同时，人的思维方式与心理状态也存在变异，如习惯的打破、传统的颠覆和原构的分解。网络技术在改变人们生产、生活与思维方式的同时，也存在人的心理异变的适应过程。信息符号、数字程序和网络技术的虚拟载体是主体间虚拟关系的社会化前提，虚拟生存全方位地渗入主体各个方面所构成的心理影响和价值反思，由主体性实践实现虚拟与现实之间思维方式、逻辑关系等的自我释解、调适和融通。因此，客观上说，虚拟技术是主体心理变异的外因，而虚拟关系所反映的主体内在共性的本质，才是解释主体内在心理方面变异的客观基础。人是以自身的存在来解释存在的状态，人也是以自身的心理认知从矛盾和迷茫中走向理性的释解。技术路径与社会环境是主体变异的重要外因，而主体个性、主体间共性及主体关系才是主体心理在虚拟状态下发生变异的根本原因。

总之，虚拟心理变异的主体根源是符号化主体游离于现实生活，“表现了一种孤寂感，那是根本存在且无法逃脱的经验，根植于世界的结构之中……全然孤立，自我似乎完全无可挽回地失落了自己”[12]。网络主体在无限的精神自在与现实生存之间寻求突破，在心理的虚拟化与生理的自然态之间分置，在网络文化资源的共享性与现实利益分配的稀缺性之间摇摆，在网络社会民主化和现实社会层级关系之间游离，在技术理性与现实功利之间权衡，在虚拟的乌托邦与客观现实之间分化。因此，虚拟心理变异首先是个体问题，与个人的道德修养、法规意识、价值理念和心理状况以及自我调适的能力有关，是自由意志、具体实践、自我认知及个性心理等综合因素的共同作用。

三、如何化解网络文化的主体性与非主体性的矛盾

（一）积极化解社会层级关系矛盾，促进社会民主和文化繁荣

信息时代的文化分层取决于文化主体的信息化差异，这包括信息资源分配差异、信息获取能力差异、信息转化为实践能力的差异以及信息财富在现实中兑换的机会差异。首先，应通过信息技术的推广运用打破网络内外人群的信息资源分配鸿沟，避免信息的封闭和网络的隔绝造成的文化衰退，避免社会层级固化引起的文化萎缩、衰退与社会熵乱，避免信息霸权和“信息孤岛”效应。其次，应加强全社会的信息教育与技术培训，把网络文化的娱乐性消费引向成长性消费，促进社会公众运用网络文化提升个体素质，脱离浅层次、低俗化的文化垃圾和信息泡沫。再次，应鼓励不同社会层级利用网络平台

共享信息知识，发挥个人实践的主体性与创造性，提高网络文化的利用率，提升现代社会的知识中轴及信息文化的核心地位，维护信息社会的开放性、民主性和信息公众化优势。最后，应着力于现实与虚拟情境之间文化的实践融通，推动公众的虚实文化共识及其价值体系化建构，尤其要重视引导虚拟与现实之间的文化流动。

（二）积极构建公众主体的网络文化体系

“在物理学和生物学的前沿，现实的精神能量的想象力正在完全颠覆我们的‘共同感觉’。在这个新宇宙论中，宇宙是内部相互连接的能量网——意识网络。是意识决定了量子波功能的瓦解，它基本说明了是我们的思想在控制着我们生活中发生的事情，而不是上帝这个审判官”[13]。网络汇集了社会精神能量，差异性个体之间的思想交融构成无界化的文化网络系统及跨越性的社会公众文化体系。网络文化的现实影响力正在于符合现代社会文化合作、思想交流、彼此尊重、互为主体的精神实践的需要，这成为文化现代性的主要标志。全球网络文化体系最大化地体现社会公众作为文化主体，传统社会信息传播的局域性及对个体价值实现的束缚正在发生技术性的颠覆。“并不是个体作为分析单位阻碍了公共舆论的发展，而是个体的社会性本质在民意研究中被忽视了”[14]。传统的信息媒介和舆论环境是中心化架构，个体处于被忽略、被压抑的思想状态，中心化的舆论社会环境阻碍社会进步、文化发展及个体价值的实现。在《沉默的螺旋》一书中作者生动地描述了个体思想被压抑的状态：“那些没有加入公共舆论的个体，至少被迫陷入沉默……孤立威胁、孤立恐惧、持续的对意见气候的观察和对强弱关系的估计，都决定着人们是交谈还是沉默。”[15]

对于网络文化体系的梳理包括社会公众的网络语言符号系统、网络价值体系内容、网络文化交流与合作的体系化建设及网络文化形式的归类、整理与系统化的管理工作，还包括网络教育培训等文化公共资源的共享等系统化建设。

（三）积极化解技术与文化的矛盾，尊重人的主体性

文化的历史即人的历史，是社会主体的人不断趋于自我完善的过程。人通过实践形成对自然、社会与人性的规律性认知与实践性超越，并在技术运用的过程中反思和回望人类的产生、演化、发展与衍生的过程，社会结构的演变及人的主体性格的历史变迁；结合自然与社会、历史与现实、物质与精神等符号的文化语境构成了体系化的主体符号系统，实现了抽象的主体意识与客观存在之间的符号化文化表达，并通过符

号的交流、传播与承接构成文化的纵向进化和横向拓展，且具有了宏大的社会历史性和广阔的空间跨域性。正是这种融合了客观因素与主观意识的文化语境催生出文化的技术手段、实践的主体趋向及主体间文化理念与价值体系的共识。因此，网络文化的技术化成为必然，文化语境的网络化缔造了前所未有的文化载体与媒介平台。互联网技术从诞生之日起，就始终以人为核心，以人的主体性实现为历史命题。丧失人的主体性的文化技术化将走向人的反面并将失去全部的价值。尊重网络文化，为公众生活拓展虚拟文化空间是化解技术与文化的矛盾的基本途径，也是对人的主体性尊重。

首先，尊重网络文化生活的公共性。文化行为是文化共同体在文化行动方面的一致性意向的结果，包括“是否共同行动的意向”和“如何共同行动的意向”[16]。网络文化生活具有无界化的公共属性，尊重社会不同层级之间跨域对接的自由选择，恢复多元文化的原生态发展，是尊重文化主体性的基本态度。文化虚拟化的交叉流动，是提升公共文化社会影响力的重要渠道，也是促进社会层级之间文化共识的有效路径。客观地看待网络热点事件的舆论导向，增强社会包容性，是理性对待网络文化的基本态度。

其次，尊重网络个体的独立性。网络文化生活是以自媒体形式为主的文化，文化独立已经成为网络文化主体性的普遍姿态。塞缪尔·亨廷顿指出：“不论在精英层次还是在大众层次上，文化全球化的不同领域之间，既存在着关系紧张的局面，也存在着彼此的趋同。如果说有一个共同的主题，那就是个人化，正在出现的全球文化的各个领域都在促使个人更加独立于传统和集体性。个人化应视为一个社会的和心理上的过程，它实际表现为人们的行为和意识，而不论他们对这一过程的见解如何。”[17]文化主体相对于现实角色所表现出的思想独立性与文化审视的自主立场，是试图保持对现实问题的反思与批判的能力，是在网络主体关系中以思想的说服力和文化的同化力维持其基本的文化权利，并充分利用网络信息扩散的影响力构建主体间的自由关联，以充分获得社会公众的虚拟共鸣。因此，尊重网络主体的独立性是形成文化共同体的基本前提。

再次，尊重网络主体的自发性、自主性和自愿性，这是文化现代性的重要体现。“20世纪后期，传统媒体的功能被发挥到极致，广大受众被传统媒体当做‘信息动物’，每天被动地大量接受着这样那样的经过精心筛选的信息，个人在庞大的媒体机器面前显得越来越渺小”[18]。“信息动物”指的是传统媒体下被动的文化受众，这也是文化路径从传统媒体向网络平台发生转移的重要原因。文化主体始终是社会公众，代表社会公众的声音才是现代文化媒体的生存根本，这是社会民主化的现代趋势。21世纪是全球化世纪，命运共同体思维是各国公众进行广泛的文化融合，形成价值共识的基本前提。网络文化渠道的社会公众性之所以获得巨大的发展契机，正是因为发挥了公众的文化能动性，文化行为成为个人自主自愿的价值选择。

最后，尊重网络文化关系的自组织性。恩格斯说："相互作用是事物的真正的终极原因。"(恩格斯《自然辩证法》) 网络文化生活的自组织性反映了民间草根的文化原生态，是属于市民社会层面的文化自衍生。这是因为：①社会发展的活力及社会的自我更新能力很大程度上取决于社会的包容度，网络空间为不同的文化主体相互的交融提供了极具包容性的社会公众文化平台。网络空间"是由文化结构和我们的观念而成型的存在空间，这是一个充满社会意义的空间"[19]。网络社会是主体间通过数字符号的隐性媒介发生的精神流动，跨越了差异多元的主体间介质，实现了主体思维的理念碰撞与文化交融。②文化多元化趋势决定了文化主体群的自组织性。"网络文化的迅速扩张，足以考验一个社会求同存异的包容度"[20]。网络空间构成了多元文化的天然"良港"，反映为超越现实环境的文化原生态。③网络文化的开放环境是文化主体自组织的母系统，虚拟社会本身就是整个社会系统虚拟化的子系统，是虚拟与现实之间交叉与融合的产物。网络文化的自组织性是指社会虚拟化的运行规则、组织结构和社会制约机制方面形成虚拟群体的文化共识，这是网络文化生活的社会基础，其基本元素包括虚拟社会主体、虚拟信息机制、虚拟文化认同及虚拟关系共约。文化生活的虚拟自组织是虚拟社会的产物，成为虚拟文化元素有机结合的重要途径。因此，文化的虚拟流动链接起社会化组合的虚拟资源，这必然引发自组织的公众文化生活向网络转移，这也是文化发展的现代趋势。

（四）以人的主体性实践融通虚拟主体性与现实的非主体性之间的矛盾

第一，尊重公众网络生活的私密性和网络文化的原生态，积极引导虚拟社会的再中心组织。

"隐性文化因素是深藏在显性文化空隙之间的，它流淌于社会各种活动之中，利用社会成员无意识、易受暗示等心理特点，对其施加潜移默化的影响。隐性社会文化十分强烈地影响和改变着人们的思想和行为，是社会文化中极富内涵、意义和力量的部分"[21]。网络的隐匿性与虚拟社会关系的流动性决定了网络化的文化生存方式具有隐性跨域特征。其一，社会的虚拟与现实境域之间的关系即显性的物质性、具体化和物理性与隐性的精神性、抽象化和心理性的关系，与之对应的是显性的制度文化、环境文化，物质实践与隐性的文化流动、虚拟主体及文化跨域之间的分置与交融，或者是固化的精英文化与草根文化、主流文化与边缘文化、信息权威与信息公众之间的碰撞与和解。总之，现代文化关系的载体离不开网络虚拟媒介及其隐性的文化组织，以支撑现实与虚拟之间的文化流动与融合，这也是现代主体从现实的社会中心向虚拟的个人中心发生转移的文化路径选择。其二，网络文化具有广泛的社会公众基础，是以价值理念的时代变迁为文化判断，以公众默契为道德伦理、审美标准等价值认同，衍生为虚实共生的文化生活，如“A4腰”“打酱油”“小鲜肉”等概念的盛行。其三，尊重虚拟文化生态，回归小众文化主题。网络生活为文化主体提供了个性化的虚拟空间以恢复文化的社会原生态，文化主体处于相对独立的虚拟流动群态，游离在现实社会的固化中心之外。文化的网络原生态环境以其良莠不齐的文化乱象折射出现实社会的复杂性以及人性的多层面内容，也反映出全球化态势下文化的流变性、主体价值的多元性及跨域文化的无界性特征。原生文化以不可遏制的发展态势演绎现代文化的自我更新，这是文化跨域的必然结果。其四，积极应对全球化的文化博弈。“文化的全球化是伴随着全球信息网络的构建而形成基本的文化态势，文化的强势侵袭借助于互联网电子媒介武器大行其道，文化面临着同一化的风险，文化全球化的实质即文化的西化扩张”[22]。全球文化是文化网络媒介引发的文化革命，是对民族文化、传统文化、地域文化的核心价值的重新检验，也是对小众文化自由度的重新考察。全球文化成为各国积极利用并主动融入的文化利器，是激发本国政治、经济及社会发展的现代性中轴。文化全球化也是人才标准的国际化及人才培育体系的开放契机，其深远的影响甚至关系到全球人才市场和技术市场的流向。

第二，发挥实践主体的融通能力，促进虚实共生的网络文化认知。

一方面，“‘在线’与‘在世’，是一个生物实体在两种截然不同的生活世界中的存在方式”；另一方面，“‘在线’与‘在世’形成了一种相互嵌入的生存关系”[23]。何明升教授将虚拟存在称为“在线”，现实生存称为“在世”，形象地比喻了两种不同情境下人的生存方式差异和相互的关联，而二者之间的关联只能是人的主体实践。尼采的《查拉斯图特拉如是说》中说，文化具有天然联结性，被作为人与世界、人与人、人与全部存在关联的媒介。网络文化正体现信息社会中人的虚拟生存与现实生存之间的实践融通。网络虚实共生既是网络主体人格上的虚实统一，也是社会层面的虚实共生。网络主体过度沉溺于虚拟符号化生存，是个人生活的虚实断裂，需要从个人的文化修养与心理沉淀等方面进行主体性反思。网络社会的虚拟造势现象始终存在，甚至不乏道德底线的丧失和社会责任缺位的虚拟化过度，并对现实社会的在世生存构成价值理念方面的冲突，如网络水军的虚拟造势、网络谣言的肆意蔓延、网络恐怖活动、网络隐私泄密等网络恶性事件层出不穷。总之，网络社会以社会的现实层面为基础，社会虚实共生依赖于制度化管理、技术性监督和伦理道德教育的社会成效。而人的心理张力正是来自于身心关系的和谐，即实践的虚拟化与现实性的融合、精神主体与物质载体的融合及虚拟主体的个性与现实社会环境的融合。

参考文献

[1] 卡希尔 E. 人论[M]. 唐译译. 长春：吉林出版集团有限责任公司，2014.

[2] 李伦. 鼠标下的德性[M]. 南昌：江西人民出版社，2002.

[3] 基恩 A. 网民的狂欢——关于互联网弊端的反思[M]. 丁德良译. 海口：南海出版公司，2010.

[4] 弗罗姆 E. 健全的社会[M]. 王大庆，等译. 北京：国际文化出版公司，2007.

[5] Barglow R. The Crisis of the Self in the Age of Information：Computer，Dolphins，and Dreams[M]. London：Routledge，1994.

[6] 格布雷登 G，等. 大觉醒时代：2012 的秘密[M]. 伍义生，等译. 北京：世界知识出版社，2010.

[7] 诺尔-诺依曼 E. 沉默的螺旋：舆论—— 我们的社会皮肤[M]. 董璐译. 北京：北京大学出版社，2013.

[8] 张康之，张乾友. 共同体的进化[M]. 北京：中国社会科学出版社，2012.

[9] 克朗 M. 文化地理学[M]. 修订版. 杨淑华，宋慧敏译. 南京：南京大学出版社，2005.

[10] 亨廷顿 S，伯杰 P. 全球化的文化动力[M]. 康敬贻，林振熙，柯雄译. 北京：新华出版社，2004.

[11] 何明升. 复杂巨系统：互联网——社会研究的一个新视角[J]. 学术交流，2005，(7)：118-124.

[12] 龙秀雄. 论现代科技发展对民族文化主体性的影响[J]. 黑龙江民族丛刊，2009，(5)：115-118.

[13] 袁祖社，高扬. 虚拟与实在二重景观下多元交互主体价值存在的探讨——网络生活场景的公共性价值理想的反思与吁求[J]. 江苏社会科学，2011，(3)：59-63.

[14] 彭洲飞. 现代人焦虑、现代性反思、现代文化建构——西方马克思主义对现代性文化危机的探索及其当代启示[J]. 兰州学刊，2012，(2)：15-20.

[15] 肖琴. 论文化主体的特性[J]. 湖湘论坛，2009，(4)：125-128.

[16] 靳小芳. 数字化时代个性生存之可能[J]. 内蒙古民族大学学报（社会科学版），2004，(4)：59-62.

[17] 张其学. 权力主体：文化殖民的基础和源泉[J]. 马克思主义研究，2010，(9)：70-78.

[18] 刘勇，黎爱斌. 博客写作的社会文化背景和心理原因[J]. 中国人民大学学报，2008，(6)：137-142.

[19] 郑日金. 小康社会的隐性文化流向与思想工作调适[J]. 求实，2003，(5)：53-56.

[20] 李亚彪，胡一敏. 互联网文化考验社会包容度[J]. 党政论坛（干部文摘），2007，(6)：17.

[21] 郑日金. 隐性社会文化新流向与思想政治工作新方略[J]. 上饶师范学院学报，2001，21（1）：72-78.

[22] 苏梁波. 全球化时代中国军事文化安全问题研究[D]. 南京师范大学博士学位论文，2012.

[23] 何明升. 虚拟社会治理的概念定位与核心议题[J]. 湖南师范大学社会科学学报，2014，（6）：5-12.

知识产权保护体系完善与信息企业成长

——基于知识产权能力视角*

潘李鹏

（杭州电子科技大学浙江省信息化与经济社会发展研究中心，浙江杭州，310018）

摘　要：在信息经济背景下，知识产权对信息企业发展的作用不可忽视，而知识产权保护体系是确保知识产权有效的外部保障。本文从知识产权能力对企业成长的促进作用出发，进一步分析了知识产权保护体系完善对这一过程的调节作用。通过我国16个省级行政区的104家上市信息企业数据的实证分析，发现知识产权保护体系的完善能够正向调节知识产权能力与企业成长。由此可知，在当前我国情景下，完善知识产权保护体系能够促进信息产业健康发展。

关键词：知识产权保护体系完善；知识产权能力；企业成长性

The Improvement of Intellectual Property Protection System and the Growth of Firms

—Based on the Perspective of Intellectual Property Capacity

Pan Lipeng

（Information Technology and Economic and Social Development Research Center Hangzhou Dianzi University，Hangzhou 310018，China）

Abstract: Under the background of information economy，the role of intellectual property in the development of information enterprises can not be ignored. And the intellectual property

* 基金项目：国家知识产权局软科学研究项目 SS17-a-09“RCEP超TRIPS倾向对我国企业走出的影响与对策研究”。

protection system is the ensure of the effective of intellectual property. This paper based on the relationship between intellectual property capacity and the growth of firms，analyzed the regulation function of intellectual property protection system. Through empirical analysis on the data of 104 listed companies in 16 provincial administrative regions of China，the result could be get that intellectual property protection system have a positive regulation function to the relationship between intellectual property capacity and the growth of firms. And then，the conclusion could be get that through the improvement of intellectual property protection system could promote the healthy development of the information industry.

Key words：Intellectual property protection system；Intellectual property capacity；Firm growth

一、引　言

随着经济全球化和新技术浪潮持续深入，传统有形资源对企业发展的促进作用开始被以知识产权为代表的无形资源所取代[1，2]，知识产权对企业发展的作用也受到学者们广泛关注[3]。而知识产权能够发挥效用需要有效的知识产权保护体系作为保障，知识产权保护体系在技术的创造、扩散、使用和再创新循环中具有直接且非常重要的调节作用[4]。信息产业作为技术密集型产业，创新就是其发展的核心动力，知识产权保护作为保护创新成果的重要制度安排，在促进技术创新中的作用不可忽视[5]，所以，知识产权保护程度对此类企业成长的影响不可忽视。分析知识产权保护体系对信息产业企业成长的作用成为一个亟待解决的理论问题，具有理论迫切性和现实意义。

然而，学者们就知识产权保护体系对中国等发展中国家企业发展的作用这一问题一直存在争议：有学者认为知识产权保护会降低企业技术模仿率，阻碍发展中国家企业成长[6，7]；也有学者指出，过低的知识产权保护削弱创新收益，阻碍发展中国家企业自主创新能力提升[8，9]；还有学者认为，适度知识产权保护强度能够在保障企业技术模仿率的同时保障企业自主创新能力提升[10]。然而，知识产权及其保护体系与企业成长之间并不是简单的线性相关[11]，其中涉及与知识产权创造、运用和管理相关的知识产权能力[12]，所以知识产权能力是研究知识产权保护体系与企业成长之间关系的有效切入点，而通过分析知识产权保护体系在上述关系中的作用可以回答本文所研究的核心问题：知识产权保护体系完善程度是否影响信息产业企业成长？知识产权保护体系如何影响信息产业企业成长？

本文试图结合中国国情，以知识产权能力与企业成长之间的作用关系为切入点，分析知识产权保护体系完善程度对企业成长的影响。理论方面，本文丰富了知识产权保护体系相关理论，实证方面通过创造、运用和管理三维度对知识产权能力进行了测度，对其与企业成长之间的关系进行回归分析，随后还在回归模型中引入知识产权保护强度的调节效应，解释了知识产权保护体系和知识产权能力及企业成长的关系。

二、相关概念

（一）知识产权保护体系完善程度

在技术的创造、扩散、使用和再创新循环中，知识产权保护制度具有重要的调节作用。知识产权保护体系可以使创新者因其创新活动获得适当回报来激励创新和增加技术转移[4]。有知识产权保护制度设计作为基础，才能发挥知识产权对经济增长的最大贡献，而知识产权保护强度是一定范围内知识产权保护体系保护力度的体现[13]。根据范围大小的差异，知识产权保护强度可以区分为国家知识产权强度及区域知识产权强度。由于企业受到自身所在地区环境的影响最为直接和显著，因此本文将外部知识产权保护强度定位在区域范围内。

（二）知识产权能力

如上所述，企业知识产权能力是创造、运用和管理知识产权的能力[14]。知识产权创造能力（intellectual property creation，IPC）是企业通过自身研发投入创造知识产权获取创新成果的能力，可以视为企业技术创新能力的延伸。知识产权运用能力（intellectual property utilization，IPU）是企业将知识产权产品化、市场化的能力。知识产权管理能力（intellectual property management，IPM）是企业对已有知识产权进行有计划的组织、协调、谋划和保护的能力。

（三）企业成长性

成长性是企业可持续发展的表现，是对企业在经营过程中，不断优化企业内外资源配置、实现规模增长与效益提高、获得企业价值持续增长能力的测度[15]。其在企业运作过程中表现为企业规模持续扩大、经济效益不断提高、组织结构日渐完善及外部环境适应能力的增强。成长经济理论观点认为，企业成长动力源自对资源的有效利用[16]。而体现企业资源利用效能的财务增长性、营利能力和资金运用潜力这三个维度正是企业成长性的外部表现[17]。

三、理论与假设

（一）知识产权能力与企业成长

资源基础观认为企业所拥有的各种资源对企业成长发展有着至关重要的作用[14]。而后，随着核心能力、动态能力等企业能力理论的提出，学者们认为推动企业成长的并非资源本身，而是一系列与资源相关的企业能力[8, 18]。知识产权能力与传统企业能力一样，是对企业资源进行有效创造、运用和管理的能力，其差异在于将能力相关的资源边界从传统有形资源拓展到以知识产权为代表的无形资源。在知识经济时代及即将到来的工业革命 4.0 时代，技术发展对经济的促进作用将无可替代，在这一背景下，知识产权等体现企业技术能力的无形资源将逐渐取代传统有形资源，成为企业竞争力的重要来源[1, 2]。由此可以推断，源自企业无形资源的知识产权能力能够促进企业成长。

通过前文所述可知，知识产权能力包含创造、运用和管理三个维度。为了进一步分析知识产权能力与企业成长之间的作用机制，本文从这三个维度阐述知识产权能力与企业成长之间的关联，并提出了研究假设（图 1）。

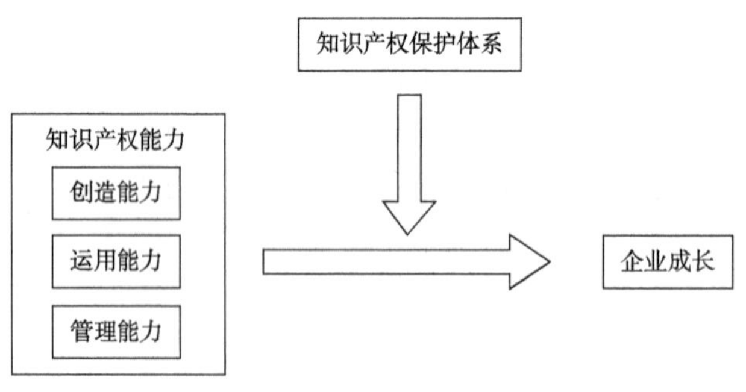

图 1　假设模型

知识产权创造能力的实质反映了企业通过防止竞争者的模仿而强化创新收益的能

力。企业创新能力与知识产权创造成正比，由此可知两者之间存在密切相关性[19]。创新能力是知识产权创造的前提，而知识产权创造保障了企业创新收益，并通过强化创新意愿进一步提升了创新能力，两者相辅相成[20]。创新能力有效促进企业成长，而缺乏相应的知识产权保护能力会削弱这一作用[21]。由此可知，知识产权创造能力通过强化企业创新收益而促进企业成长。因此，本文假设知识产权创造能力正向促进企业成长。

H_{a1}：企业知识产权创造能力正向促进企业成长。

知识产权运用能力反映了企业创新成果转化的能力。自熊彼特以来，学者们普遍认为创新对企业成长有积极影响[22]，但是创新行为必须通过有效的创新转化才能提升创新绩效进而促进企业成长，由此可知，创新转化是企业成长的重要助力[23]。所以，体现企业创新转化的知识产权运用能力对企业成长也有促进作用。基于此，本文假设知识产权运用能力正向影响企业成长。

H_{a2}：企业知识产权运用能力正向促进企业成长。

知识产权管理能力由知识产权组织和保护两部分组成，是企业战略行为的重要组成。合理的企业战略对企业成长有促进作用[24，25]。然而，企业战略这一作用的前提是其能够被有效实施，这就需要一系列的组织惯例作为保障[26]。就知识产权而言，有效的组织保障了企业战略的有效实施，进而促进了企业成长。而知识产权保护能阻止竞争者的恶意模仿并以此保障企业创新收益，进而促进企业成长。综上所述，知识产权管理能力通过保障知识产权战略的有效实施和创新收益促进企业成长。基于此，本文假设知识产权管理能力正向影响企业成长。

H_{a3}：企业知识产权管理能力正向促进企业成长。

（二）知识产权保护强度的调节作用

企业在通过创造、运用、管理保护知识产权获取和维持竞争优势时，会受到企业外部因素的影响和制约[1]，而其中区域知识产权制度在这一过程中的作用尤为显著[4]。因此，在研究知识产权能力与企业成长之间的关系时，反映区域知识产权制度设计的知识产权保护强度是不可忽视的外部环境因素之一。

发展中国家加强知识产权保护能够促进发达国家对此类国家新技术产品的出口，进而提升发展中国家技术水平[27]。但是，过高的知识产权保护强度不利于发展中国家企业对先进国家技术的模仿，对发展中国家而言模仿或引进方式在成本上具有显著优势[28]。通过技术引进与合作创新实现技术进步能够获得成本上的节约，并能够通过技术引进过程中的外溢效应在短时间内缩短与发达国家的技术差距[29]。然而，在经历了三十多年的高速发展之后，我国的整体科技水平有了显著提高，在某些领域已达到或者接近世界先进水平，而一些拥有自主知识产权的高新技术企业开始崭露头角。在现阶段如果依旧忽视知识产品保护，会使国外企业因担忧核心技术泄露而不愿向我国输出先进技术，与此同时，低廉的侵权成本会严重挫伤本土企业自主创新积极性，将不利于我国企业进一步的技术提升和转型升级。由此可知，过低的知识产权保护强度会削弱知识产权能力对企业成长的促进作用，在现阶段我国区域知识产权保护强度对知识产权能力与企业成长的关系有正向调节作用。基于此，本文提出以下假设：

H_{b1}：区域知识产权保护强度正向调节企业知识产权创造能力与企业成长。

H_{b2}：区域知识产权保护强度正向调节企业知识产权应用能力与企业成长。

H_{b3}：区域知识产权保护强度正向调节企业知识产权管理能力与企业成长。

四、实证分析

（一）样本选取与数据收集

本文以企业层面数据为研究对象，选取了沪深股市104家计算机应用上市企业。根据“同花顺iFinD上市企业数据库”对行业板块的定义，它们的主营业务是软件开发与信息服务。此类企业是典型的知识密集型企业，研发人员占比大、研发费用投入高[30]。而知识产权及其相关能力对知识密集型企业的发展至关重要，因此，相较于其他类别的企业[31]，以计算机应用企业为研究样本更符合本文研究主题。本文研究涉及的企业相关数据来自这些企业2012年年报及“同花顺iFinD数据库”，知识产权相关信息及地区知识产权保护强度相关数据来自国家知识产权局网站及中国版权保护中心。

（二）变量测度

（1）自变量：知识产权能力。

企业知识产权能力的评价指标主要包括知识产权创造能力（IPC）、知识产权运用能力（IPU）和知识产权管理能力（IPM）三个维度。其中本文中知识产权创造能力主要用企业新增专利及软件著作权数量作为度量指标。知识产权运用能力的量化指标是新产品数量和新产品收入在主营业务中的占比。知识产权管理能力的量化指标是企业知识产权保护的律师数量（通过分析与企业合作律师事务所数据所得）及其知识产权管理费用支出（工业和信息化部2013年出台的《工业企业知识产权管理指南》中指出，企业知识产权管理费用基于其发展阶段的差异，一般为企业研发费用的1%~5%，基于此，本文以研发费用的3%作为企业知识产权管理费用）。在计算各个指标过程中，为了消除各指标之间的量纲差距，对原始数据进行了标准化处理，标准化公式为：$Z_{ij}=\frac{10\times v_{ij}-v_{i\min}}{v_{i\max}-v_{i\min}}$，$i$ 表示具体指标，j 代表所属企业，再将分属相同维度的二级指标取均值获得最终指标值。

（2）因变量：企业成长性。

企业成长性反映了一定时期内企业的营利能力和发展状况，在以往的研究中，对企业成长性的度量多采用财务增长、营利能力和资金运用潜力三个维度，本文借鉴鲍新中和李晓非的研究成果，按企业利润增长率、营业收入增长率、净资产增长率、净资产收益率、营业利润率、现金资产比、资产负债率七个指标，并通过突变级数法对企业成长性（firm growth，FG）进行了测度[17]。

（3）调节变量：知识产权保护强度。

本文在已有研究的基础上，借鉴姚利民和饶艳的方法，通过测度企业所在省份社会法制化程度、政府执法态度和社会知识产权保护意识构建企业所在地区知识产权保护强度[32]。其中社会法制化程度通过该地区律师比例测度；政府执法态度通过该地区知识产权侵权案例结案率测度；社会知识产权保护意识则通过人均专利申请量度量（数据源自《中华人民共和国国家知识产权局专利统计年报汇编》和各省年鉴）[33]。区域知识产权保护强度并非企业内生因素，因此在检验其调节效应时适合采取分组回归的方式。本文选取的104家企业来自我国16个省（自治区、直辖市），依据知识产权保护强度高低将这16个省（自治区、直辖市）分为高、中、低三个组别（表1）。

表1　知识产权保护强度分组

知识产权保护体系完善程度	
组1（高）	上海（0.884）北京（0.993）
组2（中）	广东（0.554）江苏（0.687）浙江（0.770）
组3（低）	河南（0.305）云南（0.346）湖南（0.385）安徽（0.386）陕西（0.390）重庆（0.412）吉林（0.415）四川（0.426）福建（0.432）山东（0.463）辽宁（0.470）

（三）知识产权能力与企业成长

本文选取企业规模（firm scale，FS）作为控制变量进行实证分析，并对研究所涉及变量进行相关性分析，其结果如表 2 所示。从相关性分析结果可知知识产权能力与企业成长之间存在显著相关性。为了更进一步分析知识产权能力、企业成长性间的关系，本文对它们进行多元回归分析，回归结果如表 3 所示。

表 2　各变量的均值、标准差及相关系数

变量		均值	标准差	1 IPC	2 IPU	3 IPM	4 FS	6 FG
自变量	1 IPC	1.862 1	1.756 0	1				
	2 IPU	1.625 6	1.357 1	−0.202*	1			
	3 IPM	1.773 3	1.002 0	−0.110	0.288**	1		
控制变量	4 FS	1.470 7	1.531 2	0.201*	−0.024	−0.155	1	
因变量	6 FG	2.928 7	1.377 6	0.321**	0.412**	0.262**	0.211*	1

*、**、***分别表示在0.1、0.05、0.01水平下显著

表 3　企业成长性的多元回归分析结果

变量		M1	M2	M3	M4	M5
控制变量	FS	0.190**	0.138	0.199*	0.232**	0.157*
自变量	IPC		0.228**			0.311***
	IPU			0.424***		0.444***
	IPM				0.416**	0.284*
R^2		0.045	0.126	0.219	0.134	0.399
调整的R^2		0.035	0.108	0.203	0.116	0.374
F值		4.723**	7.188**	14.025***	7.725**	16.248***

*、**、***分别表示在0.1、0.05、0.01水平下显著

表 3 是企业成长性的多元回归分析结果。M1 是控制变量企业规模对因变量企业成长性的回归模型；M2、M3、M4 为知识产权能力各维度单独对企业成长的影响模型；M5 为将知识产权能力三个维度均考虑在内的回归模型。通过计算可知回归模型各主要变量的 VIF 值均小于 2，变量间不存在严重的多重共线问题。

相较于 M1，M2、M3、M4 在分别加入了解释变量知识产权创造能力、运用能力、管理能力后模型解释力显著提高（ΔR^2 分别为 0.08**、0.174***、0.089**），并且其 β 均为正值，表明知识产权能力各维度均能正向影响企业成长。M5 结果也表明，知识产权能力整体对企业成长有显著促进作用。由此可知，创造能力与企业成长性存在显著正相关关系（β=0.311，p<0.01），从而假设 H_{a1} 得到有效验证；应用能力与企业成长性存在正相关关系（β=0.444，p<0.01），从而假设 H_{a2} 得到有效验证；管理能力与企业成长性存在正相关关系（β=0.284，p<0.1），从而假设 H_{a3} 得到有效验证。此外，回归结果还揭

示了知识产权能力各维度对企业成长的影响存在差异，知识产权运用能力最高、创造能力其次而管理能力最低。可见，由于我国计算机应用行业在技术上还处于模仿阶段，大量此类企业仍然依靠对已有技术的消化吸收应用获得成长的动力，而企业自身创新和对已有成果的保护及管理对企业成长性的促进作用还没有得到充分体现。

（四）知识产权保护体系完善程度的调节效应检验

本文依据表 1 中分组情况，运用分组回归法对知识产权保护强度的调节效应进行检验，其结果如表 4 所示。从模型 M_6 回归结果来看，三个组别的 F 更改值均显著（$p<0.01$），表明知识产权保护强度差异对知识产权能力与企业成长间存在显著的调节效应。为了进一步分析调节方向，可以对比变量在不同组别中的参数值（β）的差异。知识产权创造能力在知识产权保护强度低、中、高三个组别的参数值分别为 0.36、0.478、0.762，呈现出显著提升，由此可知知识产权保护强度对知识产权创造能力有显著正向调节效应，假设 H_{b1} 得到有效验证。与之类似，知识产权运用能力和管理能力在三个组别的参数值分别为 0.355、0.456、0.796 及 0.35、0.753、0.823，它们也都呈现出显著提升趋势，由此可以推断知识产权运用与管理能力受到知识产权保护强度正向调节，假设 H_{b2} 与假设 H_{b3} 均得到有效验证。

表 4　分组回归结果

组别（知识产权保护强度）	组1（低）	组2（中）	组3（高）
	M6		
变量			
IPC	0.360***	0.478***	0.762***
IPU	0.355***	0.456***	0.796***
IPM	0.350**	0.753***	0.823***
R^2	0.807	0.806	0.911
调整的R^2	0.762	0.779	0.903
F更改值	17.81***	30.14***	108.03***

*、**、***分别表示在0.1、0.05、0.01水平下显著

这一结果表明，当企业所在地区知识产权保护强度较高时，企业知识产权能力与企业成长性之间显示了强正向关系，随着企业知识产权能力的增强，企业成长性也会显著提高；而当企业所在地区知识产权保护强度较低时，知识产权能力的作用则较弱。

由此可知，目前我国知识产权保护体系尚有改善空间，完善知识产权保护体系能够提升知识产权能力对企业成长的促进作用，进而整体上推进我国信息技术产业发展。

五、结论与启示

以软件研发与信息服务为主营业务的计算机应用企业是典型的知识、技术密集型企业，知识产权能力在企业成长过程中的作用不可忽视。近年来，越来越多的此类企业意识到知识产权的重要性，通过申请专利和软件著作、强化知识产权管理保护战略等方式加强知识产权能力建设。知识产权能力由知识产权的创造、运用和管理三个维度构成，其能够显著促进企业成长，而在这一过程中会受到作为企业外部因素的区域知识产权保护强度的正向调节影响。

本文研究结果表明，知识产权能力从三个方面促进企业成长。首先，通过提升知识产权创造能力保障企业创新收益，进而强化创新能力对企业成长的正向影响。其次，知识产权运用能力则通过促进知识成果市场转化，进而增加企业营利能力，推动企业成长，同时为企业新一轮创新创造物质基础。最后，知识产权管理能力通过协调组织内各部门，降低创新成本，从而保障企业知识产权战略有效实施；并且通过防止其他企业通过非法手段获取企业创新成果，确保企业创新收益最大化，进而促进企业成长。

此外，知识产权能力在影响企业成长过程中会受到区域知识产权保护强度的调节影响，企业所在区域知识产权保护强度对企业知识产权能力的三个维度（知识产权创造能力、知识产权运用能力、知识产权管理能力）均有显著正向调节作用。这一发现深化了我们对企业知识产权能力与区域知识产权保护强度的理解，也进一步促使我们思考他们之间的内在机理、对企业成长的作用机制等一系列问题。通过引入知识产权保护强度的调节作用回答了为何有些企业拥有较高的知识产权能力，却未有较好的成长这一问题。造成这一情形的根本原因是企业知识产权未能得到有效保护，企业在付出高昂的研发成本的同时却无法获取相应的利润，进而挫伤其再创新之意愿，使该地区企业进入“谁创新谁吃亏”的恶性循环，最终阻碍该地区整体发展。究其缘由，正是这一地区的知识产权保护强度较低所致。与之相反，在知识产权保护强度较高地区，企业知识产权能够得到较好的保障，其他企业难以通过非法手段“搭顺风车”、剽窃企业科技成果，进而使企业的研发进入良性循环，促进企业成长。所以，相关政策制定部门，应提升社会法制化程度，同时加强知识产权侵权相关的立法与执法强度，此外，还应提高社会知识产权意识。通过以上措施完善地区知识产权保护体系，能为本地区信息企业良性发展和区域可持续发展提供有利的外部条件。

参考文献

[1] Ernst H. Patenting strategies in the German mechanical engineering industry and their relationship to company performance[J]. Technovation，1995，15（4）：225-240.

[2] Rivera K G，Kline D. Discovering new value in intellectual property[J]. Harvard Business Review，2000，（1）：55.

[3] Hicks D，Breitzman T，Olivastro D，et al. The changing composition of innovative activity in the US — a portrait based on patent analysis[J]. Research Policy，2001，30（4）：681-703.

[4] 孙赫. 知识产权保护强度测量方法研究述评[J]. 科学学研究，2014，32（3）：359-365.

[5] Romer P M. Endogenous technological change[J]. Journal of Political Economy，1989，14(3)：71-102.

[6] Helpman E. Innovation，imitation，and intellectual property rights[J]. Econometrica，1992，61（6）：1247-1280.

[7] 韩玉雄，李怀祖. 知识产权保护对社会福利水平的影响[J]. 世界经济，2003，（9）：69-77，80.

[8] Teece D，Pisano G. The dynamic capabilities of firms：an introduction[J]. Industrial and Corporate Change，1994，3（3）：537-556.

[9] Yang G，Maskus K E. Intellectual property rights，licensing，and innovation in an endogenous product-cycle model[J]. Journal of International Economics，2001，53（1）：169-187.

[10] 李平，宫旭红，齐丹丹. 中国最优知识产权保护区间研究——基于自主研发及国际技术引进的视角[J]. 南开经济研究，2013，（3）：123-138.

[11] Schilling M A. Strategic Management of Technological Innovation[M]. New York：McGraw-Hill/Irwin，2005.

[12] Antelo M. Licensing a non-drastic innovation under double informational asymmetry[J]. Research Policy，2003，32（3）：367-390.

[13] 蔡虹，吴凯，蒋仁爱. 中国最优知识产权保护强度的实证研究[J]. 科学学研究，2014，32（9）：1339-1346.

[14] 李蓉，萧延高，王晓明. 全球化背景下我国企业的自主知识产权能力建构分析[J]. 电子科技大学学报（社会科学版），2007，9（1）：45-49.

[15] Gibrat R. Economic Inequality[M]. Paris：Sirey Press，1975.

[16] Penrose E T. 企业成长理论[M]. 赵晓译. 上海：上海三联书店，上海人民出版社，2007.

[17] 鲍新中，李晓非. 基于时序数据的高技术企业成长性分析[J]. 科学学研究，2010，(2)：275-281.

[18] Prahalad C K，Hamel G. The core competence of the corporation[J]. Harvard Business Review，1990，68：75-87.

[19] Scherer F M. Market structure，opportunity，and the output of patented inventions[J]. The American Economic Review，1965，55（5）：1097-1125.

[20] Basberg B L. Patents and the measurement of technological change：a survey of the literature[J]. Research Policy，1987，16（2）：131-141.

[21] Paul G，Steve M. Do innovating firms outperform non-innovators?[J]. Business Strategy Review，1992，3（2）：79-90.

[22] 陈晓红，彭子晟，韩文强. 中小企业技术创新与成长性的关系研究——基于我国沪深中小上市公司的实证分析[J]. 科学学研究，2008，(5)：1098-1104.

[23] Ernst H. Patent applications and subsequent changes of performance：evidence from time-series cross-section analyses on the firm level[J]. Research Policy，2001，30（1）：143-157.

[24] Kingston W. Innovation needs patents reform[J]. Research Policy，2001，30（3）：403-423.

[25] Kollmer H，Dowling M. Licensing as a commercialisation strategy for new technology- based firms[J]. Research Policy，2004，33（8）：1141-1151.

[26] Govindarajan V，Fisher J. Strategy，control systems，and resource sharing：effects on business-unit performance[J]. Academy of Management Journal，1990，33（2）：259-285.

[27] Ivus O. Do stronger patent rights raise high-tech exports to the developing world?[J]. Journal of International Economics，2010，81（1）：38-47.

[28] Teece D J. Technology transfer by multinational firms：the resource cost of transferring technological know-how[J]. The Economic Journal，2008，87（346）：242-261.

[29] 林毅夫. 发展战略、自生能力和经济收敛[J]. 经济学，2002，1（2）：42-73.

[30] 原毅军，孙晓华，柏丹. 我国软件企业智力资本价值创造潜力的评估[J]. 中国工业经济，2005，(3)：44-50.

[31] Graham S J H，Mowery D C. Intellectual property protection in the US software industry[J]. Patents in the Knowledge-Based Economy，2003，219：231.

[32] 姚利民，饶艳. 中国知识产权保护地区差异与技术引进的实证研究[J]. 科学学研究，2009，27（8）：1177-1184.

[33] 姚利民，饶艳. 中国知识产权保护的水平测量和地区差异[J]. 国际贸易问题，2009，(1)：114-120.

“两化融合”理论述评及对中国制造业转型升级的启示*

张　辽

（杭州电子科技大学经济学院，浙江杭州，310018）

摘　要：本文就“两化融合”的本质内涵、理论因应及其对制造业转型升级的影响等相关研究进展进行了一个较为系统的梳理和述评，着重分析了“两化融合”在制造业生产组织方式变革、竞争优势重构、资源约束缓解等领域中的作用，进而探讨了“两化融合”促进制造业转型的作用机制，在此基础上进一步讨论了我国制造业转型升级过程中推动“两化融合”的模式选择、关键领域、基本手段和制度安排等基本问题。

关键词：生产组织方式；竞争优势；资源约束

A Theory Review of “Two Integration” and its Implications for China’s Manufacturing Industry Transformation

Zhang Liao

(School of Economics，Hangzhou Dianzi University，Hangzhou 310018，China)

---

* 基金项目：教育部人文社会科学研究青年项目（项目编号：14YJC790168）、杭州电子科技大学人文社科基金（KY2155615007）。

作者简介：张辽（1984—），男，汉族，河南光山人。杭州电子科技大学经济学院讲师，经济学博士。研究领域：两化融合与制造业转型升级。通信地址：浙江省杭州市下沙高教园区杭州电子科技大学（下沙校区）经济学院，邮编：310018。Email：zl84410@163.com。电话：15168345351。近三年来作者在《经济学家》《国际贸易问题》《当代经济科学》《中国人口·资源与环境》《财经科学》等 CSSCI 收录期刊发表论文 10 篇，主持教育部人文社会科学青年基金 1 项，浙江省教育厅一般项目 1 项，其他厅局级科研项目 1 项。

Abstract：This article on the “integration of the two” the essential connotation，theory of on the manufacturing industry transition upgrade of the influence of the relevant research progress of a systematic review and commentary，and focuses on the analysis of the “integration of the two” role in the manufacturing industry production organization change，reconstruction of competitive advantage，resource and environmental constraints ease and other fields，and then discusses the “integration of the two” to promote manufacturing industry transformation mechanism，on the basis of further discussion of the our country manufacturing industry transformation and upgrading in the process of promoting fusion model selection，the fundamental problem of key areas，the basic means and system arrangement.

Key words：Production organization mode；Competitive advantage；Resource constraint

一、引　　言

随着新一轮技术创新、产业革命和思维变革在全球非线性爆发，任何国家或地区的信息化进程与其工业化发展都不能割裂开来，信息技术对工业化进程的影响被不断放大，信息化发展所依托的基础设施、技术、产业等社会环境和物质基础则越发依赖工业化水平。因此，二者之间的关系也不能简单界定为“相互带动”或“相互促进”，而是彼此相互“融合发展”。工业化与信息化之间的融合能够使电子信息技术更加广泛地应用于工业部门设计、采购、生产、销售等整个过程，最大限度地实现工业产品、技术和管理三者有机融合。尤其是在当前我国工业化发展新阶段和信息化新环境下，推动工业化与信息化融合发展已成必然趋势。一方面，信息技术的融入有助于突破我国工业化过程中面临的资源与环境双重约束，破解传统工业化粗放扩张下的产能过剩困局，在微观上解决工业企业普遍存在的高耗能、高污染、管理方式粗放等问题，有效拓展企业配置资源的空间与时间限制，极大地提升企业市场竞争力[1]。另一方面，工业化战略的深度推进需要通过结构转型和产业升级才能实现，但能为信息化进程提供产业支撑能力，而且有利于培育信息产业新业态、新模式。

与此同时，我国已将两化深度融合作为当前的重大战略任务，并明确了在我国新型工业化道路上实现两化融合的思路、目标和手段。两化融合在我国得到大力实践的同时，学术界围绕两化融合进行的理论研究方兴未艾，如在内涵上对两化融合进行解读，并对融合类型进行区别和归纳；从供给需求、动力机制等方面构建了融合的模式；

从概念、体制机制和政策等角度探讨了两化深度融合在不同地区的实现；构建指标体系测度了两化融合的水平等[2]。但是已有的研究尚处于非常基础的阶段。

事实上，作为我国工业经济中的支柱产业，制造业发展绩效及其国际竞争力的高低直接关系新型工业化目标的实现。因此，实现制造业领域的两化融合应该是我国工业化与信息化深度融合发展的切入点。然而，在两化融合背景下，制造业的发展目标已经不再局限于将信息技术全面融于业务流程、研发设计、生产制造等活动中，更为重要的是借助两化融合所开启的跨越式发展机会窗口，实现增长模式、产业结构、资源配置方式等方面的转变。为此，国内外众多学者在两化融合对制造业转型升级影响及其机制等方面做了大量有价值的研究，本文将就这一领域的相关研究进行较为系统的梳理和述评。

二、两化融合的实质及其对制造业的影响

（一）两化融合的本质内涵

相比较而言，国外的相关研究较多地关注信息技术进步对经济发展的影响。西方发达国家信息化发展是在工业化进程完成之后才开始，所以学术上较少直接探讨工业化与信息化的融合问题。例如，Greenstein 和 Khanna 指出工业化与信息化的融合主要利用信息技术对工业产品进行升级，进而提升产品的生产和使用效率[3]。Garcia-Murillo 和 Macinnes 等认为工业化与信息化融合的本质是信息技术向制造业渗透，进而导致相互独立的产业之间边界模糊，最终形成产业融合发展[4]。Bally 则认为工业化与信息化融合表现为技术融合，不仅从根本上改变独立产业之间的边界，而且推动了技术与产业在新的竞争环境中不断发展[5]。Kaemarkar 提出工业化与信息化融合主要通过信息技术在传统产业、产品和工艺方面的嫁接，或者在现代信息技术基础上衍生出新兴产业[6]。

国内学者则从不同角度研究了两化融合问题。其中，早期学者研究了工业化与信息化的关系，如邓崧和白庆华指出信息化对工业化的直接影响表现为管理信息系统的优化从而节省劳动力成本，间接效应则表现为工业生产过程中管理效率的增进[7]。邹生指出两化融合在根本上表现为信息技术和信息资源的最大限度利用，并与制造技术、制造装备结合起来实现工业信息化转变[8]。俞立平等[9]、谢康等[10]实证考察了工业化与信息化之间相互促进、互为因果的关系，并且发现信息化对工业化的影响要远远大

于工业化对信息化的促进作用。

另一些学者研究了工业化与信息化实现融合发展的过程及路径，如肖静华等将两化融合过程分为促进阶段、相持阶段和带动阶段[11]。而就两化融合实现路径方面，张海涛和辛立艳则认为两化融合能够在信息技术与企业战略管理流程、支持管理流程和核心经营流程三个维度中得以实现[12]。杨学山认为两化融合在不同的发展阶段有不同的表现形式，如在初期阶段主要体现为信息技术的应用，而进入中高期阶段后两化融合的作用则是为企业发展提供基础性战略资源，成为工业持续增长能力的关键要素[13]。张玉柯和张春玲指出了两化融合包括两化发展战略融合、两化资源融合、工业技术与信息技术融合、实体经济与虚拟经济融合四个具体层面的内容[14]。

可见，对工业化与信息化融合发展本质的理解存在两类代表性观点。一类是认为所谓的两化融合本质上属于实现工业与信息产业两种产业的融合发展，这种产业融合的目的是改造传统产业和创造出全新产业，表现为信息技术的广泛应用改造了工业领域传统的技术方式、产品品质、组织管理模式等方面，同时伴随着全新的技术密集型产业的形成。另一类观点认为两化融合本质应该为工业化与信息化在发展过程中实现相互促进、相互交融，主要表现为通过信息化与工业化的深度结合，带来整个社会生产力、工业生产方式、技术创新等方面的深度变革。然而，对于两化融合的问题重点不应该仅限于二者相互关系层面的探讨，其对经济社会发展层面的影响更应受到关注。例如，米增渝指出两化融合不仅有利于挖掘新的经济增长点，而且能够显著促进资源环境协调、城乡统筹发展和产业结构优化调整[15]。陈石和陈晓红认为工业化与信息化的融合不仅给企业带来一定的经济效应，还能产生显著的社会效应，但是两化融合的这种社会效应和经济效应在不同性质企业存在明显差异[16]。

综合学界对两化融合本质内涵的不同理解，笔者认为两化融合不仅是工业化与信息化相互作用、相互渗透的过程，而且在一定程度上为工业化与信息化发展到一定阶段的必然产物。换句话讲，两化融合既是整体工业结构转型升级的手段，也是传统工业化道路转变的结果。

（二）两化融合的理论因应

从现实情况来看，我国提出坚持推进两化融合这一命题不仅源于该问题在社会经济信息化发展中发挥了重要作用，而且是基于对信息化与工业化之间理论关系的深刻认识。换言之，两化融合自身科学的理论逻辑赋予其实践上的价值。

一方面，两化融合在制造业转型升级、现代产业体系建立、摆脱资源环境约束等方面发挥积极作用。尤其是对于我国这类以传统产业为主的发展中国家，随着经济社会步入中高速、新动力、多挑战为特征的“新常态”时期，发展和应用新一代信息网络技术，推进制造业与信息网络技术深度融合不仅是我国产业转型升级的突破口，也是重塑产业竞争优势的新引擎。两化融合已经被理论与实践各界普遍认为是发展现代产业的重要推手和战略制高点，如 Vu 实证研究认为信息技术能够在工业生产过程中发挥重要作用而促进生产力的增长[17]。Ahmed 同样认为两化深度融合能够将传统的劳动密集型工业模式转化为知识密集型模式[18]。可见，在新科技革命和产业变革兴起，带来全球产业竞争格局、技术体系和发展模式迎来重大变革的背景下，推进工业化和信息化深度融合发展的必然性不言而喻。

另一方面，推进两化融合在理论与实践上也是可行的。其中，理论上，比较优势和赶超理论的观点完全认同实现信息化与工业化的整合和优化，有助于利用信息技术为工业化发展注入新的动力，并产生新的商业模式和信息技术成果等。实践上，从信息化发展的历史进程来看，作为工业化发展到一定阶段的产物，现代化的制造技术和信息技术为各产业领域两化融合提供技术条件，或者说工业化过程中积累的制造技术与信息化进程中产生的信息网络技术之间内在的相互依托、相互促进的关系为两化融合提供了基础条件和必要保证。例如，邹生[8]、谢康等[10]指出信息技术、信息资源、信息人才的扩散，以及与工业制造技术的结合为两化融合提供了动力支持。另外，工业化发展到一定阶段必然要求企业能够在更为广泛的领域获取、应用、吸收信息网络资源以适应市场环境的变化，所以工业企业完全可以在适应市场空间、生产方式变化过程中自觉推进两化融合工作。

（三）两化融合对制造业发展的影响

上述的研究从各个角度分析了工业化与信息化的融合，但是并没有涉及制造业在该过程中的影响。意识到制造业作为实现两化融合目标的突破口，国内众多学者深入分析了两化融合对传统制造业的改造及现代制造业优势提升等问题。尤其是在当前的经济发展模式向创新驱动、智能转型和绿色发展转变的时期，全面深入地分析制造业领域两化融合发展的内在规律及发展趋势，对于实现制造业转型升级具有重要的意义。例如，王亚男研究发现工业化与信息化实现融合发展的关键在于推动制造业的转型升级，两化融合不仅提升了制造业的竞争优势，还能通过促进制造业与服务融合发展而衍生新的经济增长点[19]。

梳理已有研究，可以将工业化与信息化融合发展对制造业的影响总体上归纳为两个方面。一是信息技术对制造业的改造提升。信息技术的渗透和应用优化了制造业企业的生产制造和经营管理的全过程，大幅度增强企业信息化管理水平，摆脱“信息孤岛”约束，实现不同业务的协同发展和上下游产业链之间的无缝对接。二是两化融合能够催生制造业领域新业态的形成，如基于云制造模式下的服务化发展实现制造业企业价值链、创新链、人才链、产业链的跃升。甚至在信息化技术的植入过程中，改变了企业资源调控、配置及利用的方式，推动制造业企业绿色化发展和升级。可以预见，我国制造业在两化融合背景下不仅能够通过信息化改造实现转型升级，还能够在与服务业融合发展中实现增长点多元化。

三、两化融合促进制造业转型升级的机制分析

毫无疑问，两化融合将在生产组织方式、竞争优势和资源约束等方面对制造业产生深刻影响。下文分别从这几个方面，将学术界对两化融合下制造业转型升级的研究进行系统归纳和总结。

（一）两化融合变革了制造业生产组织方式

随着新兴信息技术的广泛应用，工业化与信息化的深度融合必然对制造业的生产方式产生深远影响。因此，国内外学者普遍认识到两化融合背景下需要重新审视制造业领域资源和生产的组织形态，以及制造业生产环节中所衍生出的社会化分工与协作方式，只有如此才能实现制造业企业的功能单元有效融入信息化服务体系中，从而更加有助于依托两化融合实现制造业生产方式的变革。

学界在对两化融合的评价体系、发展模式、融合方式及路径等开展的大量研究的基础上，结合当今世界制造业智能制造理念，以及制造业企业生产组织形态的变迁，对两化融合如何影响制造业生产方式问题进行广泛深入的探索。早期关于制造业企业生产方式的研究主要基于制造过程中管理控制视角，如 Valckenaers 和 van Brussel 提出一种 Holonic 制造协调控制系统，有利于制造业企业有效应对来自外部环境的各种干扰，及时建立响应机制和实时性管控[20]。Pellicciari 等基于系统设计角度提出制造业企业系统内部优化能够显著提高企业感知能力和控制力[21]。

然而，上述基于内部管理控制角度的研究并没有帮助制造业企业提升内部系统的

自适应能力，进而一些学者从制造业的信息化应用角度进行探索，如Michel从可视化和信息获取角度，指出制造业企业可以借助信息化对生产环节进行科学监控，实现生产方式的信息化、智能化[22]。事实上，两化融合不仅便于制造业企业利用信息技术获得来自外部环境的信息，而且可以及时依据市场信息调整经营策略。Banerjee 和 Seivastavar 指出信息化技术的广泛应用有助于制造业生产方式向人工智能、机器学习集成方向转变，从而有利于制造业方式在信息可视化基础上实现自我调整[23]。Moosa等认为两化融合中制造业企业能够利用信息化网络拓展生产模式，实现网络化集约化制造，显著提升制造业企业与客户的交流和沟通，从而利用更加人性化的生产组织方式降低经营风险[24]。

考虑到我国两化融合模式应该是一种有别于西方发达国家的新型融合发展模式，两化融合下的制造业生产方式也应该在充分吸收西方现代制造中的精益生产、敏捷制造和柔性生产的理念基础上，融合全面质量管理思维[2]。但是，这种制造业生产方式需要以一种虚拟的制造系统来实现对外部环境变化的快速响应为前提，所以虚拟制造系统重组应该基于面向特定用户产品的开放，并且伴随产品设计和制造工艺的变化而及时调整，从而使两化融合能够降低制造业的边际成本和提升生产率。刘吉超和庞洋指出两化融合下，信息技术的深度应用不仅改变了技术研发、流程设计、运营管理等制造业企业层面的生产组织方式，更重要的是带来制造业整体的价值链延伸、绿色化发展、服务化转型等产业组织方式变革[25]。马汉武等基于协同制造的理念，将制造资源分割为不同功能单元的独立体，并借助信息化下的可视化平台，完成用户需求与独立体之间的协同运营，即构建一种自适应生产组织方式[26]。

可见，两化融合对制造业生产方式的影响主要体现在技术进步和管理优化两个方面。反观我国当前的制造业生产方式，虽然能够满足制造系统柔性化的要求，但是制造业仍然不具备整体性的制造系统理念，所以制造业生产方式，应该在追求柔性化的同时具备整体企业网络的特征。而工业化与信息化融合发展在制造业领域的应用则能够实现制造过程中生产方式的变革，表现为具有独立性与完整性特征的不同能力单元实现协同目标。

（二）两化融合重塑了制造业竞争优势

当前，以两化融合为基础的信息技术广泛应用，为广大的发展中国家工业跨越发展创造机遇。尤其是我国制造业如若不能抓住两化融合带来的机遇，不仅导致低端产业锁定效应对制造业的固化，而且传统竞争优势也将消失殆尽。在国外文献中较早分析两化融合与制造业竞争优势的是外部环境驱动理论，该理论以波特“五力竞争模型”为分析框架，阐释了信息化如何帮助企业获取市场优势，继而增强企业竞争力。例如，Ross 等指出信息化提升企业竞争优势的途径包括提供信息化人才、信息化管理模式、信息化共享平台等关键信息化资产，从而使企业能够在更加激烈的外部竞争环境中创造更加优质的信息化产品[27]。Zhang 和 Lado 则认为信息化技术的应用并不一定能够直接增强制造业企业的竞争优势，但是信息化有助于企业与内外环境之间开展信息收集、处理、沟通、交换等，从而间接影响企业的投入产出能力、资源要素转换能力，进而增强企业的市场竞争优势，而且只有在形成企业整体的信息化能力情况下才能显著提升企业竞争力[28]。因此，制造业企业应该通过积极调整组织结构、优化业务流程、改善软硬件资源等手段形成企业信息化能力，进而改进自身，创造新的竞争方式、商业模式和产品结构，甚至显著拓展价值链而提升企业竞争优势。

相较于早期的研究，后来学者主要从制造业技术进步角度来探讨两化融合对制造业竞争优势的影响，如 Trivieri 等通过测算企业信息化投入对技术效率的影响系数，指出信息技术应用对制造业企业技术水平及市场竞争力提升有显著的正向作用，发现制造业企业的生产率与其信息化投入之间呈显著正相关[29]。但是研究结论却认为信息化对制造业企业竞争优势的影响只在中小型企业中发挥明显作用。事实上，一些学者的实证研究同样表明制造业企业技术低效率的一个重要原因在于信息化水平低下，或者说企业信息化技术应用水平不高大大制约了企业资源利用效率。

事实上，推进制造业领域两化融合发展不仅是西方发达经济体“再工业化”过程中的重点工作，也是类似我国这样的发展中国家摆脱低端锁定效应和资源环境约束的重要途径，为我国制造业实现跨越发展和“弯道超车”提供了契机。信息化技术在制造业基础设施、技术研发、流程设计、运营管理等领域的应用和渗透，直接推动了制造业信息化、智能化、网络化水平提高和竞争优势提升。然而，信息化技术在制造业领域的深入应用也给全球产业结构和分工格局，以及地区间的比较优势带来颠覆性的改变，如机器人等智能化设备的使用带来制造业生产方式改变的同时也使生产要素结构发生改变，降低简单劳动力要素需求的同时增加了知识型人力资本需求，知识资本和智力资本对制造业保持竞争优势显得越发重要，从而使拥有不同要素禀赋的国家或地区之间分工格局和竞争优势地位受到影响。

国内学者也从诸多角度探讨了两化融合对我国制造业竞争优势的影响。例如，田洁从差异化产品和服务、市场细分、仓储技术和供应链管理等角度比较了制造业信息化与非信息化情形下的区别，进而探讨了信息技术如何在上述层面为企业竞争优势确立提供帮助[30]。余伟萍和胡万华基于信息技术构建了制造业企业竞争优势模型，分别从企业、供应商、市场等方面探讨信息技术对企业竞争力的影响，认为信息化提升企业竞争优势的基础在于能够与企业的经营理念、管理模式实现融合，只有这种深度融合才能使信息技术与企业的资金、人才、设备、平台等共同发挥作用[31]。沈裕谋和张亚斌利用协调发展系数法和 SBM-Luenberger 指数法分别测度了区域两化融合质量，并基于我国省区面板数据实证考察了两化融合水平对工业生产率的影响，指出两化融合对传统工业的信息化改造具有显著推动作用，进而有助于传统工业发展模式转型及竞争优势再造[32]。

（三）两化融合缓解了制造业资源约束

当前我国工业化发展过程中面临资源与环境的双重约束已是不争事实，工业化与信息化融合在制造业领域的应用有助于突破资源瓶颈，实现制造业发展模式的可持续性目标。学术界围绕该问题做过大量的研究，如制造业基于两化融合的技术创新能否缓解资源约束以及实现工业绿色增长，两化融合对制造业资源利用效率有何影响，等等。实际上，西方学者提出的资源竞争理论、内部结构驱动理论都从企业资源角度探讨信息化对制造业的影响，如资源竞争理论的提出者 Wemerfelt 和 Bameyfi 将企业本质界定为各类资源的集合体，而资源在不同企业之间存在分布不均问题，企业正是依靠占有的不可替代资源开展竞争。但是两化融合却能显著优化制造业企业的组织架构、业务流程、知识管理等，帮助企业拥有新的独特资源，进而摆脱传统资源与环境的约束。

国内学者的研究主要侧重于两化融合如何帮助我国制造业摆脱资源约束，普遍认为两化融合是制造业企业解决高耗能、高污染等粗放发展的重要途径。尤其是制造业企业在两化融合环境下通过技术创新能够显著提升资源利用效率，显著提升制造业企业战略资源的应用能力，而降低对传统能源的依赖程度的途径则是将信息资源转化成企业知识资源。张亚斌等在制造业两化融合的分析框架中构建了资源节约型技术创新模型，利用我国省区工业数据实证发现两化融合水平的提升能够降低工业环境污染程度[33]。

现阶段，由于我国已步入工业化中后期，众多学者普遍认为重化工业突出是目前我国工业结构的重要特征。在重化工业背景下制造业对资源的过度消耗必然带来严重的环境污染，但是在两化融合的背景下，信息技术深度参与了世界各国产业结构转型升级，给传统产业提升改造及新兴产业的产生创造了新的条件。西方发达国家纷纷利用信息化的成果解决工业化过程的资源利用和环境治理问题[34]。尤其是对处于重化工业时期的我国，利用信息技术实现生产流程再造、生产工艺优化及生产要素再配置等，将大大提升资源利用的效率和水平。

两化融合有助于工业企业摆脱传统资源约束，其根本原因在于信息化与工业化相互融合发展能够带来工业企业技术效率的提高[2]。具体到制造业领域，两化融合带来的面向全生命周期精益设计理念大大增强了制造业企业的资源整合能力，有效提升资源利用效率，同时降低了环境污染。然而，在可持续发展的要求条件下，两化融合在制造业资源的约束以及环境污染这两方面的问题，并没有得到足够的重视，特别是两化融合背景下的绿色技术创新能否实现制造业资源瓶颈突破这一观点在学界并没有达成共识。

四、两化融合对中国制造业转型升级的借鉴

当前，工业化与信息化的发展水平及融合程度已经成为衡量国家或地区制造业竞争力的重要标志，发达国家的“再工业化”过程和新兴经济体的经济跨越发展都将两化融合作为重要抓手。尤其是伴随着第四次工业革命浪潮及智能制造理念的洗礼，新一轮的科技革命带来新一轮的产业革命背景下，信息技术对制造业转型的战略思路、方向选择、关键因素和技术路径必然产生深远的影响。不同于完成工业化目标的发达国家，中国目前尚处于后工业化阶段，面临信息化挑战与传统制造业发展模式并存的严峻形势，被倒逼完成工业化与信息化的双重任务。正是意识到这一点，中国早在党的十七大就提出推进工业化与信息化的深度融合,走一条中国特色的新型工业化道路。唯有走工业化与信息化“融合”的途径，才能在推进传统制造业提升改造的同时，参与和渗透新兴产业的发展，以期通过融合实现制造业转型升级的目标。在此背景下，深入研究两化融合理论对中国制造业转型升级具有重要的借鉴意义。

（一）注重制造业两化融合模式的合理选择

依据不同的两化融合出发点，理论界将信息化与工业化融合发展的模式分为工业信息化和信息工业化两种模式。其中，工业信息化融合模式的本质是将信息化技术与工业制造技术深度结合，利用信息技术带动工业企业产品开发方法创新、管理模式创新、工艺流程创新，达到工业企业的产品生产、市场营销、技术研发等整个环节的效率增进目标，最终实现工业企业生产经营过程中的网络化、智能化、数字化。而信息工业化则侧重在信息化过程中，将工业化理念、研发平台、制造技术置于信息产业发

展过程中。

在实践中，我国政府为了推进制造业两化融合工作，批准在上海、重庆、广州、珠三角地区等地成立八大两化融合试验区，形成了代表性较强的“广州模式”和“珠三角模式”。例如，“广州模式”强调以构建现代产业体系为目标，围绕制造业两化融合发展水平的不同层次，实现制造、服务、创造齐头并进。而“珠三角模式”则侧重利用信息技术改造传统制造业的同时，推动信息产业与传统产业的融合发展。事实上，各地区在利用两化融合促进制造业转型升级过程中，不论是采取哪种理论模式，还是借鉴实践中形成的不同模式，都不能忽略制造业企业的类型、规模、技术水平等异质性特征，需要从制造业企业自身或者本地区的生产经营现实需求出发，依据自身的技术特征、战略目标等合理选择两化融合模式。

（二）注重制造业两化融合关键领域的合理判断

推进制造业转型升级过程中的两化融合需要准确把握关键领域。工业和信息化部将两化融合的突破口归纳为研发设计、生产过程、企业管理、产品流通、产业发展和人才创新六个方面，这一宏观层面的突破口选择为制造业两化融合关键领域选择提供了借鉴。实际上，制造业两化融合本质上不仅意味着信息网络技术在制造业领域的广泛应用，而且更多地体现了与制造业产业链、价值链、人才链、创新链等各环节的融合，为制造业转型升级提供技术支撑的同时，在产品设计、流程再造、营销管理和资源配置等方面改造提升制造业。

因此，两化融合推进工作的关键领域应该分布在制造链条上的产品创新设计、设备技术改造、企业经营决策和产品营销体系等不同环节。其中，产品创新设计环节两化融合主要为产品设计流程创新、设计资源管理提供信息化支撑，从而有效缩短产品创新设计周期而降低产品创新成本；设备技术改造环节两化融合突破口应该集中在实现产品生产机器设备、车间生产线的自动化和智能化；企业经营决策领域的两化融合则主要体现为客户关系管理、现代企业治理结构、经营信息分析等方面的信息化；产品营销体系层面的两化融合通常包括电子商务技术运用等营销手段创新，以提高信息网络技术环境下企业对市场和客户的响应速度。

（三）注重制造业两化融合基本手段的合理选择

制造业两化融合过程是一个渐进、复杂的系统工程，尤其是在当前信息网络环境下推进两化融合发展需要更加重视基本手段和方式的合理选取。自工业和信息化部出台国家层面的两化融合行动指南以来，全国各地大力推动信息化与工业化在制造业领域的深度融合，我国制造业两化融合水平有了明显提高。但是，两化融合目前仍处于探索推进时期。一方面，从发展阶段来看，大多数中小型制造业企业普遍处于局部应用阶段，其仅着重关注两化融合相关的基础设施建设和信息网络技术，只有少数大型制造业企业迈入两化融合集成应用或者深度应用阶段，基本实现制造技术与信息技术的全面深入融合，企业经营模式和生产模式在信息化全面渗透下彻底变革。另一方面，制造业两化融合发展存在明显的区域不平衡，东部沿海发达地区制造业信息技术应用程度高，而广大中西部地区两化融合建设依然任重道远。

可见，下一阶段应该更加注重实施两化融合基本手段和方式的选择。其中，东部地区应该进一步强调两化融合企业标准体系建设，公共信息、数据服务平台建设，通过制造业研发中心和制造基地建设打造区域性的信息产业带、信息产业园区等。而中西部地区制造业企业在推进两化融合过程中则更加注重信息化基础设施建设、互联网技术应用，积极借助信息网络技术改造生产制造模式和经营管理模式，实现对制造活动中的研发设计、生产运输、营销服务等各个环节的提升改造。此外，两化融合程度较高的制造业企业应该积极谋求通过服务化、绿色化转型，实现生产制造数字化、网络化、智能化的目标，有效缓解资源环境的约束。

（四）注重制造业两化融合制度安排的合理细分

自党的十七大提出两化融合以来，国家各级政府部门围绕制造业深入推进两化融合工作出台较多相关政策，大量涵盖资金、税收、技术创新等方面政策指导意见及制度安排，为两化融合提供指导。尽管已有的相关制度安排通过加强制度顶层设计充分体现“政府引导”的牵头作用，但是对于整合微观主体资源以及协调微观主体行为的体制机制等方面还存在显著不足，以至于不能充分发挥两化融合“企业主导”的核心作用。究其主要原因在于围绕两化融合制度安排缺乏合理的配套和支撑政策，尤其是要注重制度安排宏观、中观、微观层面的细分。其中，宏观上注重完善两化融合法律法规体系，同时强调配套政策对两化融合过程中利益失衡、监管失位等偏误的纠正。中观层次上，要结合不同制造业行业的信息化发展水平、行业特征、技术能力等，区别性制定配套政策推进两化融合工作。微观层面的配套政策要突出对企业参与两化融合进程的激励作用，如制定差异化的两化融合质量评价体系，在不同行业分类中选择典型企业作为两化融合发展的“参照物”。

五、结论及启示

综上所述，围绕两化融合促进制造业转型升级这一崭新命题，国内外学者的探讨已经取得大量有价值的研究成果，为我国当前实施制造强国战略的相关研究奠定了良好的学术基础和支撑。学界的主要贡献可以概括为以下三个方面：一是从不同角度对两化融合本质内涵进行界定，并构建测度指标对国家层面、区域层面和企业层面的两化融合水平进行测度；二是从不同层面探讨了两化融合如何影响制造业转型升级，如优化制造业生产方式、强化制造业竞争优势、缓解制造业资源环境约束等；三是提出了我国制造业转型升级过程中借力两化融合的对策和建议。总的来看，已有的研究成果呈现了诸多特点，如研究对象覆盖的范围较广泛，既涉及工业化与信息化如何融合发展问题，也结合了信息化特点动态评价其对制造业转型升级绩效的影响；研究内容不仅涵盖了两化融合驱动制造业转型升级和竞争优势提升的现实表征，还体现了科学研究的学科交叉特点。

但是，当前两化融合驱动制造业转型升级的相关国内外研究还处于探索阶段，相关的研究只是侧重制造业两化融合的一些具体问题，而对驱动制造业转型升级这一系统性问题的研究略显不足。尤其是国内研究在理论基础、融合动因、评价指标、实施体系等方面存在不足。例如，在理论基础方面，内外集成驱动理论尚没有解决外部环境驱动理论与内部结构驱动理论关于资源流动性假设矛盾的问题。在研究内容方面，尽管能够利用一套科学的评价指标体系对我国与发达国家两化融合水平进行客观比较，也能够提出利用两化融合驱动制造业转型升级的对策，但是对我国不同区域、不同制造业行业两化融合水平差异及形成原因未能进行深入研究。

总体来看，当前的理论研究方向符合两化融合的发展现实，尤其是信息技术、互联网技术的快速发展，已给制造业领域的方方面面带来深远的影响。未来的研究应该首先解决两化融合与其驱动因素之间的关系问题，在充分考虑制造业行业特征和地区差异性基础上，客观分析两化融合促进制造业生产组织方式变革、竞争优势重塑，以及绿色发展的机制、效果和路径。

参考文献

[1] 李毅中. 坚持扩大投资与调整结构并重[J]. 求是，2009，(2)：18-20.

[2] 谢康，肖静华，乌家培. 中国工业化与信息化融合的环境、基础和道路[J]. 经济学动态，2009，（2）：34-40.

[3] Greenstein S，Khanna T. What does industry convergence mean?[A]//Yofee D B. Competing in the age of Digital Convergence[C]. Boston：Havard Business School Press，1997：201-226.

[4] Garcia-Murillo M A，Macinnes I. FCC organizational structure and regulatory convergence[J]. Telecommunications Policy，2001，25（6）：431-452.

[5] Bally N. Deriving Managerial Implications from Technological Convergence Along the Innovation Process：A Case Study on the Telecommunications Industry[R]. Swiss Federal Institute of Technology，2005.

[6] Kaemarkar U S. The global information economy， service industrialization and the UCLA BIT project[J]. Service Science，Management & Engineering，2010，（7）：243-250.

[7] 邓崧，白庆华. 企业信息化对企业效益和内部机制的影响[J]. 同济大学学报（自然科学版），2005，（5）：701-705.

[8] 邹生. 信息化与工业化融合的内涵、难点和对策探讨[J]. 机电工程技术，2008，37（7）：13-18.

[9] 俞立平，潘云涛，武夷山. 工业化与信息化互动关系的实证研究[J]. 中国软科学，2009，（1）：34-40.

[10] 谢康，肖静华，周先波，等. 中国工业化与信息化融合质量：理论与实证[J]. 经济研究，2012，（1）：4-16.

[11] 肖静华，谢康，周先波，等. 信息化带动工业化的发展模式[J]. 中山大学学报，2006，（1）：98-104.

[12] 张海涛，辛立艳. 信息化与工业化微观层面融合的价值计量分析[J]. 学习与探索，2009，（4）：174-175.

[13] 杨学山. 要在实践中推进“两化融合”[J]. 信息系统工程，2010，（7）：11-14.

[14] 张玉柯，张春玲. 信息化与工业化融合的融合评价研究[J]. 河北大学学报，2013，（7）：39-43.

[15] 米增渝. 信息化与中国农村新型工业化[J]. 中国软科学，2012，（6）：43-50.

[16] 陈石，陈晓红.“两化融合”与企业效益关系研究——基于所有制视角的门限回归分析[J]. 财经研究，2013，（1）：103-111.

[17] Vu K M. ICT as a source of economic growth in the information age：empirical evidence from the 1996-2005 period[J]. Telecommunications Policy，2011，35（4）：357-372.

[18] Ahmed E M，Ridzuan R. The impact of ICT on East Asian economic growth：panel estimation approach[J]. Journal of the Knowledge Economy，2013，4（4）：540-555.

[19] 王亚男. 两化融合中我国制造业的机遇、挑战与发展[J]. 北京邮电大学学报（社会科学版），2011，（4）：75-82.

[20] Valckenaers P, van Brussel H. Holonic manufacturing execution system[J]. CIRP Annals Manfacturing Technology, 2005, 54（1）: 427-432.

[21] Pellicciari M, Andrisano A O, Leali F, et al. Engineering method for adptive manufacturing systems design[J]. International Journal on Interactive Design and Manufacturing, 2009, 3（2）: 81-91.

[22] Michel R. Adaptive manufacturing moves in[J]. Modern Materials Handling, 2006,（9）: 29-31.

[23] Banerjee T, Seivastavar R K. Evaluation of environmental impacts of Integrated Industrial Estate-Pantnagar through application of air and water quality indices[J]. Environ mental Monitoring & Assessment, 2011, 172（1~4）: 547.

[24] Moosa I, Li L, Naughton T. Robust and fragile firm-specific determinants of the capital structure of Chinese firms[J]. Applied Financial Economics, 2011, 21（18）: 1331-1343.

[25] 刘吉超，庞洋. 两化融合背景下制造业竞争力的提升路径[J]. 未来与发展，2013，（11）：69-73.

[26] 马汉武，王跃，王建华，等. 面向两化融合的自适应制造模式[J]. 计算机集成制造系统，2013，（3）：588-595.

[27] Ross J W, Beath C M, Goodhue D L. Develop long-term competitiveness through IT assets[J]. Sloan Management Review, 1996,（4）: 31-42.

[28] Zhang M J, Lado A A. Information systems and competitive advantage: a competency-based view[J]. Technovation, 2001, 21（3）: 147-156.

[29] Trivieri F. Understanding the determinants of information technology adoption: evidence from Italian manufacturing firms[J]. Applied Economics, 2007, 39（10）: 1325-1334.

[30] 田洁. 基于信息技术的竞争战略管理[J]. 中国信息导报，2000，（2）：59-60.

[31] 余伟萍，胡万华. 以信息为基础的企业竞争力策略分析[J]. 经济体制改革，2002，（6）：58-61.

[32] 沈裕谋，张亚斌. 两化融合对中国工业绿色全要素生产率的影响研究[J]. 湖南科技大学学报（社会科学版），2014，（3）：70-77.

[33] 张亚斌，金培振，沈裕谋. 两化融合对中国工业环境治理绩效的贡献——重化工业化阶段的经验证据[J]. 产业经济研究，2014，（1）：40-50.

[34] 樊茂清，郑海涛，孙琳琳，等. 能源价格、技术变化和信息化投资对部门能源强度的影响[J]. 世界经济，2012，（5）：22-45.

走向智慧政府：信息技术与权力结构的互动机制研究

——以浙江省“四张清单一张网”改革为例

周　盛

（浙江省社会科学院公共政策研究所，浙江杭州，310003）

摘　要：当电子政务的发展进入更高阶的智慧政府阶段，信息技术的革新与权力结构的调适是否适配决定了最终的治理绩效。浙江省“四张清单一张网”改革将简政放权与政务服务网建设深度融合的实践证明，在我国现有的政治生态下，智慧政府建设应当首先在价值层面形成服务导向的共识；在组织层面以信息技术的发展为政府权力边界和纵横结构的调整提供动力和可持续的约束力，权力结构及时转变为协同网络结构，能够为数据整合与共享扫清障碍，使信息技术对治理绩效的正效应得以充分释放；在行为层面，技术升级和权力结构调整的目的是让数据在决策、执行、监督等各个环节发挥基础性作用，从而确保治理行为的民意导向、法治导向和绩效导向。

关键词：智慧政府；权力结构；信息技术；治理绩效

Toward the Government of Wisdom:The Interaction Mechanism Between Information Technology and Power Structure —Take the Reform of "Four Lists and One Net" in Zhejiang Province as an Example

Zhou Sheng

(Institute of Public Policy, Zhejiang Academy of Social Sciences, Hangzhou 310003, China)

作者简介：周盛（1978—），女，汉族，浙江宁海人，管理学博士，助理研究员，主要研究方向为公共政策分析。

Abstract: When the development of e-government into the higher stage of the wisdom of the government stage, the reform of information technology and the allocation of power structure is the decision to determine the final governance performance. Zhejiang Province, "four list of a net" reform will be decentralization and government service network construction of the depth of the integration of practice proved that in our existing political ecology, the wisdom of government construction should first form a value-oriented service-oriented consensus; At the organizational level, the development of information technology provides power and sustainable binding for the adjustment of government power boundary and vertical and horizontal structure. The power structure is transformed into a collaborative network structure in time. It can clear the obstacles to data integration and sharing and make information technology The positive effect is fully released.

Key words: Wisdom government; Power structure; Information technology; Governance performance

英国经济学家、诺贝尔经济学奖得主约翰·希克斯在《经济史理论》一书中回溯了发端于英国的第一次工业革命，他认为“技术”是革命所需的必要条件，而紧随其后的“金融革命”才是工业革命得以真正发生的充分条件[1]。这一定理在信息时代的政治领域同样适用——当信息技术给政府治理带来变革契机和推动力量时，政府自身核心特质“权力结构”的调适是否与信息技术的发展相耦合，决定了治理的未来走向。浙江省近年来努力探索的“四张清单一张网”改革恰为我们分析信息技术与权力结构的互动机制提供了生动的实证样本，其中的经验亦可成为我国从电子政府走向智慧政府的良好借鉴。

一、对信息技术与权力结构关系的理论探索

技术革命引发人类组织模式及权力关系的重大变化，这一命题已被大量的历史学考察所证实。时至今日，诚如杰里米·里夫金在《第三次工业革命》一书中指出，相较于第一次和第二次工业革命集中化的科技平台和垂直整合的通信媒介，第三次工业革命彻底改变了“传统的金字塔式的由上而下组织起来的权力结构，即将到来的互联网技术与可再生能源的结合而释放的合作性权力将从根本上重构人类的关系，人类即

将进入一个分散的、合作式的、网络化的泛大陆政治空间”[2]。如此宏大叙事的研究成果让我们迅速地把握了时代的特质，不同学科的学者们在这一现实背景下从不同路径展开更为精准的理论探索。

（一）组织学路径的官僚体系结构化研究

作为官僚制组织理论的创始者，马克斯·韦伯为后人研究官僚制的结构提供了主要的分析框架，他认为官僚制理想类型的核心特征是层级节制的权力体系和专家行政，这种权力结构在发展过程趋于稳定，甚至扩张的秘密在于“任何官僚体制还企图通过对它的知识和意图保密的手段，提高从事职业内行的这种优势。官僚体制的行政管理按其倾向总是一种排斥公众的行政管理。官僚体制只要有可能，就向批评界隐藏它的知识和行为。”[3]换言之，在当时的技术条件下，信息的垄断是维护官僚制权威的必要手段。尽管当今信息技术迅速发展，韦伯的官僚制组织理论与时代潮流格格不入，但其将信息作为影响官僚组织结构的变量之一成为这一领域的重要视角，后继学者对理性官僚制的摒弃和超越也是在这一视角之下展开的。例如，安东尼·唐斯认为，造成大型官僚组织中行为不协调的原因是个人获取知识信息能力的技术局限性，官僚等级组织“垂直”或“扁平”的程度取决于信息传递效率与管理幅度有效性之间的均衡。当然，唐斯也提出了对“信息超载”的担忧，他认为“当在特定时间范围内官僚组织的信息总量急剧增加时，大型的官僚组织几乎不可能维持同样的信息质量水平”[4]。

事实证明，信息技术日新月异的发展，确实使国家组织中的权力结构正在经历一个去中心化和结构重组的过程，但并没有如唐斯所言陷于信息爆炸的危机。随着云计算和大数据挖掘技术的发展，“数据开放运动”正在全球范围内引发一场继 20 世纪 70 年代以英、美为首的西方国家兴起的第一次政府再造运动之后的第二次政府再造运动。“信息技术的引入使政府的组织体系发生了变化，它需要政府管理从过去的科层化体系转变为网络化的和以技术为依托的新组织框架”[5]。而且这种组织结构的变革是全方位的，可能涉及权力结构的外部边界，也可能是其内部纵向与横向的调适。

（二）技术路径的电子政务发展阶段研究

伴随着中国 20 世纪 80 年代以来兴起的办公自动化（office automation，OA），“电子政务”不仅为各级各类政府提高效率提供了技术化解决方案，也逐渐进入了社会科学研究的视野。其中，大量关于电子政务发展阶段模型的研究，客观呈现了电子政务在各国的实际进展及发展趋势。在梳理电子政务发展脉络的相关研究中，学者日益认识到“仅仅以技术促进发展的方法通常是不正确的”[6]，“权力、利益相关者及其相互依赖关系也是非常重要的变量”[7]。尤其是在以中国为代表的政治体制之下，政府自身的转型，特别是权力结构的变革是电子政务向纵深发展的关键条件。

技术领域与政治学科的跨界对话，对中国当前电子政务发展的困境给出了更为贴切的本土化解释。在中国从“电子政府”走向“智慧政府”的过程中，必须在数据整合的基础上进一步完成流程的整合、服务的整合，“从边际成本递增、边际效益递减的官僚组织形态，转变为边际成本递减、边际效益递增的扁平组织”[8]。以中国社会科学院信息化研究中心为代表的研究所大量实证研究证明，这种官僚组织结构的转型在现实中并不均衡，存在“纵强横弱”的问题（即纵向部门的信息协调能力较强，而部门间横向的协调整合较难实现），造成电子政务在 G2G（government to government，即政府对政府）维度上的绩效满意度显著高于 G2B（government to business，即政府对企业）和 G2C（government to citizen，即政府对公民）[9]。因为权力结构转型的滞后性，电子政务的正效应仍限于政府系统内部有限的流程优化和效率提升。

（三）政治学路径的治理能力现代化研究

治理理论的兴起，是社会科学各学科共同学术旨趣的成果，也很可能是社会科学领域开始全面打破学科界限的一个标志[10]。特别是中共十八届三中全会将“推进国家治理体系和治理能力现代化”作为全面深化改革的总目标，“治理”不仅成为中国学界的热词，也进入了官方话语体系。这一具有强烈问题导向的理论，针对的是国家治理实践中出现的公共事务复杂化与行政机构碎片化之间的矛盾，提出的“整体性治理”（holistic governance）理想模式倡导“政府机构组织间通过充分沟通与合作，达成有效协调与整合，彼此的政策目标连续一致，政策执行手段相互强化，达到合作无间的目标的治理行动”[11]。这种治理理念与现时代信息技术（特别是大数据技术）强调共享性、协同性的社会属性不谋而合；高度开放和流动的数据信息也为多中心、水平化治理体系的形成提供了现实的压力与动力。

具体而言，当现代信息技术解构了既有的信息传播方式、舆论运行规律时，也颠覆了原有的公共事物治理模式。作为国家治理主体的政府在行为模式上不再是一个权力支配的过程，而是努力塑造一种治理主体之间、治理主体与治理客体之间普遍合作的协同治理模式。换言之，信息技术的发展在改变治理环境后，由外而内地倒逼治理模式的革新；同时也为提高治理绩效提供一种不可或缺的新兴治理资源，是优化治理手段和治理过程、切实推进国家治理现代化的有效媒介[12]；我国行政改革在权力结构上的调整，包括大部门制、一站式服务的落地和产生实效都是以信息服务、数据共享为前提的[13]。

不同理论路径的研究殊途同归，将信息技术与权力结构作为高度相关的变量一起纳入了治理体系与治理能力的研究之中。但是，信息技术的发展究竟如何形塑着权力结构？权力结构的优化又如何为技术的运用提供更为广阔的制度空间？两个变量之间的互动机制还需要更为深入具体的解释。

二、“四张清单一张网”的浙江样本

近年来，浙江省在国内率先推进以“四张清单一张网”（即厘清行政权力清单、推行政府责任清单、实施企业投资负面清单、推行专项资金管理清单、打造浙江政务服务网）为主要抓手的行政改革，将简政放权与电子政务建设统筹部署、协同推进，使信息技术与权力结构两个变量发挥正向的交互作用，为地方政府治理体系与治理能力现代化建设提供更具系统性和时代性的解决方案。就理论研究而言，自 2009 年 IBM 提出“智慧城市”（smart city）以来，“智慧政府”逐渐成为取代“电子政务”的更高阶的概念，但对其建设路径的探索中单纯技术导向的思维方式日显乏力，浙江省双管齐下的变革让我们在两个变量的互动中更为清晰地看到了智慧政府在价值、组织、行为层面的特征。

（一）服务导向：智慧政府的价值整合

作为一种政府治理的理想模型，“智慧政府”区别于电子政务的本质特征在于它的价值导向不再囿于行政系统自身的效率，而是回归到了政府存在的本源——公共服务。以向公众提供智能、全面、优质、个性化的公共产品和服务作为政府的首要职能，势必引导政府对信息技术的应用均以用户为导向，用户体验的便捷性理应优先于政府管控的有效性；更为重要的是清晰明确的服务导向，使各级各类政府和其他公共事物的治理主体能够摒弃自身利益的狭隘诉求，在价值层面达成共识的基础上，最大限度地消减多元主体之间的分歧和矛盾，从而为权力结构的调整扫清障碍。

浙江省自 2013 年 11 月开始构建的全省范围的权力清单制度，目标定位于“打造审批事项最少，办事效率最高，投资环境最优的省份”，强调的就是作为行政相对人的市场主体的权益。2014 年 6 月正式上线运行的浙江政务服务网，在名称、界面、内容等方面都显著区别于传统意义的政府门户网站，力图通过“四个集中”，即权力事项集中进驻、网上服务集中提供、政务信息集中公开、数据资源集中共享，使网站成为公共服务资源集聚的“网上政务超市”，真正为网民提供一站式、一体化的服务。

浙江省在“四张清单”制度和政务服务网建设中不谋而合的价值导向，并没有停留在理念层面，而是渗透到了改革落地生根的各个环节。在政府职能界定环节，浙江省创造性地提出了“店小二”精神——也就是在减少权力事项的同时，根据市场主体的需求界定服务事项，要求各级干部针对企业的实际需求精准服务。在政府职能履行环节，在服务导向的引领之下，各级政府的线上和线下行为都发生了转变：一站式审批、全程式代管、跟踪式联系、保姆式服务等各种主动服务模式的涌现，一改传统政府“以审批代管理”、坐等企业上门的衙门作风。在考核评估环节，浙江省在建设全省统一的行政权力运行线上系统的过程中，对服务事项进行了星级评定，根据网上办事便捷程度评估行政流程。截至 2015 年底，浙江省质量技术监督局所有行政许可事项均做到了全程在线、用户零登门的“五星级”，“网上申报、信任在先、办结核验”的四星级以上行政审批事项省级达到了 50%以上、市县达到了 30%以上，极大地提升了行政流程的便民程度。

（二）协同网络：智慧政府的组织结构

简政放权一直是我国各级政府行政体制改革的主要内容，但每次减权减编总是难以跳出“一放就乱，一乱就收；一管就死，一死就放”的“放收循环”周期率，权力结构的调整缺乏足够的定力，单纯依靠制度约束也难以固化改革的成果。另外，信息技术在政府治理中的应用，也因为难以突破条块分割的壁垒，形成诸多碎片化的信息孤岛，难以发挥智慧政府整体性治理的理想绩效。浙江省“四张清单一张网”改革同时面向上述两个问题，以信息技术作为权力结构调整的动力与约束力，通过权力结构优化释放出信息技术对治理绩效的积极效应。

诚如管理学大师德鲁克所言，“我们需要一个有活力、强大的和非常活跃的政府。但是我们面临着选择，选择一个庞大的但软弱无力的政府，还是选择把自己局限于决策和指导从而把实干让给他人去做的强有力的政府”[14]。权力清单的首要作用在于限权，通过明确边界将政府“有形之手”限定在有限的范围之内。然而，这种政府的“自我革命”除了执政者理念的转变外，还需要足够外部压力的推动和持续的约束。浙江省强调“服务导向”的行政改革，使我们不再按照“自上而下”的管控思维去审视权力结构，而是从用户端出发、借助信息技术的力量优化权力结构。

从纵向结构看，以2013年开始的“征求省政府为民办实事项目的网上投票”为代表，“网络问政”的兴起和在各级政府的推广，颠覆了按行政层级逐渐上报的信息传播模式，基层群众的意见可以直接影响省级政府决策，民生领域的决策权力结构迅速转变成了扁平的网络结构，相应地，决策结果更具问题导向，也更接近群众需求。信息技术的运用使浙江省政府组织体系逐渐呈现出智慧政府“网络化、分布式、小型化、开放性及自下而上等方面的特征”[15]。

从横向结构看，强调用户体验的“政务服务网”在建设过程中，倒逼政府对原有的机构职能进行了优化整合。以商事登记制度改革为例，浙江省之所以能率先推行“一表申请、一窗受理、一次告知、一份证照”的“五证合一”登记制度，一方面是为了加速“大众创业、万众创新”的价值导向，另一方面是基于审批信息共享平台的政府职能梳理与整合，使原本分散在工商、质监、国税、地税、人力社保、统计等部门的职能统一在了同一个对外服务窗口上，各部门面向同一服务事项形成了高效的协同网络。

从可持续性看，“四张清单”本身自成体系，突破了以往简政放权改革局限于“编制”的思路，职权的削减或下放与责任清单、财政专项资金管理清单配套，确保了权力结构的系统性。同时，省、市、县同步在政务服务网上公布清单，内容包括权力事项及其法律依据、具体流程，并设咨询、投诉、调查等政民互动版块，为有效的外部监督提供了可及的平台；政务服务网的后台实现了行政权力事项管理系统与电子监察系统、财政专项资金管理系统、经济运行监测系统的数据共享，形成综合监测分析平台，在大数据技术支持下实现了对权力事项目录式、动态化的精准监管，并借由信息技术形成的内、外两种监督力量，有效抑制了权力精简下放后的再度膨胀。

浙江省“四张清单一张网”的改革实践同时也证明信息技术对权力结构的影响并不是单向的。电子政务推进过程中常见的“重复建设”“信息孤岛”等弊端无法通过技术本身的革新而改变，权力结构与新技术条件下信息传播方式是否匹配决定了改革的最终绩效。“浙江政务服务网”将原有的各部门、各地区、各层级政府门户网站整合为统一的网络平台，真正实现注册用户“统一认证、统一申报、统一查询”，到任何部门办事都不必二次登录的一站式运行。其实现过程中不仅需要技术的支持，关键是权力结构的调整使不同节点的权力能在同一体系下对接运转。这主要得益于“四张清单”标准化的设计，权力清单按照“可考量、可评估、可比较”的要求，明确部门清单必须按统一格式列明职权名称、事项类型、实施主体、法律依据、承办机构、运行流程，再逐条逐项编号进行分类登记[16]；责任清单重点对涉及多部门管理的事项进行了梳理，明确相关部门的职责边界。这不仅有效规避了消极的“踢皮球”现象，更重要的是明确了相关部门在权力网络结构中的“交点”。如此清晰的组织结构设计，使不同层级、不同部门的协同治理不仅必须，而且可能，扫清了数据整合与共享的诸多障碍，使信息技术对治理能力现代化的正效应得以充分释放。

（三）循数治理：智慧政府的行为模式

涂子沛在其著作《大数据》中提出“数据治国”的概念，大致描述了信息技术发展对政府治理模式的影响，他指出，“大数据时代，更关注的是动态的数据、系统化的数据，以不间断‘流’的形式存在的、成片的、活的数据……政府要凭借对这些数据的有效收集、处理和分析来治理国家”[17,18]。为形成智慧政府应有的这种行为模式，让数据的应用在政府决策、执行、监督的各个环节发挥基础性作用，技术的升级和权力结构的调适同样重要。

在决策环节，循数治理确保了民意导向。浙江政务服务网专门设置“政民互动”版块，针对近期重要的公共决策广泛开展意见征集、在线调查、网上评议等活动，并配套建立有统计专项调查部门参与的公众意见收集、处理、分析机制。特别是在民生领域，每年两会前夕，省长都会在政务服务网上征求群众对民生实事的意见，在数据分析后梳理出民生实事候选项目，再进行网上公开投票，最终将投票结果作为民生领域公共决策的主要依据。信息平台和大数据技术拉近了公共服务供需双方的距离，民意成为影响公共资源配置的重要变量。同时，政务服务网后台运行的经济运行监测系统和地理空间数据管理系统，围绕经济、社会、人口等基本指标，进行即时数据的全面汇聚、动态展示和比对分析，为各级政府的科学决策提供了可靠的数据支持。信息技术的运用不仅对提高决策民主化和科学化水平具有工具性的意义，由其推动的决策权力结构从条块分割的块状结构向以综合协调部门为节点的网状结构的转变，将民意作为影响政策的关键变量，也在一定程度上消减了部门利益对公共决策的影响，确保了决策设计和实施过程中的协同性。

在执行环节，循数治理强调了法治导向。在体现民意的政策制定出台后，循数治理方案在确保各级政府及其职能部门的权力能够始终运行在法治的轨道之上，确保政策目标的实现上，充分发挥了对权力的持续约束力。以环境监管为例，伴随着简政放权改革的深入，基层环保部门容易出现排污费弹性征收、环境违法选择性处罚等变异的执行行为。浙江省政务服务网在“公共数据开放”版块，实时公开《环境状况公报》、《水环境质量周报》和《空气日报》等环境质量的基础数据以及环评审批、环境保护行政处罚信息，使基层环保部门的权力运行全过程“数据留痕”，加之相关实时动态监测技术的日渐成熟，环境监管行政行为全程“晒”在上级主管部门监管和公众监督的阳光之下，权力变异的可能性大大降低。这一案例也证实了权力结构调整后，信息技术的应用不仅有固化其改革成果的作用，还能对权力的具体运行起到约束和矫正作用。

在监督环节，循数治理突出了绩效导向。如果说权力清单和企业投资负面清单从正反两方面管住的是政府“乱作为”的有形之手，那么浙江省通过责任清单对事中、事后监管制度的完善，实现的是对政府“不作为”现象的发现和矫治；财政专项资金管理清单通过“绩效跟踪-问责”机制的设计，将绩效评价结果作为预算安排和调整管理的依据，对提高专项资金的使用绩效是一种“强刺激”；政务服务网通过政务服务评价系统与电子监察系统的对接，实现了对全省网上运行的权力事项开展全流程监督和一站式效能监察。“四张清单一张网”这种绩效导向的系统性监督方案，用数据技术使“制度的笼子”更为紧密，引导权力行为在法治的轨道上向着“善治”的目标健康运行。

三、走向善治的智慧政府

作为电子政务升级版的“智慧政府”，是指以公民需求为导向，深度运用大数据、云计算、物联网等信息技术对现有治理资源进行优化重组，政府组织结构及运行流程持续改进，为公民提供无缝隙、智能化、个性化公共服务的政府治理模式。浙江省“四张清单一张网”的改革实践，使网上与网下联动，将技术革新与行政体制改革深度融合、统筹部署，对我国地方政府构建善治的智慧政府具有本土化的借鉴意义。第一，以提供更优质的公共服务作为政务信息化建设与政府组织变革统一的价值诉求，从源头上根治“碎片化”治理。第二，以信息技术革新为先导，为政府权力边界和纵横结构的调整提供动力，并借由信息技术形成内、外两种监督力量，为权力结构的调整提供可持续的约束力。第三，权力结构及时转变为协同网络结构，能够为数据整合与共享扫清障碍，使信息技术对治理绩效的正效应得以充分释放。第四，在动态的行为过程中，技术升级和权力结构调整的目的是让数据在决策、执行、监督等各个环节发挥基础性作用，从而确保治理行为的民意导向、法治导向和绩效导向。

“四张清单一张网”的浙江实践具有典型示范意义，它在先行先试的过程中暴露出的问题也必须深入分析和解决。在迈向善治的智慧政府道路上，“四张清单一张网”的改革还可以在以下几方面加以完善和深化，使信息技术的升级与权力结构的优化良性互动，真正发挥促进治理体系与治理能力现代化的合力。

首先，要加快推进“四张清单一张网”向基层、向纵深的延伸。乡镇政府作为我国行政体系中最末端的层级，直接与公共服务对象接触。“四张清单”和政务服务网只有延伸到乡镇层级，才能构建完整意义的智慧政府。从改革至今的实效看，浙江省统计局2015年底开展的企业问卷调查显示，知晓“四张清单一张网”改革内容的企业仅占被调查企业的44.57%，但在知晓群体中对“四张清单一张网”改革举措持认可态度的高达99.40%。这种低知晓、高满意的用户体验，一方面，是因为改革项目实施过程中宣传普及工作不到位，造成“酒香也怕巷子深”；另一方面，现有的清单和网络仅覆盖省市县三级，大量需要基层政府提供的公共服务和权力事项尚未纳入改革范畴，致使企业和群众在基层政府办事过程中尚未接触清单和政务服务网。因此，“四张清单一张网”改革的深入首先要从拓展改革的范围入手，从三级联动延伸到五级联动。从试点情况看，基层政府的清单和网络建设不能是上级改革的简单复制，上下同构的清单在基层难以落实。尤其是服务事项的梳理，必须立足本地实际，依托信息技术汇集民意，并在大数据分析的基础上对公共服务资源配置进行优先排序。“四张清单一张网”在基层的落地生根，要在贴近民意、满足当地群众个性化需求的同时以统一的数据格式纳入政务服务网的数据库，为上级政府的决策提供丰富的一手数据。

其次，要强化清单的标准化建设，提高治理体系的整体协同性。“四张清单一张网”改革成效的重要标志是权力事项与服务事项的全流程在线运行。从目前实施情况看，省级部门行政权力已从1.23万项精简至4 092项，省级财政转移支付专项已由235个整合调整为56个。那么接下来还要不要继续“减权”？精简之后的清单如何从线下走到线上？这些问题的解决都取决于清单的标准化程度。现按统一格式编制的“四张清单”还须对权力事项的法律依据进行横向比较，通过关联分析发现不同权力主体的积极冲突或消极冲突，确保权力结构无重叠、无缝隙；要对每一项权力事项和服务事项的运行流程和绩效评估进行标准化管理，以结构化的数据形式纳入政务服务网。通过标准化重构和固化权力事项，使行政权力的行使过程和结果可控，同时为部门及公务员的考核、相关决策的制定提供可靠的数据支持。更重要的是，标准化建设将使权力结构的动态调整和信息系统的横向整合有了可以对接运转的节点，线上线下治理体系的协同性都将大大提升。

最后，要提升政务服务网的用户体验和数据资源深度开发能力。信息技术对治理绩效的促进作用必然受到硬件设备的约束，对内会影响政府利用数据的能力，对外会影响用户使用新兴政务平台的意愿。从用户视角看，要提高改革的受益面，一方面可以根据用户获取信息的习惯与条件，开发可应用于更便捷、更普及终端的信息系统，如应用于手机客户端的政务服务 APP 等；另一方面，在网络和智能手机都无法普及的群体中，可参照阿里巴巴的“千县万村计划”，在现有的村或社区公共服务中心设置线下的政务服务站点，由村社干部或志愿者帮助无法使用互联网的群体享受政务服务网带来的便利。从政府视角看，原有的办公自动化和电子政务建设过程中，政府的信息系统中沉积了大量的数据资源；现有各部门和各层级政务信息系统中也有相当一部分无法共享的数据资源。在上述通过清单标准化提高数据结构性的基础上，以政务云平台为载体，积极依托各方面专业力量开展数据挖掘分析，实现跨部门、跨层级信息的充分汇聚与比对应用，是当前提高治理绩效的可行之举。

参考文献

[1] 希克斯 J. 经济史理论[M]. 厉以平译. 北京：商务印书馆，1999.

[2] 里夫金 J. 第三次工业革命：新经济模式如何改变世界[M]. 张体伟，孙豫宁译. 北京：中信出版社，2012.

[3] 韦伯 M. 经济与社会（下卷）[M]. 林荣远译. 北京：商务印书馆，1997.

[4] 唐斯 A. 官僚制内幕[M]. 郭小聪，等译. 北京：人民大学出版社，2016.

[5] Mehdi A. Digital government and its effectiveness in public management reform：a local government perspective[J]. Public Management Review，2005，7（3）：465-487.

[6] Davenport T H，Prusak L. Information ecology: mastering the information and knowledge environment[J]. Academy of Management Executive，1997，15（3）：86-90.

[7] Bekkers V，Homburg V. The Information Ecology of E-Government：E-Government as Institutional and Technological Innovation in Public Administration[M]. Amsterdam: IOS Press，2005.

[8] 刘耀，谢华. 地区电子政务及其发展环境的阶段模型[J]. 深圳大学学报（人文社会科学版），2005，（5）：56-60.

[9] 汪向东. 我国电子政务的进展、现状及发展趋势[J]. 电子政务，2009，（7）：44-68.

[10] 王诗宗. 治理理论及其中国适用性[M]. 杭州：浙江大学出版社，2009.

[11] Leat D，Stoker G. Towards Holistic Governance：The New Reform Agenda[M]. New York: Palgrave，2002.

[12] 郭建锦，郭建平. 大数据背景下的国家治理能力建设研究[J]. 中国行政管理，2015，（6）：73-76.

[13] 韩兆柱，翟文康. 大数据时代背景下整体性治理理论应用研究[J]. 行政论坛，2015，（6）：24-29.

[14] 奥斯本 D，盖布勒 T. 改革政府[M]. 周敦仁，等译. 上海：上海译文出版社，1996.

[15] 陈振明. 政府治理变革的技术基础——大数据与智能化时代的政府改革述评[J]. 行政论坛，2015，(6)：1-8.

[16] 浙江省人民政府. 浙江省人民政府关于全面开展政府职权清理推行权力清单制度的通知[EB/OL]. http://www.zj.gov.cn/art/2014/4/art-12460-142801.html，2014-03-27.

[17] 涂子沛. 大数据：正在到来的数据革命[M]. 桂林：广西师范大学出版社，2012.

[18] 涂子沛. 大数据推动精细决策[N]. 人民日报，2015-04-09.

信息消费水平测度指标体系研究

——基于浙江省的数据*

屈兴龙

（杭州电子科技大学浙江省信息化与经济社会发展研究中心，浙江杭州，310018）

摘　要：我国目前越来越重视信息消费对拉动内需、促进经济增长的巨大作用，各级政府都出台了相应的激励政策。本文深入挖掘信息消费的内涵，然后结合我国的经济和社会发展现状，从信息消费规模、信息基础设施建设、信息消费市场健康活跃程度、电子商务水平四个方面构建了信息消费水平测度指标体系，最后以浙江省的数据为例进行了实证分析。

关键词：信息消费；指标体系；信息消费规模；信息基础设施；市场健康活跃程度；电子商务

Research on Measurement Index System of Information Consumption Level

—Based on Data from Zhejiang

Qu Xinglong

（Information Technology and Economic and Social Development Research Center Hangzhou Dianzi University，Hangzhou 310018，China）

Abstract：China is more and more attention to information consumption to stimulate domestic demand，promote economic growth，the role of all levels of government have introduced the

---

* 基金项目：国家自然科学基金项目（编号：71701058）。

corresponding incentive policies. This paper deeply explores the connotation of information consumption, and constructs the information consumption level index system from four aspects: the consumption level of information, the construction of information infrastructure, the health active degree of information consumption market and the level of e-commerce, in the light of the present situation of economic and social development in China, Taking the data of Zhejiang Province as an example to carry on the empirical analysis.

Key words: Information consumption; Index system; Information consumption scale; Information infrastructure; Market health activity level; E-commerce

近年来，随着信息技术的不断创新发展，信息产品和信息服务的消费量也呈现出爆炸式增长。研究表明，在全球范围内信息消费每增加 100 亿元，就能带动国民经济增长 300 多亿元。当前，我国经济发展正处于转型关键期，传统上依赖投资和出口拉动经济增长的发展模式面临越来越多的困难和挑战。2013 年 8 月，国务院出台了《关于促进信息消费扩大内需的若干意见》(以下简称《意见》)，提出要通过促进信息消费来拉动国内需求，催生新的经济增长点，推动经济转型和民生改善。2016 年 7 月中共中央办公厅和国务院办公厅发布的《国家信息化发展战略纲要》中进一步强调了发展信息消费对我国实现经济长期稳定发展、提质增效的重要意义。一系列政府文件的出台不仅为信息消费的发展提供了政策保障，还指明了发展的方向和战略部署。《意见》特别指出要“科学制定信息消费的统计分类和标准，开展信息消费统计和监测”。本文在深入理解信息消费内涵及信息消费发展新形势的基础上，构建了信息消费指标体系。考虑到数据的可靠性、可操作性和可获取性，我们的指标构成全部来自于官方或者权威第三方机构公开发布的数据，这就保证了整个指标体系的可靠性和实用性，也有利于以后开展跟踪研究。

一、文献综述

政府的重视成为信息消费发展的有利条件，但是目前学者及相关政策的制定者们对信息消费的内涵并没有形成统一的意见。郑英隆认为信息消费是社会各种类型决策者将现有的有关决策的信息进行消化吸收，并通过若干转换加工形成行动方案决策或思想决策的过程，这一界定侧重于信息支持决策的功能[1]。贺修铭对此做了进一步的研究，将其定义为社会信息生产和交流过程的延续，认为其是信息消费者获取信息、认知信息内容和再生信息等基本环节构成的社会活动[2]。王兴全则将信息消费分为了终端设备、网络接入、促成软件、信息内容指引四大类，并对信息消费产业链进行了分析[3]。当前，国家层面主要采纳了消费经济学的定义，即“直接或间接以信息产品和信息服务为消费对象的消费活动”。在该定义里面，按照工业和信息化部的“6+4”体系，即信息产品消费包括6项硬件产品（功能手机、智能手机、平板电脑、微型计算机、智能电视、IPTV机顶盒），信息服务消费包括4项服务（语音服务、互联网接入服务、信息内容服务、软件应用服务）。北京市在此基础上提出了“4+3”新型信息消费体系，其中包括4类新型产品（智能手机、平板电脑、智能电视、IPTV机顶盒）及3类信息服务消费（移动互联网接入服务、信息内容服务、软件应用服务）。赵付春指出随着新一代互联网、云计算、大数据、物联网等的快速发展，未来的信息消费模式还将更加多样化[4]。

《意见》中提出目前学者们对信息消费水平统计监测的研究还比较少，主要的工作有以下几个。第一，朱红就信息消费过程中的信息消费主体（信息消费者）、信息消费客体（信息产品及服务）及信息消费保障因素（信息市场、信息消费政策、法律、法规）三个方面的测度方法进行了讨论[5]。第二，王梦云和李旭辉分析了信息消费主体、信息消费客体和信息消费环境三个结构性要素[6]，在此基础上构建城镇居民信息消费水平评价指标体系，并利用AHP（analytic hierarchy process，即层次分析法）方法确定了权重，提供了城镇居民信息消费水平综合指数的计算方法。第三，王秋文和郑建明以江苏省为例，以两化融合水平、信息网络现状、硬件和软件发展水平、信息技术水平及网络用户现状为切入点，从宏观层面对网络信息消费进行测度，以更加充足的数据真实反映了江苏省网络信息消费水平[7]。2015年5月，复旦大学和京东研究院联合发布了复旦-京东信息消费指数。该指数由消费者行为与信心指数、电子商务行业景气度指数及电子商务便利度指数三个子指数加权组成，能够揭示不同地区电子商务消费情况。此外，学者们在研究信息消费与经济社会发展之间的关系时，也提出了各种统计标准。例如，郑丽和唐守廉将城镇与农村居民消费支出中的通信支出与文教娱乐支出之和作为信息消费水平的测度标准[8]。张红历和梁银鹤则以城镇居民人均交通、通信、教育、文化娱乐用品、文化娱乐服务消费之和为人均信息消费支出，表示城镇居民信息消费水平[9]。

综合来看，由于学者们对信息消费内涵有着不同理解，所以对信息消费水平的测度方法也就存在比较大的差异。本文首先结合国内外的发展经验，对信息消费的内涵做进一步阐述，其次结合我国发展信息消费重要战略意义，以此为基础构建信息消费水平测度指标体系。

二、信息消费内涵

关于信息消费的内涵研究开始较早。郑英隆认为信息也是一种商品，是用于支持人们做出科学合理的决策的要素[1]。贺修铭在此基础上，进一步拓展了信息消费的内涵，认为人们获取、解读和应用信息的过程也属于信息消费。随着互联网的兴起，人们进入了信息时代，对信息消费的认识也越来越具体。王兴全[3]、赵付春[4]等从行业和产品的属性对信息消费的内涵进行了更进一步的阐释。

从国务院发布的《意见》来看，信息消费具有非常丰富的内涵。从大的指标看，信息消费水平的高低应该取决于信息消费规模、信息基础设施建设情况及信息消费市场的健康活跃程度。

信息消费规模是最能体现信息消费对扩大需求、促进经济增长的作用的指标，也是最能直接反映信息消费发展程度的指标。从工业和信息化部发布的数据来看，信息消费规模的统计主要包括通信业务收入、软件技术服务消费和信息终端产品消费三部分。这种统计方法比较简单明确，但是对信息消费结构的体现不够充分，也难以全面刻画信息消费水平，如在通信业务收入中，语音业务、移动数据业务、宽带业务、有线电视业务的比例对地区信息消费水平应该是有显著影响的。随着互联网的发展和应用，移动数据业务的增长意味着人们拥有更加丰富多样的信息消费活动。此外，广告业务也并不在这个统计口径之中，根据2015年艾瑞咨询的数据，当年我国的网络广告规模超过2 097亿元，比2014年增长36.1%，已经超越电视广告，成为拉动整个广告行业增长的主要力量。

信息基础设施建设是信息消费发展的硬件保障，也是进一步刺激信息消费的有力措施。在“十三五”规划纲要中，国家进一步强调要加快构建高速、移动、安全、泛在的新一代信息基础设施。其主要内容包括：完善新一代高速光纤网络，构建先进泛在的无线宽带网，统筹布局建设国家大数据平台、数据中心等基础设施。

信息消费市场的健康活跃程度不仅反映信息消费的水平，也反映了信息消费对扩大内需、促进经济发展的促进作用。同其他商品市场一样，信息消费市场的健康活跃程度也体现在信息消费供给方和需求方之间频繁的交易之中以及市场上越来越丰富多样的信息产品和信息服务。

除此之外，在《意见》中，电子商务也是发展信息消费的一个重要目标。电子商务最大的优点就在于打破了交易双方的时间和空间约束，降低了交易成本，提高了市场信息的透明度和交易效率。电子商务的发展具有巨大的经济和社会效益：可以推动制造企业和零售企业的组织方式变革，从而推动产业结构的转型升级；可以优化区域经济结构，促进全国乃至全世界大市场的形成；可以增加就业改善民生，尤其是在我国广大的农村地区，一方面通过农产品上网缩短农产品进入市场的周期，提高市场上产品的质量，另一方面也可以方便农民享用更加丰富多样的商品，提高其生活水平。

三、指标体系的构建

（一）指标体系的构建原则

同构建其他指标体系一样，构建信息消费水平测度指标体系也应遵循科学性、系统性、综合性、层次性的基本原则。此外，我们的指标体系还将紧密把握国家最新出台的各项文件精神，为我国接下来信息消费发展提供有力的决策依据。

（二）信息消费水平测度指标体系结构

根据以上对信息消费内涵的论述及各项原则，我们从信息消费规模、信息消费基础设施建设、信息消费市场健康活跃度、电子商务发展水平四个方面对信息消费的水平进行评估。

在工业和信息化部统计的信息消费规模中，主要是从经济总量的角度进行统计，没有考虑各种经济指标在衡量信息消费水平时所具备的不同代表性。

本文中，信息消费规模包含以下几个指标：人均电信业务总量，人均软件业务收入，人均电子信息产业增加值。

信息基础设施建设包含以下指标：移动电话用户数，数字电视入户率，光纤入户率，宽带普及率。

信息消费市场健康活跃度包含以下指标：网民规模，平均上网时长，3G 上网普及率，互联网普及率。

电子商务发展水平包含以下指标：人均电子商务交易额，人均电子商务采购额，有电子商务交易活动企业数，居民人均网络消费额。

四、实证研究及测度分析

（一）数据来源

本次信息消费测度指标体系实例研究以浙江省为对象，时间范围限定在2010~2015年。本文所需要的原始数据来自2010~2015年的各种统计年鉴、相关报告及权威网站，详见表1。

表1　信息消费测度指标体系及其数据来源

一级指标	一级指标权重系数	二级指标	二级指标权重系数	数据来源
信息消费规模	0.190 9	人均电信业务总量	0.052 3	浙江省统计局
		人均软件业务收入	0.072 1	《浙江统计年鉴》
		人均电子信息产业增加值	0.066 5	浙江省经济和信息化委员会
信息基础设施建设	0.188 1	移动电话用户数	0.063 2	浙江省通信管理局
		数字电视入户率	0.032 6	《中国信息化发展水平评估报告》
		光纤入户率	0.048 7	《中国信息化发展水平评估报告》
		宽带普及率	0.043 6	《中国信息化发展水平评估报告》
信息消费市场健康活跃度	0.318 2	网民规模	0.032 5	《中国互联网络发展状况统计报告》
		平均上网时长	0.102 5	《中国互联网络发展状况统计报告》
		3G上网普及率	0.103 4	《中国互联网络发展状况统计报告》
		互联网普及率	0.079 8	《中国互联网络发展状况统计报告》
电子商务发展水平	0.325 1	人均电子商务交易额	0.079 6	浙江省统计局
		人均电子商务采购额	0.084 6	浙江省商务厅
		有电子商务交易活动企业数	0.071 4	《中国统计年鉴》
		居民人均网络消费额	0.089 5	浙江省商务厅

（二）无量纲化

在上述我们选择的指标中，不同指标往往具有不同的量纲，不同性质的指标难以直接比较。因此，为了消除这种量纲差异导致的不可公度性，就必须进行无量纲化处理。在这里，我们采取基准年法进行无量纲化处理。具体做法是，选择 2010 年作为参照基准年，将该年各项指标数值赋值为 100，之后的各年同类指标除以基准年的实际数值之后再乘以 100%，从而求得各年的各项指标的数值。

（三）权重计算

在确定好指标的度量方法之后，我们应用德尔菲法和层次分析法确定各项指标的权重。我们先对各个一级指标的权重进行计算，计算得出信息消费规模的权重是 0.190 9，信息基础设施建设的权重是 0.188 1，信息消费市场健康活跃程度的权重是 0.318 2，电子商务发展水平的权重是 0.325 1。随后我们分别对各个一级指标下的二级指标的权重进行计算，将该一级指标的权重按照比例分配到各个二级指标上，得到各项二级指标权重，如表 1 所示。

五、实 证 分 析

根据表 1 中所列数据来源和指标体系，我们计算得出浙江省 2010~2015 年的信息消费指数，如图 1 所示。从图 1 中可以看出，浙江省近年来信息消费指数呈现稳步增长态势，年平均增长率达到 30.85%。

具体到各项指标，可以看出近年来浙江省的电子商务发展水平保持较快速度增长，年平均增长率达到 38%，远远高于其他各一级指标的增长速度及浙江省信息消费整体的发展速度（图 2）。众所周知，浙江省的电子商务发展水平一直走在全国的前列，部分领域是世界前列。根据 2016 年底浙江省出台的《浙江省电子商务产业发展“十三五”规划》，可以预见在未来较长时间内，浙江省依然会坚持贯彻依托电子商务促进经济发展和产业转型升级的方针政策。信息消费规模的增长速度排在第二位，年平均增长率是 32%。信息消费规模直接体现了信息消费各项内容的经济效益。信息消费市场健康活跃度的增长速度与信息基础设施建设的增长速度几乎持平，增长速度也更加平稳。相对而言，信息基础设施建设的增长速度较慢，年平均增长率是 26%，这从另一方面表明在发展信息消费的过程中，基础设施投入所带来的效益增量远远超过投入的增量。因此，在发展信息消费的过程中应该加大对基础设施建设的投入。

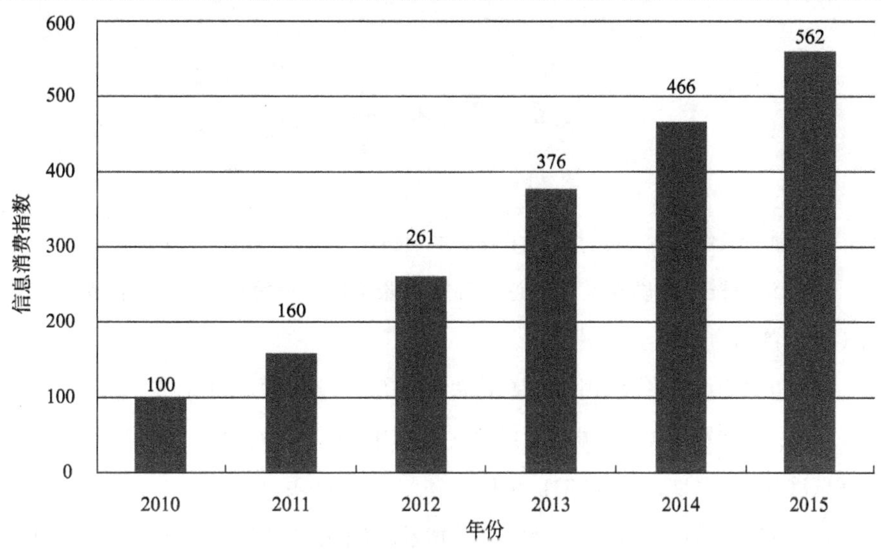

图 1　浙江省 2010~2015 年信息消费指数

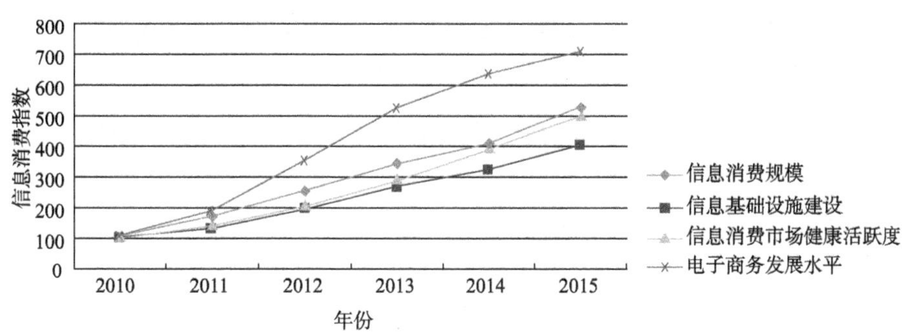

图 2　浙江省 2010~2015 年信息消费各一级指标发展指数

六、结　　语

一直以来，学者们都对信息化水平的测度方法非常感兴趣，对信息消费水平的测度方法研究较晚。目前国家在大力提倡信息消费发展，制定了相应的激励措施和发展目标，对我国信息消费发展具有重要的指导意义。相对于以往的研究而言，我们的研究能够更加直接地体现这些政策的实现情况，对接下来提高浙江省乃至全国信息消费发展水平都具有较高的价值。

参考文献

[1] 郑英隆. 信息消费论纲[J]. 上海社会科学院学术季刊，1994，（2）：51-59.

[2] 贺修铭. 信息消费概念的确立及其理论基础——兼论信息消费学的建设[J]. 图书情报工作，1996，（4）：45-51.

[3] 王兴全. 基于互联网统一平台的中国信息消费研究[J]. 社会科学，2014，（1）：42-52.

[4] 赵付春. 我国信息消费构成、影响和发展重点研究[J]. 社会科学，2014，（1）：64-73.

[5] 朱红. 信息消费水平测度方法研究[J]. 情报科学，2006，（2）：175-179.

[6] 王梦云，李旭辉. 城镇居民信息消费水平评价体系研究[J]. 农业网络信息，2014，（11）：11-14.

[7] 王秋文，郑建明. 江苏省网络信息消费水平测度研究[J]. 情报科学，2014，（3）：102-106.

[8] 郑丽，唐守廉. 居民信息消费的区域差异及与经济增长关系[J]. 北京邮电大学学报（社会科学版），2015，17（1）：62-67.

[9] 张红历，梁银鹤. 中国省域城镇居民信息消费差异分析[J]. 情报科学，2016，34（2）：9-14.

浙江省传统制造业与“互联网+”融合的战略模式研究*

陈月艳

（杭州电子科技大学浙江省信息化与经济社会发展研究中心，浙江杭州，310018）

摘 要：以互联网技术为代表的信息技术凭借其全连接、零距离及规模应用的综合优势，已形成了对制造业价值创造各环节的全面渗透。本文从浙江省传统制造业运营模式的现状及发展障碍入手，重点分析了两化融合的实现路径，对融合程度、融合态势及协同创新等进行总结归纳，并根据浙江省两化融合特点，提出了战略模式选择思路。

关键词：融合程度；生态战略；战略模式

Research on the Strategic Model of the Integration of Traditional Manufacturing Industry and “Internet +” in Zhejiang Province

Chen Yueyan

（Information Technology and Economic and Social Development Research Center Hangzhou Dianzi University，Hangzhou 310018，China）

Abstract：The information technology represented by the Internet technology with its full connectivity，zero distance and scale of the application of the comprehensive advantages，has formed a comprehensive penetration of the value of the manufacturing sector. This article from the status quo and development obstacles of traditional manufacturing industry in Zhejiang province with the operation mode，analyzes the path to realize the integration of the two，on

---

* 基金项目：教育部人文社会科学研究一般项目（项目编号：11YZC630029）。

the situation and collaborative innovation are summarized，and the degree of fusion，the fusion according to the characteristics of Zhejiang two，put forward the strategic thinking mode selection.

Key words：The degree of integration；Ecological strategy；Strategic model

制造业是国民经济的主体，是实施“互联网+”行动的主战场。根据国务院《中国制造 2025》(国发〔2015〕28 号)、《国务院关于积极推进“互联网+”行动的指导意见》(国发〔2015〕40 号) 及《国务院关于深化制造业与互联网融合发展的指导意见》(国发〔2016〕28 号)[1]等文件精神，浙江省人民政府发布了《关于深化制造业与互联网融合发展的实施意见(征求意见稿)》，就深化浙江省制造业与互联网融合发展，全面提升信息化和工业化深度融合国家示范区建设，提出具体实施意见。“互联网+”已经成为浙江省的代名词，它正以前所未有的开放、平等、多元激发着每一个浙江人创业创新的激情[2]。大数据、云计算、电子商务等颠覆性的新技术和商业模式，深刻地影响着浙江省经济发展方式和百姓生活[3]。

作为全国首个提出打造信息经济大省的省份，浙江省的信息经济发展渐渐成势，成为引领经济增长的新动能。2015 年浙江省信息化发展指数达到 95.89，仅落后于北京、上海，工业化、信息化融合发展指数达到 86.26，位居全国第 3 位。2015 年浙江省信息经济核心产业增加值占 GDP 比重为 7.7%。电子商务、互联网金融、物联网、智慧物流、云计算与大数据等“互联网+”新业态在全国也有优势。浙江省在推进互联网与制造业跨界融合方面取得了很大进展，但也存在很多问题。深入探讨发挥浙江省互联网经济先发优势，加快推进“互联网+制造业”发展，对构建新的产业链、进一步提升制造业发展水平、形成新的区域经济发展动力、实现浙江省经济转型升级都具有重要意义[4]。

一、浙江省制造业与“互联网+”融合发展的特征

(一) 浙江省制造业与“互联网+”融合发展现状

浙江省是中国传统的制造业大省，全省年产值超过 5 亿元的块状特色产业集群 132 个，有轻纺、皮鞋、电器、打火机、玩具、领带等 87 个传统行业产值居全国第一；代

表制造业先进水平的装备制造企业约 1.5 万家，2015 年装备制造业增加值为 4 856 亿元。近年来，浙江省“互联网+”在制造业的渗透不断深入，互联网技术已经涵盖了制造业的各个环节，为进一步推进“互联网+制造业”发展创造了良好条件[5]。2016 年，浙江省全年网络零售额首次突破万亿元大关，达到 10 306.7 亿元，同比增长 35.4%，居全国第一；2016 年前三季度，浙江省跨境网络零售出口 251.39 亿元，同比增长 44.53%。浙江省有中国最具代表性、国内最大世界第二的电子商务企业——阿里巴巴集团有限公司，有全球领先的 B2B 网站，即“阿里巴巴网”，有中国最大的网络广告运营交易平台“阿里妈妈”。全省有 6 家上市的互联网企业，中小企业电子商务普及率达到 82%。浙江省发育状况良好的互联网企业，为“互联网+制造业”发展提供了技术支撑。数量庞大的行业网站为“互联网+制造业”发展提供了平台支撑，形成中国最大的与互联网相关的产业园区，为“互联网+制造业”提供了发展空间。

随着全球互联网由以人为中心的消费互联网转向以企业和组织为中心的产业互联网演进（图 1），互联网在这个发展阶段中充分发挥其在资源配置中的优势和集成作用，有效地解决信息对称问题，逐步实现对企业的商业模式、营销模式、服务模式等外在形态的重构，进一步驱动企业管理模式、研发模式、运作模式等内在形态的创新。

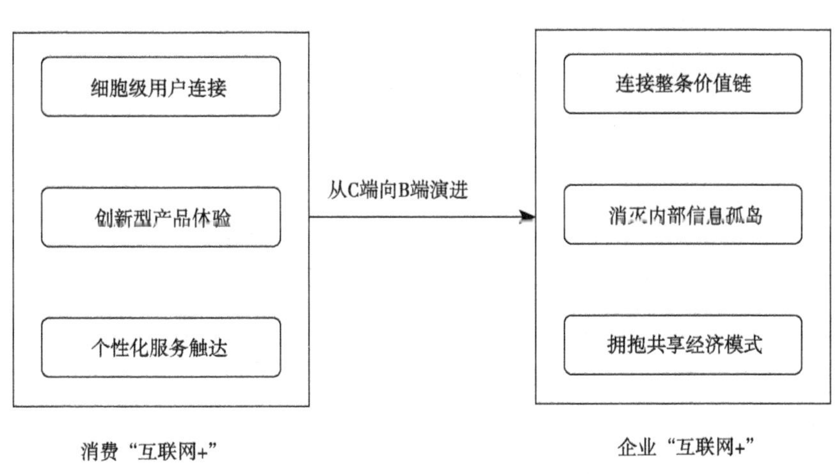

图 1　“互联网+”演进方式

（二）浙江省“互联网+”制造业发展特征

浙江省制造业与互联网融合发展是全国经济形势的一个缩影[6]。其互联网应用呈现从消费领域向制造业领域扩散的态势，新的生产方式、产业形态和商业模式不断涌现，主要表现出以下几个特征。

一是“互联网+”与技术研发环节融合。互联网带来的技术及模式创新已经广泛融入制造业研发设计的各个环节，制造企业的“互联网+”新型研发组织模式不断涌现。浙江省代表性制造业中电子、装备制造、机械等行业骨干企业，通过“互联网+”组织模式建立了全球多地协同研发体系，磨具、服装等行业企业也运用互联网打造了客户从设计、研发到配送全过程深度参与的研发体系，如宁波方太厨具通过对相关数据的优化整合，打通了物料、生产、产品、配送、库存、销售、服务各个环节端到端的数据销路通道，并且利用移动设备实现了实时数据采集，实现了基于互联网模式的运营管理，为中国厨电行业供应链改善方面积累了宝贵的经验。

二是大数据渗透到制造业各个领域。互联网加速向制造业领域渗透融合，形成大数据推动型的制造业与“互联网+”融合的方式。随着大数据作为生产要素发挥越来越大的作用，部分企业对海量数据进行整理与分析，实现了定制化生产、个性化营销。例如，浙江报喜鸟服饰将渠道前段顾客信息、销售信息、货品信息等大数据进行整合和分析，形成全自动智能化的补货、营销、企划、货控、私人量体定制、生产等。浙江正泰电器通过嵌入式技术记录普通产品的各种数据，再通过云平台对海量数据进行分析、处理，实现了更加精准的营销，并且衍生出高附加值的服务产品，产生了新的利润增长点。王力安防通过大数据应用，做到故障预测、节能降耗、精益生产，实现了个性化定制生产，降低库存成本的同时增加了企业的现金流和利润点。

三是“互联网+”服务业引领制造业转型升级。2015 年，中国 B2B 电子商务收入规模已达到 245.2 亿元，较 2014 年增长 27.58%，预计到 2018 年市场整体交易规模达到 470.8 亿元。钢铁、石化、冶金等行业形成的年交易额超过千亿元、百亿元的电子商务平台分别达到 20 个以上、50 个以上。传统 B2C、C2C 向大规模个性化定制 C2B（customer to business，即消费者对企业）转变，电子商务从交易平台向生产平台转变。其中浙江电子商务贡献占据半壁江山。

四是基于“互联网+”创业创新不断涌现新模式。以“互联网+”作为新载体，不断涌现新的创业创新生态系统。线上线下紧密互动的创客空间、创新工场、开源社区等创业创新载体快速发展，聚集中小企业、创业者的线上“双创”平台初具规模。中航联创平台“爱创客”已集聚 3.5 万名创客用户、1 000 多位资深专家、8 000 多项制造技术和 10 000 多项设计技术。

“互联网+”与制造业融合发展的特征如图 2 所示。

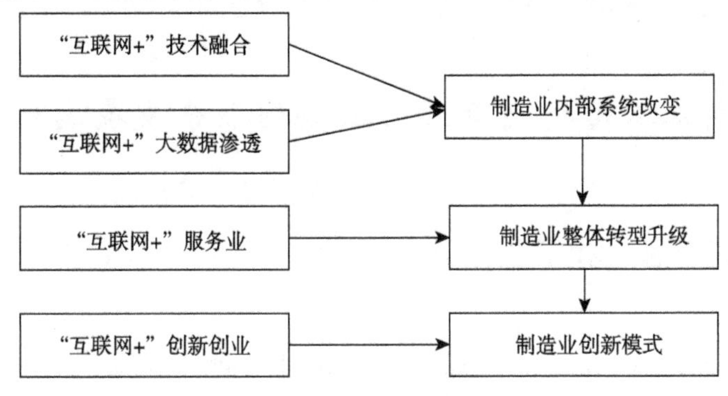

图 2　“互联网+”与制造业融合发展的特征

二、浙江省传统制造业与“互联网+”融合创新发展模式的障碍

传统制造业的生产大部分是由企业独立运作，通过生产资料和劳动力在质和量上成比例配置，并在企业内部各个部门、不同生产车间之间流转完成，部门、车间之间的协同主要靠灵活度较低的管理制度约束。

传统制造业环节中由于市场信息不发达，市场需求信息无法实时地反馈到工厂车间，而营销人员反馈回来的信息都是市场共性需求，因此只能采取标准化、批量化大规模生产方式，生产出的产品只能满足市场共性需求。由于对市场信息反馈滞后，“以销定产”模式常常造成市场供过于求。

在规模报酬不变的情况下，传统制造业实施标准化产品大规模、大批量生产，追求的是生产总值最大化，进而实现生产利润最大化的目标，但是产能的快速提升造成产品日益过剩且同质化趋势明显，市场恶性竞争加剧。

总之，浙江省传统制造业与“互联网+”融合步伐不断加快，在激发“双创”活力、培育新模式新业态、推进供给侧结构性改革等方面已初显成效，但仍存在以下问题。

首先是平台支撑能力不足。目前基于“互联网+”的“双创”平台在汇聚整合创业创新资源，带动技术产品、组织管理、经营机制创新方面的潜力远没有发挥出来。

其次是应用水平不高。中国制造业与“互联网+”融合进程面临“综合集成”跨越困境，处于两化融合集成提升阶段的企业仅占 14.6%。

最后是核心技术薄弱，自动控制与感知关键技术、核心工业软硬件、工业互联网、工业云与智能服务平台等制造业新型基础设施的技术产业支撑能力不足。

三、浙江省传统制造业与互联网融合发展实现方式

（一）加速信息化和工业化融合程度

2017 年浙江省地区生产总值确保增长 7%以上。浙江省政府工作报告强调要加快培育云计算、大数据、物联网等产业，加快发展电子商务、软件、信息产品制造等产业，支持创建国家级互联网创新发展试验区。

数据显示，2015 年浙江省信息化发展指数达 95.89。浙江网络销售数据 2012 年首入省政府工作报告，目前，全国约有 85%的网络零售、70%的跨境电子商务及 60%的企业间电商交易都是依托浙江的电商平台完成。浙江 IT 产业年均发展速度都在 25%以上，全省信息消费规模已经达到 1 500 多亿元，居全国前列。

（二）构建创业创新“双创”平台

大型制造企业、电信企业和互联网企业积极构建基于互联网的开放式“双创”平台，在推动制造业转型升级方面发挥了重要作用。海尔、中航工业、航天科工、中信重工、联想、小米等制造企业通过打造“双创”平台，构建新型研发、生产、管理和服务模式，提升企业内部整体创新能力和水平，同时这些大企业“双创”平台已经成为技术攻关、创业孵化、投融资和人才培养的高地，为大中小企业协同发展提供了新路径。中国移动、百度、阿里巴巴、腾讯、猪八戒网努力构建为中小制造企业服务的第三方“双创”平台，并积极营造大中小企业合作共赢的“双创”新环境，通过“大手拉小手”开创了大中小企业联合创新创业的新局面。

（三）制造业研发设计协同创新

骨干企业研发设计迈向集成协同新阶段，新型研发组织模式不断涌现，互联网不断融合研发设计各个环节，由单项应用加速向集成应用阶段发展，研发设计新模式不断涌现。工业企业普遍利用计算机辅助设计、系统仿真等技术开展产品研发和工业设计，企业数字化设计工具普及率超过 61.1%，其中大型企业达到 80.7%，中型企业达到 72.1%，极大提升了企业研发创新的能力和效率。实现研发设计与工艺设计、生产

制造、售后服务环节数据互通的企业比例分别达到 45.7%、36.0%、18.7%。华为、三一重工、潍柴、吉利等一批行业骨干企业建立了全球多地协同研发体系。

（四）IT 技术与制造技术融合态势增强

信息技术与制造业融合发展，推动制造业生产方式持续变革。目前，越来越多的企业认识到，产业竞争已不仅是技术、产品、人才和管理的竞争，也是生产组织方式的竞争。近年来国内形成了一系列新的生产组织方式。服装、家具等行业正在兴起以大规模个性化定制为主导的新型生产方式，青岛红领、韩都衣舍、维尚家具、小米科技等一批创新型企业通过构建新型生产模式实现了逆势增长。工程机械、电力设备、风机制造等行业服务型制造快速发展，陕鼓、徐工、三一重工、中联重科、东方电气等企业的全生命周期管理和融资租赁成为企业利润的重要来源。

四、浙江省传统制造业与互联网经济融合的战略模式选择

传统的企业战略，都是在一个静态的商业环境中规划，战略计划没有受到互联网的影响与扰动，战略在信息不对称的商业环境中总是能够获得优势。而在“互联网+”时代，传统企业转型涉及跨界、跨产业链，这个时候，战略必须是动态的基于连接的战略，必须是融合“互联网+传统行业”的战略，本文提出了制造业与传统行业战略融合的模式类型，如图 3 所示。

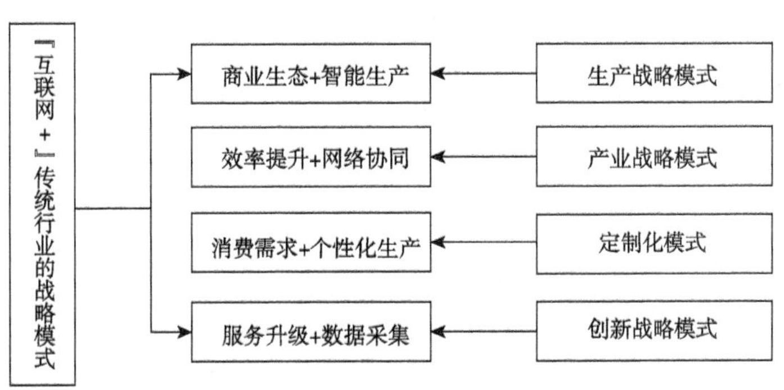

图 3　浙江省传统制造业与互联网经济融合的战略模式

（一）基于商业生态+智能生产的生态战略模式

商业生态是指在人类社会形成的一种社会生态，围绕一个或几个企业为中心，各种不同组织与个体相互作用、共同影响形成的经济联合体环境。这种商业生态系统，在企业的商业关系构建上，是继商业模式出现后的又一次革命。商业模式只是围绕某个行业构建相关利益方的交易结构，而商业生态则可能跨行业跨产业，并且除了价值交换，里面的利益方还有其他关系。显然，一个企业构建一个成功的商业模式能够在同行业竞争中获得成功，但一个企业构建一个成功的商业生态则能够获得整个行业的垄断霸权，取得巨大的成功。当一个企业建设出一个围绕其核心价值与商业模式的商业生态链后，通过这个链条构建一个封闭的商业生态圈，其发展依据此规律，将让竞争对手无法阻挡。

智能生产是以互联网为代表的新一代信息技术在企业研发设计、生产制造、经营管理、营销服务等制造各环节深度应用的基础上，形成的深度感知、远程可控、智慧决策、自动执行的先进生产模式，对缩短研发周期、降低运营成本、提升生产效率、提高产品合格率等方面的作用显著。

智能工厂是实现智能生产的重要载体，主要通过构建智能化生产系统、网络化分布生产设施，实现生产过程的智能化。企业基于CPS（cyber physical system，即信息物理系统）和工业互联网构建的智能工厂模型，主要包括物理层、信息层、大数据层、工业云层、决策层。其中，物理层包含工厂内不同层级的硬件设备，从最小的嵌入设备和基础元器件开始，到感知设备、制造设备、制造单元和生产线，相互间均实现互联互通。

（二）基于效率提升+网络协同的产业战略模式

通过“互联网+”的力量，浙江省制造业逐步由集中式生产向分散式控制转变，网络化协同制造由此产生。部分制造企业利用互联网平台跨时空、无边界、促共享的特性，实现生产企业内部与企业之间各类资源的集聚整合，推动制造活动从单一型向网络协同转变，并逐步呈现出协同研发、众包设计、供应链协同、云制造等几种网络协同生产类型。

协同研发需要制造企业集聚资源、集成创新，“互联网+”平台能够为企业集聚、对接各类社会创新资源提供有效载体，帮助企业提高研发效率，降低创新成本，快速提升市场核心竞争力。浙江省部分家电、服装等与消费端衔接紧密的行业企业已经搭建了开放性网络平台，积极与用户进行交互，广泛采集用户需求，开展按需定制业务。传统行业的领军企业在协同研发创新中发挥主力军作用，通过众创平台为小微企业和创客团队提供研发测试、创业培训、投融资、创业孵化等服务资源，逐步形成市场化与专业化结合、线上与线下互动、孵化与投资衔接的创业创新生态体系，成为制造业实施创新驱动发展战略的重要支撑。

供应链协同能够让制造企业以快速响应市场动态变化为核心，通过“互联网+”平台整合制造商、供应商、销售商、物流服务提供商和客户资源，以信息流、技术流、资金流、物资流引导带动供应链资源优化配置，提高供应链竞争力和创新力。

云制造借助云计算的理念，将技术、工艺、模型、知识、软硬件等各类制造资源虚拟化，成为特殊的网络化协同制造形态，通过系统解决方案的形式为各类制造主体提供各类制造服务，帮助企业降低运行成本、提高敏捷生产和协同生产能力。现有云制造的运作模式是企业用户向云制造平台提出使用请求，通过平台对请求的分解、调度、优化和组合，形成最优匹配的整体解决方案提供给用户，实现制造资源和工业软件、研发设计等服务按需供给、即买即得。随着云服务平台陆续建立、大数据中心资源整合逐步开展、制造企业私有云稳步推进、投融资体系持续跟进，云制造将进一步提升规模、形成集群并创新发展，为制造企业的产业发展提供战略模式。

（三）基于消费需求+个性化生产的定制化战略模式

“互联网+”环境下，企业一方面利用用户交互平台将碎片化、个性化需求汇聚成批量订单，另一方面通过信息物理系统，促进制造工艺和流程的数字化管理与产品个性化消费需求的柔性匹配，实现个性化定制生产。基于互联网的个性化定制主要表现为需求聚合定制、O2O 定制、众创定制和私人定制四种模式。

需求聚合定制是“互联网+”平台上衍生形成的一种订单拉动式生产模式，即制造企业采用预售方式发布产品样板，利用“互联网+”平台采集消费者购买订单数据，以此决定企业批量生产的规模。严格来说，这还算不上完全意义的个性化定制，但由于制造活动与消费者需求存在纽带关系，较早地实践了以需定产的有效途径，因此可以将其看做个性化定制的雏形。

O2O 定制是企业通过线上线下相结合的方式与消费者就产品设计、制造进行实时互动交流，并根据需求进行生产，利用柔性生产为消费者提供定制产品和服务，如服装生产企业依托 O2O 电子商务平台，运用线上展示设计、收集用户需求，线下用户体验、免费测量尺寸，从用户个性化需求中提取共性需求，打造全新的生产服务模式，实现企业收入增长。

众创定制依托互联网平台和消费圈的交互，吸引消费者广泛、深度地参与产品的研发设计，并在此基础上开展批量化生产，不仅引领了消费需求，更创造了需求。

私人定制是指消费者自己设计产品、利用开放的 3D 打印平台自主制造，目前还仅处于起步阶段。随着 3D 打印技术的成熟和设备材料价格的下降，这一生产模式将大有前景。

（四）基于服务升级+数据采集的创新战略模式

服务型制造既包括制造企业基于“互联网+”平台推动服务模式、业态模式创新，也包括生产性服务业平台化、专业化发展。具体来说，主要包括数据化在线化服务、生产性服务等两种类型。

数据化在线化服务制造企业利用互联网、物联网、云计算、大数据等技术，基于被植入了通信和智能模块的产品，开展远程诊断、在线运维和产品全生命周期管理等服务，推动生产型制造向服务型制造转变，促进制造业价值链持续提升。

随着“互联网+”在制造企业营销服务中的应用日益深入，直销电商、社交电商、跨境电商等网络营销新模式不断涌现，一些传统制造企业通过自建电商平台，实现“从工厂直达顾客”（factory to customer，F2C），即厂商到消费者的电子商务模式，不仅减少渠道推广费用，还与顾客建立了直接联系，根据客户细分特征精准开发差异化、个性化产品。同时，通过进一步分析消费者社交和偏好信息，广泛开展基于具体场景的社交式营销，为制造企业的产品消费市场扩展提供了有效途径。

五、结　　论

为了推动浙江省传统制造业与互联网深入融合，结合“中国制造 2025”“互联网+”“双创”等现有相关政策，省政府应在财税金融、用地用房方面加强引导和保障，构建具有较强针对性、有效性和可操作性的政策措施。

一是在企业转型方面。推动大型制造企业“双创”，重点在机制创新，难点在机制创新，突破点也在机制创新。鼓励大型制造企业设立创新投资基金，引导地方产业投资基金和社会资本，支持大企业互联网“双创”平台建设、创新创意孵化、科技成果转化和新兴产业培育。

二是在税收政策方面。结合营改增改革试点，支持制造企业基于互联网独立开展或与互联网企业合资合作开展新业务，落实好相关新业务所适用的增值税政策。现有互联网企业大多实行的是 6%的增值税税率，如果制造企业搭建的平台能够实行独立核算，成为独立的纳税主体，应该实行优惠的增值税税率政策。为进一步加快落实营改增改革试点，应推动完善有关制造企业开展新业务的相关税收实施细则，调动制造企业开展新业务的积极性。

其中，制造业与互联网融合的新业务主要包括制造企业面向产品全生命周期提供的基于互联网的信息共享、质量控制、产品追溯、远程运维等服务，应用互联网过程中衍生的信息技术咨询服务、信息系统集成服务、数据处理和运营服务、云服务、信息安全和其他信息技术服务，以及应用互联网过程中产生的各类平台型服务业务。

三是在财政政策方面。充分发挥现有专项资金的引导和带动作用，加大对制造业与互联网融合关键环节和重点领域的投入力度，重点支持设备智能化改造、制造企业“双创”平台建设运营和应用试点示范。充分发挥工业转型升级资金、中小企业发展基金、新兴产业创投资金等现有专项资金及基金作用，重点支持系统解决方案能力提升和制造业“双创”公共服务平台建设。

四是在用房用地政策方面。将工业用地政策应用到支持大型制造企业开展“双创”业务上，支持制造企业利用存量房产、土地资源开展“双创”等基于互联网的新业务、新业态。

参考文献

[1] 国务院. 国务院关于深化制造业与互联网融合发展的指导意见[Z]. 2016.

[2] 肖斌，赖新峰.“互联网+”背景下中国制造业的柔性化生产研究[J]. 企业经济，2015，(9)：148-152.

[3] 肖静华，毛蕴诗，谢康. 基于互联网及大数据的智能制造体系与中国制造企业转型升级[J].产业经济评论，2016，(2)：5-16.

[4] 林婧.“互联网+制造业”到底怎么加？[J]. 中国电信业，2016，(4)：12-15.

[5] 李广乾.“十三五”时期加强信息化促进经济转型升级的政策建议[J]. 重庆理工大学学报（社会科学版），2016，(7)：1-5.

[6] 陆鸣. 深化制造业与互联网融合发展，迎接“新工业革命”[J]. 科技智囊，2016，(7)：26-33.

知识位势、产业转移本地嵌入与企业创新绩效

李　欢

（杭州电子科技大学 浙江省信息化与经济社会发展研究中心，浙江杭州，310018）

摘　要：本文构建了以产业转移本地嵌入为自变量、本地企业创新绩效为因变量、转移企业知识位势为调节变量和区域合作创新网络结构为中介变量的一个被中介调节模型，探讨产业转移本地嵌入对本地企业创新绩效的作用机理。将调节变量知识位势分为知识宽度和知识深度两个维度，并基于 289 个企业样本数据，运用逐步回归方法对被中介的调节模型进行实证研究，实证结果表明：产业转移本地嵌入对本地企业创新绩效有正向影响，转移企业知识宽度和深度对其两者关系均有调节作用，且调节作用都以区域合作创新网络结构为中介，即网络结构有效地传递了产业转移本地嵌入分别与知识宽度和知识深度的交互作用对创新绩效的影响。

关键词：产业转移；知识位势；网络结构；创新绩效

The Relationship Between Industrial Transfer and Innovation Performance：The Moderation Role of Knowledge Potential

Li Huan

（Hangzhou Dianzi University，Research Center of Information Technology & Economics and Social Development，Hangzhou 310018，China）

Abstract：This paper constructs a mediated moderation model of the relationship between industrial transfer and innovation performance，using industrial transfer as mediation variable

作者简介：李欢（1990.10—），女，陕西省宝鸡人，浙江省信息化与经济社会发展研究中心助理研究员，研究方向：产业创新与区域创新。

and knowledge potential as moderation variable. Knowledge potential are divided into width potential and depth potential. Based on the sample data of 289 enterprises，this paper uses the stepwise regression method to empirically research the mediated moderation model. The results indicate that industrial transfer embedded plays a positive role in promoting enterprise innovation performance in less developed areas. These impacts are moderated by width potential and depth potential of knowledge and at the same time network structure conveys the effect of them.

Key words：Industrial transfer；Knowledge potential；Network structure；Innovation performance

一、引　　言

推动沿海地区丧失比较优势的产业向中西部地区转移，是缩小地区差距、促进区域经济协调发展的一条重要途径[1]。这一现象的发生为欠发达地区学习新技术、新知识，提高自身创新能力、实现跨越式发展提供了重要机遇。因此，研究产业转移对欠发达地区创新的驱动作用成为一个新的研究热点[2~4]。目前的研究成果指出产业转移在进行本地嵌入后会通过创新溢出效应对区域内的本地企业产生影响[4]，但是仅研究本地企业如何吸纳转入企业带来的创新溢出是不够的。创新是对知识、信息等创新要素获取并重新整合的动态过程，一个区域内的企业创新绩效很大程度上取决于所在地区各个企业的信息及知识的广度与有效程度，而网络是其重要的影响因素[5]。转入企业与本地企业的知识能力和知识水平往往存在差异，表现为知识势差，这种知识差异的大小必然会影响本地企业对新知识的吸收及企业间的合作[6，7]。由于企业的规模大小不同，其知识存量、知识储备及掌握的知识深度也存在着差异，必然会影响企业所处的网络位置，进而影响企业在网络中的角色及地位[7]。因此，在网络的视角下研究不同知识位势的产业转移对本地企业创新绩效的驱动作用，对研究欠发达区域创新绩效的增长有重要意义。

通过文献阅读和检索发现，目前已有部分学者开始关注产业转移背景下欠发达地区的企业创新绩效，如冯南平和杨善林通过面板数据及回归模型等，得出产业转移会促进区域创新投入及创新产出的结论[8]；Kose 等通过实证检验得出国际产业转移能促进发展中国家技术进步[9]。马永红等通过系统动力学方法，将转入企业的技术水平纳入研究产业转移本地嵌入的范畴，得出不同技术水平的产业转移对欠发达地区创新绩效的影响具有复杂性的结论[10]。还有部分学者将网络引入对产业转移的研究中[11~14]，如廉同辉等运用社会网络理论对承接产业转移背景下的安徽孙村服装产业集群社会网络发展及其演化进行实证分析[13]。但是综合运用网络分析方法，以转移企业知识水平这一重要特征作为切入点，研究产业转移本地嵌入对区域创新驱动方式的影响的研究甚少，致使二者之间的中介过程一直被作为“黑箱”来处理。

本文引入转入企业知识位势作为调节变量，考察知识位势对产业转移本地嵌入与本地企业创新绩效关系的调节作用。在调节作用下，引入网络结构作为中介变量。将区域合作创新网络结构作为中介变量，并引入知识位势作为调节变量，建立一个被中介的调节模型，检验网络结构在调节两者关系中发挥的中介效应，从而进一步深入地揭示产业转移对欠发达地区企业创新绩效产生影响的内在机理。通过本文的研究，以期为欠发达地区承接产业转移，提高区域创新能力提供一种新的研究视角和分析思路。

二、文献回顾与研究假设

（一）产业转移本地嵌入与本地企业创新绩效

产业转移本地嵌入是指由于资源供给或产品需求条件的变化而引起转移企业（群）在转入某一区域后通过建立本地生产网络与地方发生各种经济、社会和文化上的联系，这种联系实现了知识、信息等资源的传播和共享，促进了创新成果的扩散并能够对创新网络产生影响[15]。本文从行业关系角度把产业转移本地嵌入分解为水平嵌入和垂直嵌入，水平嵌入是指转入企业与本地企业的竞争及合作关系、人员流动带来的创新扩散及对当地企业的示范作用；垂直嵌入是指转入企业与本地企业建立的上下游连接关系，包括设定技术标准、提供技术指导及为后续生产环节提供质量高的中间产品等行为。

产业转移是通过省外投资而实现的大批量企业由转出区域转向承接区域的过程。转移企业在本地的生产过程中会无意识地对东道国（地区）企业进行技术溢出，并与当地企业产生竞合关系。转入企业不但将新的设备、产品或加工方法引入东道国（地区），而且还带来了产品选择、销售策略和管理理念等非物化技术，然后通过技术示范效应来促进东道国（地区）的技术水平。

在产业转移本地嵌入与区域创新绩效的研究方面，有学者认为，外企或外资的流入能够促进东道国（地区）创新能力的提升，如 Cheung 和 Lin 通过对中国的研究表明，FDI（foreign direct investment，即外商直接投资）的流入无论是对中国专利申请量，还是对中国外观设计专利，均有积极影响[16]。此外，该结论与 Imbriani 和 Reganati[17]对意大利、Sjöholm[18]对印度尼西亚、鲁钊阳和廖杉杉[19]对中国广东及王红领等[20]对中国民族企业的研究成果所指出的转入企业溢出效应作用的发挥能够有效提升区域能力的结论是一致的。根据以上研究结论及本文作者的前期研究成果，提出以下假设：

H_1：产业转移本地嵌入对本地企业创新绩效有正向影响。

（二）产业转移本地嵌入与区域合作创新网络结构

区域合作创新网络结构是指，某一区域集群企业间彼此交流与合作，形成网络关系的结构模式。合作创新网络结构维度通过网络联系密度、稳定性及中心性来体现[21]。网络联系密度是测度网络成员间关系状态的重要指标，用来描述合作创新网络内企业间交流与来往的密切程度；网络稳定性是测度网络企业合作渐趋常规化和惯例化的指标，用来衡量合作创新网络中企业成员间彼此合作与交流时间维持的长短；网络中心性是企业在合作创新网络企业间联系过程中枢纽和桥梁作用强弱的指标，用来衡量节点在网络中处于核心位置的趋势。网络结构与网络企业创新效率息息相关，能够对企业知识创造和技术创新产生重要影响，是企业重要的战略资源[22]。

转入本地的企业通过加入本地生产网络与区域发生各种经济、社会和文化上的联系，表现为转入企业与本地企业、本地其他组织机构及其他转入企业在经济商业往来中所形成的经济关系及与当地社会、制度、文化等形成的社会和文化关系。转入企业通过加入本地的供应链，与上下游企业发生买卖关系，如共同采购原材料、进行技术开发、寻求中介服务、获取政府政策支持等，在此过程中，会产生横向联系及创新合作，加强了区域整体的合作创新联系密度。由于社会网络中的信任机制，作为伙伴关系的转入企业与本地上下游企业及相关其他企业和机构发生直接或间接的联系，形成转入企业为结构洞的网络结构，增强了区域合作创新网络的稳定性。转入企业由于拥有比其他企业更好的技术、更雄厚的资金、更优秀的人才等，一般处于区域合作创新网络的中心位置，因此，产业转移提高了区域合作创新网络的中心性。基于以上分析，得出以下假设：

H_2：产业转移本地嵌入对区域合作创新网络结构有正向影响。

（三）转移企业知识位势及其调节作用

本文借助李莉等[23]的观点，从网络视角将知识位势定义为企业之间由于知识宽度和深度存在的差异而导致的知识位差，这种位差有利于知识在网络企业之间的流动，促进新知识的产生[24]。知识宽度指企业拥有不同领域知识的程度，反映了在知识的水平维度，企业掌握和拥有异质知识的数量；知识深度指企业在技术的关键领域中对复杂知识的掌握和熟练处理的程度，反映了在知识的纵向维度，企业对某一领域独特、复杂技术的领会程度。

（1）转移企业知识位势对产业转移本地嵌入与本地企业创新绩效关系的调节。转移企业在本地的生产过程中无意识地对东道国（地区）企业进行技术溢出，并与当地企业产生竞合关系。在此过程中，拥有较高的知识位势的转入企业更容易吸引本地企业、本地其他组织机构及其他转入企业与其发生创新合作联系及创新合作，提高区域合作创新网络的联系密度。此外，拥有较高知识位势的转入企业更容易与本地上下游企业及相关其他企业和机构发生直接或间接的联系，形成以转入企业为结构洞的更为稳定的区域合作创新网络结构。拥有较高的知识位势的转入企业由于掌握和拥有较强的异质知识数量，并拥有比其他企业更好的技术、更雄厚的资金、更优秀的人才等，更容易占据区域合作创新网络的中心位置，增强了区域合作创新网络的中心性。

基于以上分析，提出以下假设：

H_3：转移企业知识位势对产业转移本地嵌入与网络结构关系有调节作用。

H_{3a}：转移企业知识宽度水平对产业转移本地嵌入与网络结构关系有调节作用。

H_{3b}：转移企业知识深度水平对产业转移本地嵌入与网络结构关系有调节作用。

（2）转移企业知识位势对产业转移本地嵌入与区域合作创新网络结构的调节。产业转移本地嵌入会影响区域合作创新网络结构。转入本地的企业通过加入本地生产网络，与本地企业、本地其他组织机构及其他转入企业发生联系，对区域合作创新网络的网络联系密度、网络中心性及网络稳定性产生影响。大量研究表明，拥有较高知识位势的企业能将更多新的设备、产品或加工方法引入东道国（地区），带来产品选择、销售策略和管理理念等非物化技术，通过技术示范效应来促进东道国（地区）的技术水平。具有较高知识位势的转移企业具有技术与管理方面的比较优势，加之产品生命周期逐渐缩短及基础研究费用的高昂，带动地方企业通过模仿转入企业来提高其技术水平。

基于以上分析，提出以下假设：

H_4：转移企业知识位势对产业转移本地嵌入与本地企业创新绩效关系有调节作用。

H_{4a}：转移企业知识宽度水平对产业转移本地嵌入与本地企业创新绩效关系有调节作用。

H_{4b}：转移企业知识深度水平对产业转移本地嵌入与本地企业创新绩效关系有调节作用。

（四）区域合作创新网络结构的中介作用

转移企业知识位势调节了产业转移本地嵌入对区域合作创新网络结构及本地企业创新绩效的影响，而部分学者指出网络结构的优化有助于提高区域内企业的创新绩效，如 Ahuja 进行实证研究发现，网络成员相互间联系强度的增大会推动知识在网络内部的进一步扩散，网络成员对知识的获取变得更为迅速和便捷，从而促进企业新产品、新技术的产出，提高了企业的创新财务绩效及战略绩效[25]；Nooteboom 对美、德两国集群企业的数据进行实证研究，对比发现企业间合作的信任程度会随着网络稳定性的提高而提高，网络成员间知识扩散的障碍越少，越有利于各企业提高其创新绩效[26]；Paruchuri 指出网络中心性位置可以通过改变网络内部知识流动量来影响企业创新活动[27]；等等。因此，可以理解为区域合作创新网络结构有效地传递了不同知识位势下的转移企业的本地嵌入行为对区域创新绩效的影响。为此，本文提出如下假设。

H_5：转移企业知识位势对产业转移本地嵌入与本地企业创新绩效关系的调节作用中，以区域合作创新网络结构为中介。

H_{5a}：转移企业知识宽度水平对产业转移本地嵌入与本地企业创新绩效关系的调节作用中，以区域合作创新网络结构为中介。

H_{5b}：转移企业知识深度水平对产业转移本地嵌入与本地企业创新绩效关系的调节作用中，以区域合作创新网络结构为中介。

根据以上理论假设构建以区域合作创新网络结构为中介变量的知识位势对产业转移本地嵌入和本地企业创新绩效调节作用的分析模型，如图 1 所示。

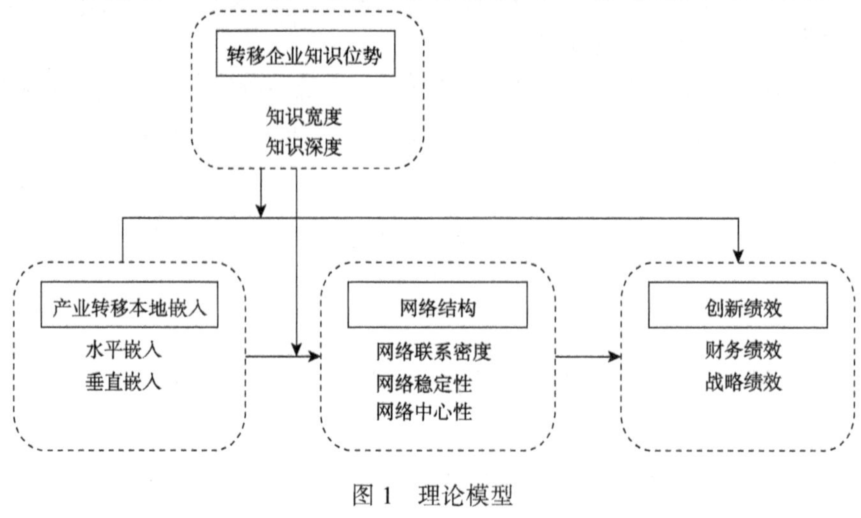

图1 理论模型

三、研 究 设 计

（一）变量测量

本文所选取的变量测量条目均在参考已有研究成果的基础上，根据实际研究对象和研究可行性进行调整得来。量表的所有问题条目采用利克特（Likert-type）7级度量法计分，从“决不同意”到“非常同意”，分别给予1~7不同程度的评分。

1. 因变量

衡量创新绩效的量表以He和Wong[28]等学者的研究为基础，参照蔡宁和闫春[29]所开发的开放式创新绩效测度指标，把题目设置为：创新财务绩效包括企业新产品开发数量、速度、产值占销售总额比重、专利数量在过去三年中与其他同类企业相比，是否有所提高。创新战略绩效包括：研发人员素质、研发人员比例、研发资产规模、组织结构适应、新的管理技术、创新管理流程；创新思维、创新文化构建、产品市场地位、品牌价值；外部创新合作网络、跨部门创新合作、知识产权管理在过去三年中与其他同类企业相比，是否有所提高。

2. 自变量

（1）产业转移本地嵌入。产业转移本地嵌入中水平嵌入维度的测量题目参考

Thompson[30]及郑慕强等[31]对中国企业技术外溢情况的研究，把题目设置为：示范效应包括对同行转入企业的核心产品生产技术的模仿、对同行转入企业的管理经验方式的学习。员工流动效应包括对同行转入企业的管理人员有所偏好、对同行转入企业的技术员工有所偏好。竞争效应包括与同行转入企业的竞争迫使本公司不断在新产品和新技术方面有所创新。垂直嵌入维度的测量题目参考 Lan 和 Young[32]的研究，把题目设置为：前向链接效应包括进行生产的原材料、原件、机器设备主要向转入企业购买；与转入企业保持紧密联系能够获取更好的原材料、原件及机器设备。后向链接效应为作为转入企业的供应商必须不断提高产品和服务水平来满足转入企业的高要求；为提高产品质量和服务水平与转入企业保持紧密联系；作为转入企业的供应商时本公司生产的产品更物有所值。

（2）网络结构。网络结构变量中的网络密度维度测量题目借鉴 Burt[33]、Eisingerich[34]等的研究，把题目设置为：本公司在近三年中与更多上游企业、下游企业、同类企业、科研机构、非科研机构的沟通与同类企业相比越来越密切。网络稳定性测度题目根据蔡猷花等[35]的研究，设置为：本企业与网络内部上下游企业、企业网络内部客户、企业网络内部中介服务机构和非正式组织、企业网络内部同行企业之间的关系具有较高稳定性四个题项。网络中心性维度的衡量参考 Caner[22]的研究，经调整后设置为：企业的网络中心位置明显；企业更易获取和控制知识资源；企业的网络中心性位置使其在成员中处于合作的主动地位；企业的网络中心性位置使其在成员中信任度较高；企业的网络中心性位置为企业带来了更多正面效应。

（3）知识位势。知识位势变量中的知识宽度维度测量题目借鉴 Bierly 和 Chakrabarti[36]、Moorman 和 Miner[37]的研究，把题目设置为：本公司能够从不同顾客那里获得大量的市场信息，有多种细分市场积累起来的知识，研发专家由来自不同专业背景的人员组成；知识深度维度的测量题目借鉴 Prabhu 等[38]的研究，把题目设置为：本公司对本行业非常熟悉，拥有本行业大量的专业知识，对本行业知识的了解相当深入，对本行业技术领域的知识的掌握相当深入。

3. 控制变量

本文主要选取企业来源、企业规模、成立时间及行业分类作为控制变量来讨论与模型中变量的关系。企业来源分为转入企业和本地企业，不同来源的企业创新绩效有较大的差别；此外，企业规模、成立时间及行业分类均会对企业的创新绩效产生直接影响。

（二）数据来源及样本特性

对数据及样本的选择流程如下：首先，对黑龙江省产业转移承接区域进行实际调研，并对产业转移负责人进行访谈，在咨询了产业转移及区域创新领域的两位教授的意见之后确定初始问卷。其次，以小样本（30份）在哈尔滨周边的制造业企业中进行小范围发放，预试问卷设计的合理性，进一步修正完善问卷。最后，进行正式调研。基于产业转移的本地嵌入主要出现在欠发达地区，因此选取黑龙江省“哈-大-齐”工业走廊为产业转移承接区的具体代表对其制造业企业进行调研。问卷调查从2014年4月到2015年8月，通过电子邮件、电话访谈及实地发放三种方式进行，一共联系到了289家制造业企业，每家企业发放2~10份问卷，共发放672份，回收436份，除去填答严重缺失和明显相互矛盾的问卷，得到有效问卷402份，有效问卷回收率为59.8%。回收的企业样本主要特征如表1所示。

表1　样本信息统计

样本特征	类别	样本数	占比/%
企业来源	转移企业	164	40.80
	本地企业	238	59.20
企业规模	<100	107	26.62
	100~500	199	49.50
	>500	96	23.88
成立时间	<3	76	18.91
	3~8	198	49.25
	>8	128	31.84
行业分类	机械、冶金等制造业	112	27.86
	石化产品制造业	91	22.64
	绿色食品加工业	79	19.65
	医药制造业	59	14.68
	其他	61	15.17

（三）信度与效度检验

对产业转移本地嵌入、网络结构、本地企业创新绩效和知识位势四个变量做信度和效度分析。采用SPSS 17.0软件计算各题项的统计结果，各变量的最小值、最大值都在0~7，均值处于2.98~5.79，存在差异性，但总体波动不大；偏度系数小于3，偏度系数小于8，均在合理范围内。此外，能够得出四个变量各个维度的Cronbach's α

系数测量数据的信度。通过检验发现，所有因子的 Cronbach's α 值均在 0.6 以上，量表信度检验良好。本文涉及的量表借鉴了国内外已有的研究成果，因此量表具备较好的内容效度，如表 2 所示。同时，为避免不正确的测量模型导致的混淆结果，50 个指标的因子载荷值（0.598~0.842）均高于最低建议值 0.5，根据因子荷载值所计算出的高阶组合信度（composite reliability，CR）和平均方差抽取量（average variable extracted，AVE）分别高于 0.8 和 0.7，说明问卷具有较好的收敛效度。本文运用 Harman 单因子对样本数据进行共同方法误差检验，未出现主导因子，并未出现共同方法变异。此外，各个变量的 AVE 平方根均大于与其他变量的相关系数，各个变量具有较高的区分效度，如表 3 所示。

表 2　信度、效度检验结果

变量	维度	问项数	因子载荷值	Cronbach's α值
产业转移本地嵌入（ITE）	水平嵌入	5	0.611~0.815	0.848
	垂直嵌入	5	0.607~0.834	0.624
网络结构（NS）	网络联系密度	5	0.642~0.795	0.857
	网络稳定性	5	0.724~0.812	0.702
	网络中心性	4	0.639~0.787	0.765
知识位势（KP）	知识宽度	3	0.734~0.779	0.739
	知识深度	4	0.629~0.796	0.780
创新绩效（IP）	创新财务绩效	4	0.712~0.842	0.816
	创新战略绩效	13	0.598~0.837	0.903

表 3　变量 CR 与 AVE

变量	CR	AVE	ITE	NS	KP	IP
ITE	0.931	0.761	0.872			
NS	0.876	0.632	0.451*	0.795		
KP	0.912	0.810	0.153**	0.317*	0.900	
IP	0.89	0.803	0.203**	0.26*	0.336**	0.896

*表示在p<0.05上显著；**表示在p<0.01上显著

注：对角线上的值为AVE平均方差

四、实证结果及分析

首先对各变量进行描述性统计和相关性分析。由表 4 可以看出，产业转移本地嵌入与本地企业创新绩效显著正相关，相关系数为 0.451（$p<0.05$），初步验证了假设 H_1。而知识位势的两个维度，即网络结构、创新绩效均存在显著的正相关关系，为进一步验证以网络结构为中介变量的转移企业知识位势的调节作用奠定了基础。

表4　变量均值、标准差与Pearson系数

变量	均值	标准差	ITE	NS	KW	KD	IP
ITE	4.102	0.761	1				
NS	3.839	0.632	0.451*	1			
KW	3.960	0.816	0.066*	0.275**	1		
KD	3.876	0.793	0.144**	0.328*	0.312**	1	
IP	4.206	0.803	0.203**	0.26*	0.402**	−0.108**	1

*表示在$p<0.05$上显著；**表示在$p<0.01$上显著

其次对相关假设进行回归分析。如表5所示，在模型1中纳入了企业来源、企业规模、成立年限、行业分类等控制变量，模型1所产生的$\Delta R^2=0.07$，表明控制变量额外解释了7%的创新绩效的增长。在模型2中，将产业转移本地嵌入作为自变量对本地企业创新绩效进行回归分析，检验结果显示，产业转移本地嵌入对本地企业创新绩效能产生显著的正向影响（$\beta=0.47$，$p<0.01$），进一步验证了假设H_1，且自变量与控制变量共同解释了11%的企业创新绩效的增长。在模型3中将知识位势的两个维度——知识宽度和知识深度纳入回归模型中，模型4把产业转移本地嵌入分别与知识宽度及知识深度的交互项纳入回归中。从表5所列的检验结果可以看出，在模型4中，产业转移本地嵌入与知识位势两个维度的交互项对企业创新绩效均有显著的正向影响（$\beta=0.12$，$p<0.01$；$\beta=0.11$，$p<0.05$），调节效应解释了17%的创新绩效的增长。

表5　各变量层次回归分析

控制变量		创新绩效				网络结构		创新绩效
		模型1	模型2	模型3	模型4	模型5	模型6	模型7
控制变量	企业来源	0.13*	0.12	0.08	0.07	0.15**	0.12*	0.14
	企业规模	0.10	0.09	0.08	0.06	0.14	0.12	0.07
	成立年限	− 0.07	− 0.07	− 0.06	− 0.05	− 0.13	− 0.12	− 0.07
	行业分类	− 0.17	− 0.16	− 0.13	− 0.13	− 0.24	− 0.23	− 0.19
自变量	产业转移本地嵌入（ITE）		0.47**	0.43*	0.39	0.57**	0.49*	0.49*
	调节变量							
	知识宽度（KW）			0.39*	0.32*		0.36*	0.27
	知识深度（KD）			0.38**	0.26*		0.29**	0.26**
	调节效应							
	ITE×KW				0.12**		0.11*	0.13
	ITE×KD				0.11*		− 0.09*	0.06
中介变量	网络结构							0.51**

续表

控制变量	创新绩效				网络结构		创新绩效
	模型1	模型2	模型3	模型4	模型5	模型6	模型7
R^2	0.07	0.18	0.32	0.49	0.58	0.76	0.65
ΔR^2	0.07	0.11	0.14	0.17	0.58	0.18	0.16
F	3.17*	4.53*	23.02**	18.15**	30.65*	34.78**	15.98*

*表示在p<0.05上显著；**表示在p<0.01上显著

为了更加形象地描述调节效应，可以通过绘制相应的调节效应图来分析交互项。调节效应图绘制步骤如下：知识宽度均值为 3.960，低知识宽度用 2 表示，高知识宽度用 5 表示。知识深度均值为 3.876，低知识深度用 2 表示，高知识深度用 5 表示。绘制出创新绩效随产业转移本地嵌入变化而变化的趋势图，如图 2（a）所示，在高知识宽度水平下，产业转移本地嵌入对本地企业创新绩效增长的促进作用强于低知识深度水平的情境，说明知识深度对产业转移本地嵌入与创新绩效产生显著的调节效应，假设 H_{3a} 通过检验。图 2（b）说明，在高知识深度水平下，产业转移本地嵌入对本地企业创新绩效增长的促进作用强于低知识深度水平的情境，说明知识深度对产业转移本地嵌入与创新绩效产生显著的调节效应，假设 H_{3b} 通过检验。

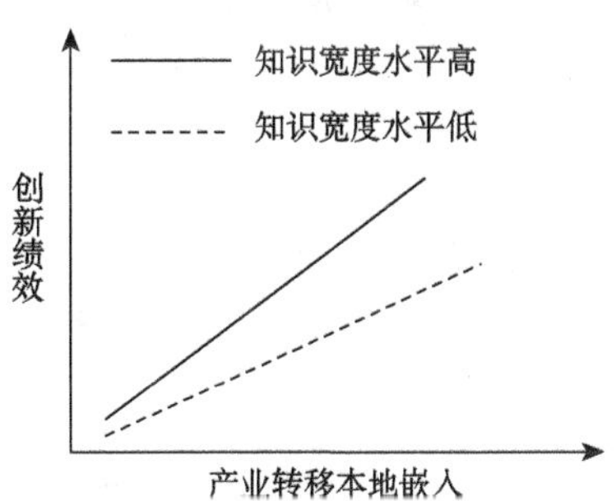

（a）知识宽度对产业转移本地嵌入与创新绩效的调节

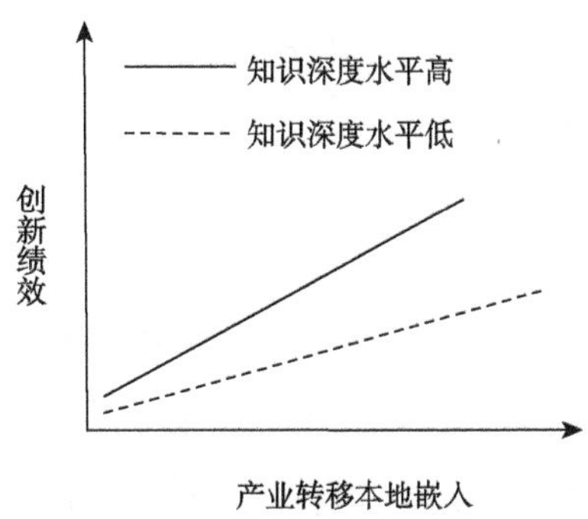

（b）知识深度对产业转移本地嵌入与创新绩效的调节

图 2　知识位势对产业转移本地嵌入与创新绩效的调节

继续检验知识位势对产业转移本地嵌入与网络结构的调节作用。依照上述同样的层次回归步骤，可得到各变量对网络结构的各层次回归模型。考虑与前文相关假设的对应及篇幅限制，只列出了自变量交互项对网络结构的回归结果，如表 3 中的模型 5 和模型 6。模型 5 显示产业转移本地嵌入对网络结构产生显著正向影响（β=0.57，p<0.01），假设 H_2 得到证实；自变量与控制变量解释了 8%的网络结构变异。模型 6 显示，产业转移本地嵌入分别与知识位势的两个维度的交互项对网络结构产生显著的正向影响，此时的调节效应解释了 3%的网络结构变异。

通过交互效应图可直观看出：图 3（a）说明，在高知识宽度下，产业转移本地嵌入对网络结构的影响明显大于低知识宽度的情形，说明知识宽度对产业转移本地嵌入与网络结构产生显著的调节效应，假设 H_{4a} 通过检验。同理，如图 3（b）所示，在高知识深度的情形下，代表产业转移本地嵌入与网络结构关系的直线斜率较小；而在低知识深度的情形下，此斜率较大。这说明知识深度对产业转移本地嵌入与网络结构产生显著的调节效应，假设 H_{4b} 通过检验。

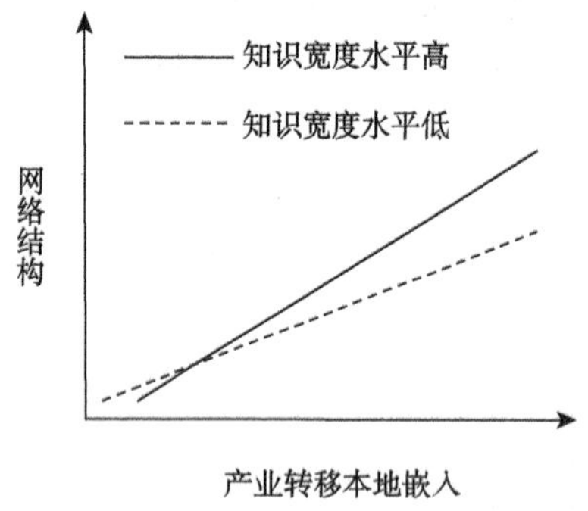

（a）知识宽度对产业转移本地嵌入与区域合作创新网络结构的调节

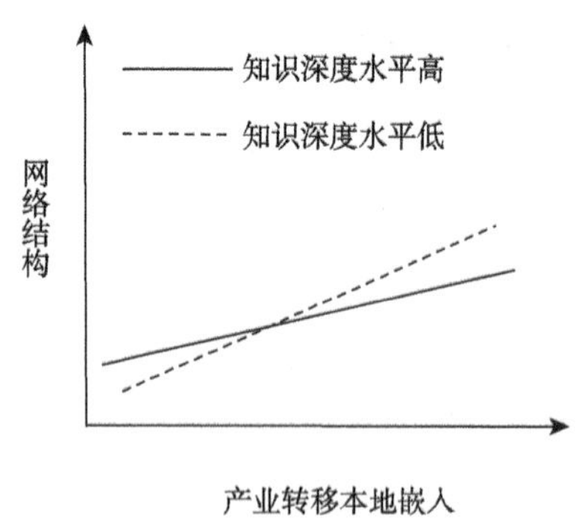

（b）知识深度对产业转移本地嵌入与区域合作创新网络结构的调节

图 3　知识位势对产业转移本地嵌入与区域合作创新网络结构的调节

参照 Muller 等[39]学者关于有中介的调节模型的检验方法，对本文提出的假设 H_{5a} 和 H_{5b} 进行检验。如表 5 所示：①创新绩效分别对产业转移本地嵌入、知识位势，以及产业转移本地嵌入分别与知识位势两个维度交互项的回归中，交互项的系数都显著，如模型 4；②网络结构分别对产业转移本地嵌入、知识位势的两个维度，以及产业转移本地嵌入分别与知识位势两个维度交互项的回归中，交互项的系数也均具有显著性，如模型 6；③创新绩效同时对产业转移本地嵌入、知识位势的两个维度，以及产业转移本地嵌入分别与知识位势两个维度交互项及网络结构进行回归，如表 5 中模型 7 所示，网络结构对创新绩效具有显著的正向影响（β=0.51，p<0.01），且此时产业转移本地嵌入与知识宽度和知识深度的交互项对创新绩效的回归系数不再显著（β=0.13，p>0.05；β=0.06，p>0.05），从而表明知识位势对产业转移本地嵌入与创新绩效关系的调节作用都以网络结构为中介，中介效应解释了 16%的创新绩效变异，假设 H_{5a} 和 H_{5b} 得到验证。

五、结论与讨论

本文在现有研究揭示产业转移本地嵌入与本地企业创新绩效直接作用的基础上，引入对二者关系有重要影响的调节变量——知识位势，以及中介因素——区域合作创新网络结构，构建理论模型并对其进行操作化转换，然后收集大样本问卷调查数据，对模型进行实证检验与分析，得到以下三个主要结论。

（1）产业转移本地嵌入对本地企业创新绩效有正向促进作用，且这种促进作用受到转移企业知识位势的调节。这种促进作用随着转移企业知识宽度和深度的增强而增强，且知识宽度比知识深度的调节作用更为显著。本结论进一步补充了本文作者的前期研究成果，提出不同的转移企业对欠发达地区创新能力的促进作用是不同的，从转移企业的特征——知识位势差异视角对产业转移与创新绩效的关系做出进一步分析。

（2）产业转移本地嵌入通过优化区域合作创新网络结构对企业创新绩效产生影响，且这种优化作用受转移企业知识位势的调节。这种优化作用随着转移企业知识宽度的增强而增强，但当转移企业知识深度较高时，将失去部分优化作用。这一情形的出现可解释为当转移企业拥有充足的包含多领域的知识时，能更容易地嵌入本地的供应链，为上下游企业提供丰富的新知识、新技术；而当知识水平、深度水平较高时，很难找到与之相匹配的上下游企业，不利于欠发达区域企业的合作创新与结网。

（3）在转移企业知识位势对产业转移本地嵌入与本地企业创新绩效关系的调节作

用中，区域合作创新网络结构起着中介作用，即合作创新网络传递了知识位势及产业转移本地嵌入的交互作用对本地企业创新绩效的影响。本结论是对 Kose 等[9]、冯南平和杨善林[8]等研究结果的进一步深化，也进一步补充了本文作者的前期研究成果。以上学者虽然很好地分析了产业转移对创新绩效的影响，但并未对这两者关系间存在的“暗箱”做出剖析，而本文从网络结构视角揭示了产业转移与创新绩效二者关系的内在机理。

研究表明，转入企业知识位势越高越有利于本地企业创新绩效的提高。但受区域合作创新网络结构的影响，拥有充足的多领域知识的转入企业比对本领域知识掌握深度过高的转入企业更容易嵌入本地合作创新网络，对网络结构产生影响。因此，欠发达地区在引入转入产业时候，应选择知识丰富的企业，促进其在区域内的嵌入结网，以此优化区域合作创新网络结构，这也是提高区域创新水平的关键。

本文虽然从网络的视角探讨了知识位势对产业转移及本地企业创新绩效关系的调节作用，但是还存在一些局限性，其中表现为：①本文所采用的样本数据范围主要分布于黑龙江省“哈-大-齐”工业走廊，对其他欠发达地区的产业转移承接区域的实证调查未涉及。因此，未来研究的实证调查可兼顾我国中西部和其他区域的欠发达地区，收集更全面的样本数据进行研究；②本文重点研究知识位势在产业转移与本地企业创新绩效影响关系中的调节作用及网络结构的中介作用，而现实中影响这二者关系的因素较多，如创新吸收能力、企业学习方式等因素，后续研究可更多地考虑其他因素对二者关系的影响效果。

参考文献

[1] 贺胜兵，刘友金，向国成. 多重冲击下沿海产业转移的潜在规模与结构——基于区域 CGE 模型的模拟分析[J]. 中国软科学，2013，(10)：134-146.

[2] 周世军，周勤. 中国中西部地区“集聚式”承接东部产业转移了吗?——来自 20 个两位数制造业的经验证据[J]. 科学学与科学技术管理，2012，(10)：67-79.

[3] 戴志敏，颜明杰，刘芳莹. 欠发达地区创新平台建设与制度保障[J]. 科技管理研究，2012，32(20)：5-8.

[4] 韩艳红. 我国欠发达地区承接发达地区产业转移问题研究[D]. 吉林大学博士学位论文，2013.

[5] 王国顺，刘若斯. 网络嵌入性对企业出口绩效影响的实证研究[J]. 系统工程，2009，27(6)：54-60.

[6] 陈伟，潘伟，杨早立. 知识势差对知识治理绩效的影响机理研究[J]. 科学学研究，2013，(12)：1864-1871.

[7] Andreas S，David P，Sid H. KM governance：the mechanisms for guiding and controlling KM programs[J]. Journal of Knowledge Management，2012，16（1）：3-21.

[8] 冯南平，杨善林. 产业转移对区域自主创新能力的影响分析——来自中国的经验证据[J]. 经济学动态，2012，（8）：70-74.

[9] Kose M A，Prasad E S，Terrones M. E. Does openness to international fnancial fows raise productivity growth?[J]. Journal of International Money and Finance，2009，28（4）：554-580.

[10] 马永红，李欢，王展昭. 区际产业转移与区域创新系统耦合研究——基于系统动力学的建模与仿真[J]. 科技进步与对策，2015，（1）：29-35.

[11] 刘友金，李彬，刘天琦. 产业集群式转移行为的实证研究[J]. 中国软科学，2015，（4）：131-141.

[12] 符正平，曾素英. 集群产业转移中的转移模式与行动特征——基于企业社会网络视角的分析[J]. 管理世界，2008，（12）：83-92.

[13] 廉同辉，余菜花，李强. 承接产业转移背景下中部地区传统产业集群的社会网络结构及其演化分析——以安徽孙村服装产业集群为例[J]. 经济体制改革，2013，（4）：101-105.

[14] 宋炳林. 我国区际产业转移的社会网络机制[J]. 经济问题探索，2014，（4）：46-51.

[15] 黄坡良. 产业转移与欠发达地区创新体系构建研究[D]. 华南理工大学硕士学位论文，2011.

[16] Cheung K Y，Lin P. Spillover effects of FDI on innovation in China：evidence from the provincial data[J]. Ssrn Electronic Journal，2004，15（1）：25-44.

[17] Imbriani C，Reganati F. International efficiency spillovers into the Italian manufacturing sector[J]. Economia Internazionale，1997，50（4）：583-595.

[18] Sjöholm F. Productivity growth in Indonesia：the role of regional characteristics and direct foreign investment[J]. Economic Development and Cultural Change，1999，47（3）：559-584.

[19] 鲁钊阳，廖杉杉. FDI 技术溢出与区域创新能力差异的双门槛效应[J]. 数量经济技术经济研究，2012，（5）：75-88.

[20] 王红领，李稻葵，冯俊新. FDI 与自主研发：基于行业数据的经验研究[J]. 经济研究，2006，（2）：44-56.

[21] 陈伟，杨早立，张永超. 网络结构与企业核心能力关系实证研究：基于知识共享与知识整合中介效应视角[J]. 管理评论，2014，（6）：74-82.

[22] Caner T. Geographical clusters，alliance network structure and innovation in the United States biopharmaceutical industry [J]. Dissertation & Theses-Gradworks，2007，16（6）：1712-1719.

[23] 李莉，党兴华，张首魁. 基于知识位势的技术创新合作中的知识扩散研究[J]. 科学学与科学技术管理，2007，（4）：107-112.

[24] 刘景东，党兴华，谢永平. 不同知识位势下知识获取方式与技术创新的关系研究——基于行业差异性的实证分析[J]. 科学学与科学技术管理，2015，(1)：44-52.

[25] Ahuja G. Collaboration networks，structural holes，and innovation：a longitudinal study[J]. Administrative Science Quarterly，2000，45 (3)：425-455.

[26] Nooteboom B. Institutions and forms of coordination in innovation systems[J]. Organization Studies，2000，23 (1)：49-56.

[27] Paruchuri S. Intraorganizational networks，interorganizational networks，and the impact of central inventors：a longitudinal study of pharmaceutical firms[J]. Organization Science，2010，21 (1)：63-80.

[28] He Z L，Wong P K. Exploration vs. exploitation：an empirical test of the ambidexterity hypothesis [J]. Organization Science，2014，15 (4)：481-494.

[29] 蔡宁，闫春. 开放式创新绩效的测度：理论模型与实证检验[J]. 科学学研究，2013，(3)：469-480.

[30] Thompson E R. Clustering of foreign direct investment and enhanced technology transfer：evidence from Hong Kong garment firms in China[J]. World Development，2002，30 (5)：873-889.

[31] 郑慕强，杨程玲，黎贝贝. FDI 外溢与企业自主创新：一个基于产业集群与企业能力交互作用的整合框架[J]. 创新，2014，(5)：24-27.

[32] Lan P，Young S. Foreign direct investment and technology transfer：a case study of foreign direct investment in Northeast China[J]. International Journal of Biometeorology，1996，52 (2)：127-137.

[33] Burt R S. Structural Holes：The Social Structure of Competition[M]. Cambridge：Harvard University Press，1992.

[34] Eisingerich A B. How can clusters sustain performance? The role of network strength network openness，and environmental uncertainty[J]. Research Policy，2010，39 (2)：239-253.

[35] 蔡猷花，陈国宏，刘虹，等. 产业集群创新网络与知识整合交互影响模型及仿真分析[J]. 中国管理科学，2013，(S2)：771-776.

[36] Bierly P，Chakrabarti A. Generic knowledge strategies in the U.S. pharmaceutical industry[J]. Strategic Management Journal，1996，(17)：123-135.

[37] Moorman C，Miner A S. The impact of organizational memory on new product performance and creativity[J]. Journal of Marketing，1997，34 (1)：91-106.

[38] Prabhu J C，Chandy R K，Ellis M. The impact of acquisitions on innovation：poison pill，placebo，or tonic?[J]. Journal of Marketing，2005，69 (1)：114-130.

[39] Muller D，Judd C M，Yzerbyt V Y. When moderation is mediated and mediation is moderated[J]. Journal of Personality and Social Psychology，2005，89 (6)：852-863.

“互联网+”中国电子商务市场产品质量社会化监管体系研究

柳　毅[1]，刘松国[2]

（1.杭州电子科技大学管理学院，浙江杭州，310018；

2.杭州国家电子商务产品质量监测处置中心，浙江杭州，310018）

摘　要：随着电子商务市场不断繁荣壮大，关于电子商务产品质量问题的投诉也呈直线增长，已经严重制约了电子商务行业的发展。本文结合“互联网+”的内涵提出基于“互联网+社会化监管模式”，运用大数据、云服务等前沿信息技术构建“互联网+”的电子商务产品质量社会化监管服务体系，通过线上抽检与线下执法模式促进我国电子商务行业健康发展。

关键词：互联网+；电子商务；产品质量监管；社会化监管体系

Research on E-commerce Industry Production Quality Supervision System with Internet Plus

Liu Yi[1]，Liu Songguo[2]

（1. School of Management，Hangzhou Dianzi University，Hangzhou 310018，China；

2. Hangzhou National Electronic Commerce Product Quality Monitoring and Disposal Center，Hangzhou 310018，China）

Abstract：With the e-commerce market continues to grow, on the quality of e-commerce product complaints also showed a straight line growth，has seriously hampered the development of e-commerce industry. This paper，based on the connotation of “Internet plus”，puts forward the socialized supervision service system of e-commerce product based on “Internet and socialized supervision mode”，which uses large-scale data，cloud service and other cutting-edge information technology to build “Internet plus” The law enforcement mode promotes the healthy development of China’s ecommerce industry.

Key words: Internet plus; E-commerce; Production quality; Industry regulation; Regulation system

一、电子商务市场监管现状

2016年前三季度中国电子商务市场交易零售额为34 651亿元，占全社会零售总额的14.5%。电子商务推动传统行业升级转型，是中国社会经济发展的重要增长点。同时，电子商务市场也无可避免地出现网络欺骗、产品质量、信息风险等多方面问题。2015年美国法院将阿里巴巴电子商务产品质量造假问题置于风口浪尖，电子商务市场的产品质量已经成为影响中国国计民生的大事。习近平总书记在河南考察时提出要“推动中国制造向中国创造转变、中国速度向中国质量转变、中国产品向中国品牌转变”，因此，监管好电子商务市场产品质量是打造“中国品牌”金字口碑的重要举措。

大数据技术重新定义政府、企业及个人管理决策的思维与方式，已经在政府公共管理、零售业、医疗服务等领域得到了广泛应用[1]。美国在2012年颁布的《大数据的研究和发展计划》旨在通过大数据提高国防、科学研究、公共服务等多个方面的管理水平。联合国提出“Global Pulse”计划，希望通过利用社交网络大数据实现情感分析，进而预测地区的经济情况以及其他民生情况等。欧盟在“欧洲数字化议程及其挑战”中制定了大数据战略，指出公共数据挖掘的重要价值。新加坡通过开展风险评估和水平扫描计划，希望能够提高对金融安全风险、社会安全风险及传染病安全风险的预估能力。在众多发达国家和地区把大数据应用于社会公共管理的启发下，中国政府也意识到大数据在社会公共管理中的重要价值。2015 中国国务院颁发的《国务院办公厅关于运用大数据加强对市场主体服务和监管的若干意见》提出，充分运用大数据先进理念、技术和资源，加强对市场主体的服务和监管，提高政府治理能力[2]。为进一步理清电子商务发展面临的管理方式滞后、诚信体系不健全、市场秩序不规范等问题，提高电子商务行业的监管水平，减少束缚电子商务行业发展机制的障碍，本文对电子商务市场产品质量以及监管体系等问题进行了梳理，提出建议。

二、电子商务市场发生产品质量问题的机理

（一）网络市场中买卖双方信息不对称

信息经济学中不对称信息分为隐匿信息和隐匿行动。隐匿信息是指签约前了解更多信息的卖方可能隐匿真实的身份信息和提供虚假的产品信息；隐匿行动是指签约后卖方出现合同违约、合同欺诈等卸责行为，以及向买方提供低于所承诺质量的产品。电子商务网络购物中信息不对称现象更为严重，买方担心卖方提供虚假信息或者不能履行承诺，因此容易采取逆向选择行为来保护自己的利益；卖方则为获取更多收益，通过合同违约、欺诈和不守信的道德风险行为来变相剥削买方[3]。买方的逆向选择和卖方的道德风险直接导致电子商务购物市场中低质量、假冒伪劣商品充斥市场[4]。

（二）电子商务销售平台监管缺失

电子商务网站平台本身存在商家经营素质不一、服务质量和诚信度不高等问题，成为消费者投诉的热点[5, 6]。而我国电子商务产品质量监管法律法规不健全，网上产品质量信息披露、质量信用等制度不完善，政府监管机构由于行政区划等问题所限，未能及时对网络购物平台的违约欺诈行为进行惩罚，所以，网络监管尚处于空白尴尬时期。

（三）监管模式与技术手段的滞后

目前的监管手段难以满足电子商务行业的发展需求，一方面，电子商务交易往往是跨区域性的，地方性的监管面对许多问题时无能为力，传统产品质量监管手段很难适应跨地域、跨领域的电子商务交易新模式；另一方面，电子商务防控有关技术研究和规制建设远远跟不上电子商务快速发展的步伐。政府相关部门推行的“以网管网”手段还处于起步阶段，基于现代信息技术的监管体系还在构建过程中，电子商务监管技术水平亟待提高[7, 8]。

三、构建“互联网+”中国电子商务产品质量社会化监管体系

“互联网+”是在创新下的互联网发展的新业态，是知识社会创新下的一种新的经济形态。利用信息通信技术以及互联网平台，让互联网与传统行业进行深度融合，即充分发挥互联网在社会资源配置中的优化和集成作用，将互联网的创新成果和实践经验深度融合在经济和社会各领域中，从而提升实体企业的创新力和创造力，最终形成更广泛的以互联网为基础设施的实施工具的经济发展新形态。

电子商务是以互联网为基础的新业态，在创新发展的过程中不可避免需要逐步建立质量管控体系。以“互联网+”和大数据技术为基础，构建电子商务产品质量大数据采集、分析和应用系统，有利于实现电子商务产品质量管控的智能化和自动化。基于“互联网+”电子商务市场监管体系的核心理念在于利用“大数据、云计算、物联网、移动互联”新技术构建电子商务行业大数据监管云平台，集成每个电子商务主体各种行为信息数据的协同监管机制和服务模式[9]。基于“互联网+”的电子商务市场产品质量社会化监管体系架构组成（图1），以及包含质量舆情监测数据、电商平台质量数据、质量投诉举报数据、质量监督抽查数据和质量检验检测数据在内的数据源分析，有效支撑了电子商务产品质量风险监管应用实践。

（一）基于网络舆情监测、大数据技术的电子商务产品质量数据分析信息云平台

利用网络舆情监测技术对互联网上的电子商务产品质量相关舆情信息进行全面监测和智能分析，根据用户关注程度对电子商务网站商品评价信息进行合理分类，分析各类BBS论坛、博客和微博中带有情感倾向性的舆情内容，挖掘网民对某类购买产品的态度，便于电商平台能够及时准确了解产品质量和服务问题。

鼓励电商平台企业建立网上产品质量分析系统，运用大数据分析方法，查找产品质量风险，加大对高风险产品、区域、供货渠道的管控力度，对质量问题严重的产品和供货商及时做出调整，判断风险的严重程度和发展趋势，实现定向监测统计全省范围内指定类型产品的质量状况和影响范围，为电子商务产品质量风险监测提供依据。

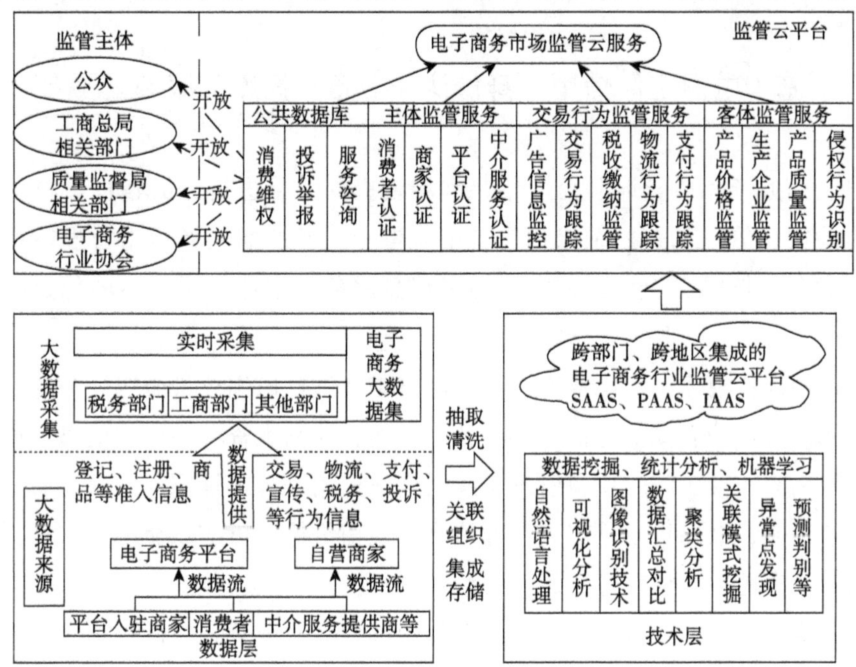

图 1 基于“互联网+”的电子商务市场产品质量社会化监管体系

SAAS：software as a service，即软件服务化；PAAS：platform as a service，即平台即服务；IAAS：infrastructure as a service，即基础设施即服务

（二）基于网上电子商务产品抽查、源头追溯、属地查处的监管云平台

坚持市场引导，加快构建“网上抽查、源头追溯、属地查处”的电子商务产品质量监督机制，净化电子商务质量发展环境，充分利用市场机制倒逼质量提升。充分发挥电子商务产品质量12365投诉举报处置指挥中心的作用，针对网上抽查得到的存在质量问题的电子商务产品，核查其标志标识，联合其所在电商平台进行源头追溯，严查违法企业。开展电子商务产品质量执法打假专项行动，适时公布电子商务制假售假典型案例，震慑质量违法行为。

对于电子商务产品质量的监管，要改变过去生产、流通环节相割裂的习惯思维，改革传统的从生产企业抽样的一般做法，把线上采样、到货接收作为执法取证措施，从线上产品追溯到线下生产源头，形成线上市场反溯的监管链条，提高监管效率。

建立电商产品质量风险通报机制，依托电商产品质量自律协作网促使电商平台自清门户，依托属地查处协作网协同全国质检部门实施属地查处。政企协作属地查处，解决仅通过标志标识核查难以准确确定电商产品生产经营主体的问题，使电商产品生产经营主体身份明确，质量问题查处落实到位。

（三）基于电商主体信用、身份认证信息数据库的服务云平台

对电子商务产品质量风险监测结果和属地查处结果进行分类整理，将生产经营主体、风险类型等级和查处结果信息，纳入电子商务产品质量信用管理体系，建设基于电子商务主体的身份认证信息、质量信息服务、主体信用等标准化数据库服务云平台。

通过信用评价模型，对电商产品生产经营主体进行信用评价分级，为监管部门、电商行业和广大消费者提供电商生产经营主体的企业基本资料、信用信息、过往商务交易记录等内容，便于政府质监管理机构对企业信用进行定量评估。政府通过规范信用信息发布机制，鼓励行政部门、行业协会、征信机构进行信息交换和共享，实现企业信用信息动态监控，形成综合施策的治理格局。

推动电商平台企业依据政府监管、企业内部检测、消费者投诉等情况，对网店经营者实行信用管理，建立退出机制，将存在严重产品质量问题的经营者清理出电商平台。建立“良好电子商务规范”及相关认证制度，在电子商务领域引入合格评定机制，开展服务质量监测。鼓励企业开展质量比对，自觉接受社会监督。指导电商平台企业以组织机构代码和商品条码为基础，建立电子商务产品质量追溯制度。督促重点电商平台加强对假劣线索的检测、管控，建立数据库和分析模型，积极配合执法机关对其数据资源的依法运用。

四、“互联网+”完善中国电子商务市场社会化监管体系的建议

电子商务产品质量监管最终形成由政府监管机构、网络购物平台、消费者在内的三级管控体系，首先是缓解网络购物中的信息不对称现象，进而形成更为有效和全面的在线信誉机制以及建立健全的社会信用体系，通过对卖方商品进行质量检验和质量保证最终杜绝买方逆向选择和卖方道德风险的发生。

（一）整合社交媒体资源，搭建社交网络的对话平台

在网络购物生态系统中，消费者之间在腾讯 QQ、新浪微博和微信等社交媒体虚

拟空间构建自己的朋友圈。消费者在网络购物社区可以分享自己的购物经历，增强消费者的品牌信任和品牌资产。对于品牌购物电子商务网站来讲，应把其购物功能、社交功能和娱乐功能进行深层次的整合。通过信息的流动性，增强消费者信息检索能力和认知能力，进而增强消费者对购物网站的服务感知。政府要监督管理各参与方的不合理行为，尤其是网络欺诈、网上信息泄露等行为，净化电子交易市场，保证网络正效益实现。通过整合社交媒体，加强网络信息在社区的流动，积极搭建政府与网民间的交流平台，了解民众诉求，及时发布信息，回应群众质疑，解决电子商务网络群体性事件。

（二）建立网络实名等制度，加强电商平台管理

加大力度推进社会信用体系建设，与网络购物在线信誉系统形成有效关联。企业是电子商务市场信用的主体，也是构建电子商务产品质量信用体系的主体。第三方电商平台不能以无权监管或行业难题来推卸责任，可以从四个方面对电子商务驻店商家进行管理：第一，所有入驻电商平台商家都必须实名登记，电商平台对电商商家的销售行为要承担法律责任，促使电商平台尽最大责任和力量解决其存在的问题；第二，提升商品质量是卖方为了在激烈的竞争中获胜所必然要承担的责任，电商平台要降低商品质量的不确定性，促进网络购物的顺利达成；第三，精心筛选供应商，慎重选择供货源头；第四，设置严格惩罚制度。通过不定期的抽查，对没有假货的或是一年没有假货投诉的商家，设置奖励制度。

（三）建立电子商务产品质量信用追踪、评价、预警、失信惩戒和守信奖励等机制

建立电子商务产品质量信用信息披露机制可有效消除当前政府垄断状态下信用信息服务市场效率低下的问题。积极鼓励国际、国内大型信用公司设立分支机构，通过竞争来限制信用评价垄断，通过独立的第三方检测认证机构提高电商企业的可信度和规范性。同时，相关部门应综合利用法律、行政手段，严格规范市场准入标准，加强对信用主体生产企业的考核、备案和监督工作。设立“不良记录”、处罚、取消市场准入和依法追究责任等手段，使守信者得到应有的利益和更多市场机会，促进我国电子商务产品质量信用管理体系健康发展。

（四）加强生产企业社会责任文化建设

企业社会责任（corporate social responsibility，CSR）是指企业在创造利润、对股东承担法律责任的同时，还要承担对员工、消费者、社区和环境的责任。企业的社会责任要求企业必须超越把利润作为唯一目标的传统理念，强调在生产过程中对人的价值的关注，强调对环境、消费者、社会的贡献。

坚持企业主体，帮助电商企业提高质量保证能力，促进电商企业落实企业社会责任。充分发挥质检部门技术优势，及时为电商生产企业提供标准、计量、认证服务。开展质量法律法规和标准宣贯活动，提高电商生产企业执行相关法律法规、标准和正确标注标识的能力。推动企业完善计量保证体系，提高计量检测能力与计量管理水平，保证企业产品量值准确可靠。深入企业开展帮扶活动，通过信用文化教育、培训工作，逐步培养企业员工的质量信用意识、理念和诚信准则，推动电子商务产品认证和企业管理体系认证，改进生产过程质量控制，指导、帮助企业建立检测实验室，推广先进质量管理方法，提高质量源头管控能力，促使企业在追求自身利益的同时，尊重他人利益，诚实守信。

（五）完善政府对网络购物的宏观调控和微观监管的相关法律政策

政府从宏观调控角度进行电子商务产品质量监管是指政府运用宏观政策对经济活动进行调节和控制：以法律的形式对电子商务产品生产企业和消费者的权利、义务和行为规范等做出明确的规定；加强交通运输、金融管理等领域的规范和创新，进一步优化网络购物的物流配送、在线支付的大环境；同时在产品质量信用评价方面也应尽快完善相关顶层设计，尽快发挥信用评价的作用，促进产品质量信用体系建设。

政府从微观监管角度进行电子商务产品质量监管是指政府通过制定政策法规和日常监管，对网络购物平台、卖方等在整个电子交易过程中的市场活动进行直接限制和约束。对卖方准入条件做出统一规定，便于买方了解卖方的性质、地区等信息；制定商品质量检验政策及细则，质量监督部门对商品进行抽检并及时公布抽检结果等。

五、总　　结

本文结合“互联网+”的内涵提出基于“互联网+”信息技术加强电子商务网络市场社会化监管，综合应用大数据、云服务、线上抽检与线下执法相结合的监管模式创新电子商务行业监管体系，并给出建设基于“互联网+”的电子商务市场社会化监管的实施路径，推动电子商务行业健康可持续发展。

参考文献

[1] 高常水，江道辉，蒋钦云. 大数据在政府部门的应用[J]. 物联网技术，2014,（6）：6-10.

[2] 徐宗本，冯芷艳，郭迅华，等. 大数据驱动的管理与决策前沿课题[J]. 管理世界，2014,（11）：158-163.

[3] 潘勇. 网络“柠檬”环境下消费者行为与抵消机制——基于信息经济学的视角[J]. 管理评论，2009,（10）：41-51.

[4] 李波，温德成. 网络购物中商品质量问题发生机理及监管研究述评[J]. 财贸研究，2013，24（2）：20-28.

[5] 陈畴镛，姚丽丽. 论浙江电子商务的信用环境建设[J]. 技术经济与管理研究，2003,（1）：94-95.

[6] 邱业伟. 电子商务诚信缺失与诚信的构建[J]. 政法论坛，2008,（1）：165-171.

[7] 景侠，张燕. 电子商务 C2C 模式下电子商务平台的假货泛滥问题及对策研究[J]. 中国对外贸易，2011,（22）：459.

[8] 金鹏，蔡淑琴. 面向电子商务政府监管的网络中介信息共享研究[J]. 图书情报工作，2009,（6）：134-138.

[9] 黄培东. 探索构建电子商务产品质量监管新模式[J]. 中国质量技术监督，2014,（12）：57-59.

杭州建设信息惠民国家试点城市的特色与经验

王　雷

（杭州电子科技大学卓越学院，浙江杭州，310018）

摘　要：杭州作为首批信息惠民国家试点城市，以引领民生需求增强百姓获得感、共享数据整合提升服务能力、融合应用“四端”推动便民服务为特色，以“一号一窗一网”集约化服务、网络布点和保障措施的完善、信息惠民服务机制的创新、四大平台的建立为经验成果，信息惠民工作取得显著成效。今后进一步推进信息惠民工作重点在于四个方面：进一步完善顶层设计、推动政务数据共享开发应用、创新信息惠民建设机制、强化信息惠民工作的绩效考评，实现品质杭城、幸福和谐杭城。

关键词：信息惠民；数据共享；“互联网+政务”

Characteristics and Experience of Constructing Pilot Cities of Information Huimin in Hangzhou

Wang Lei

（Institute of Excellence，Hangzhou Dianzi University，Hangzhou 310018，China）

Abstract：As the first batch of Hangzhou information Huimin national pilot city，to lead the people’s livelihood needs to enhance people gain a sense of sharing，data integration，application integration services to enhance the capacity to promote the “four ends” convenience services，“one window network” intensive services，network layout and safeguard measures，improve the information Huimin service mechanism the four innovation，establishment of the platform for experience，information Huimin work achieved remarkable results. Further promote the key information Huimin work lies in four aspects：to further improve the top-level design，promote the development and application of e-government data sharing mechanism， the construction of innovative information Huimin performance evaluation to strengthen the information Huimin work，realize the quality of Hangzhou，Hangzhou is happy and harmonious.

Key words：Information Huimin；Data sharing；“Internet plus government”

2014 年 6 月，经国家发展和改革委员会等 12 部委批复同意，杭州市成为首批信息惠民国家试点城市。开展试点三年来，杭州市按照国家信息惠民工作的总体部署，以解决民生问题为出发点，以政务数据资源共建共享为基础，推进各部门互联互通、信息共享和业务协同，推进网络化、数字化、智能化和移动化的普及应用，构建了以人为本、方便快捷、公平普惠、优质高效的公共服务信息体系，全面提升政府公共服务水平和社会管理能力[1]，信息惠民工作取得了显著成效。

一、杭州建设信息惠民国家试点城市的思路与目标

（一）重要意义

近年来，杭州以科学发展为主题，以加快转变经济发展方式为主线，以富民强市、社会和谐为主旨，经济持续健康发展，社会持续和谐稳定，已成功迈入“万亿 GDP”城市行列，经济实力、科技竞争力、社会凝聚力、文化软实力、城市影响力在全国处于领先水平。

贯彻落实国家发展和改革委员会等 12 部委联合下发的《关于同意深圳市等 80 个城市建设信息惠民国家试点城市的通知》（发改高技〔2014〕1274 号）、《关于加快实施信息惠民工程有关工作的通知》（发改高技〔2014〕46 号）等文件要求，加快建设信息惠民国家试点城市，是以信息化带动和促进民生领域跨越发展的战略选择，有助于拉消费、促发展、惠民生，也是杭州市加快发展信息经济智慧应用的重要内容，对杭州“十三五”期间共建共享历史文化名城、创新活力之城、东方品质之城，努力建成美丽中国的样本，建设世界名城目标有重要支撑作用。

（二）总体思路

以科学发展观为指导，以加快信息便民利民惠民、提升政府管理和服务效率、引导促进信息消费为导向，以实施杭州市民卡、健康医疗、就业服务、智慧城管、电子商务、家庭服务六大信息惠民行动为重点，以推进互联互通、信息共享和业务协同为抓手，以体制机制和政策制度建设完善与创新为保障，着力发挥信息惠民工作在加强和优化公共服务、创新社会治理、扩大信息消费、提高人民生活品质中的作用，为实现高起点上的新发展和建设东方品质之城、幸福和谐杭州提供坚实的信息化支撑。

（三）工作目标

到 2016 年，围绕建立健全基本公共服务体系的目标，着眼于品质生活的共建共享，通过实施信息惠民工程，实现信息化与民生领域应用的深度融合，信息化支撑的医疗卫生、教育、就业等基本公共服务有效供给持续扩大，信息化基本公共服务人人享有，服务成本个人负担比例合理下降，在全国率先实现信息惠民公共服务人群全覆盖和区域内均等化。充分发挥信息化对保障和改善民生、加强和创新社会管理、引导促进信息消费的支撑性和带动性作用，政府与社会联动的网络化社会管理能力有效增强，公共治理能力明显提升，信息惠民行动的绩效评价和行政问责不断强化，信息惠民应用取得显著成效。

到 2020 年，公共服务信息资源供给进一步增加，多层次、多样化的信息需求不断得到满足。政府对信息化基本公共服务的统筹水平明显提高，信息化对提高多部门协同水平和政务效能的作用显著增强，信息消费成为现代服务业的重要支柱，对经济发展的贡献率不断提高。建立完善的信息化基本公共服务网络，以信息惠民工作促进人民更加幸福安康，社会更加和谐稳定。

二、杭州信息惠民国家试点城市建设的主要特色

杭州市围绕民生领域热点，着力破解难点，以信息资源共享和信息技术应用普及为支撑，全面提升政府信息惠民服务水平，在为民服务全程全时、城市治理高效有序、数据开放共融共享等方面取得了显著成效，获得了广大居民的高度认可。

（一）民生需求引领，百姓获得感显著增强

智慧就业[2]服务促进充分就业。建立了覆盖全市城乡的市、区（县、市）、街道（镇）、社区（村）四级网络的“六位一体”智慧化就业服务平台，涵盖杭州就业网、“杭州就业”APP、“杭州就业”微信公众号、人力资源市场、短信平台、各级公共就业服务平台六大内容。实施“数字就业”服务模式，利用互联网、地理信息技术，开发利用手机APP、手机短信提醒、e 就业地图、服务跟踪二维码扫描等技术手段，提供用工发布、个人求职、网上招聘等便民服务功能，精准推送个性化服务。2016 年，通过杭州就业网及移动端平台发布用工信息的单位就达到 70 721 家次，共计发布用工岗位 828 196 个，大学生就业创业管理约 47 个工作流程实现网上办事。整合人力资源市场、企业用工监测等六大数据库，覆盖杭州 214 万名从业人员和 1 271 家重点监测企业，及时研判全市当期失业状况、预测失业变化趋势，有效建立了失业预警机制。

智慧教育亮点纷呈。全市建成高速安全的全市教育计算机骨干网，中小学千兆网络接通率达 99.88%，中小学百兆宽带到所有班级和教师办公室达到 100%，拱墅区成为全国首个区域中小学实现万兆光纤接入的县级区，市属学校无线网络覆盖率达 100%。深化网络课程资源建设，杭州普通高中基本创建了选修课网络课程，杭州拱墅区的网络教研工作得到了教育部的通报表扬，推出网络选修课程共 181 门。杭州网、华数在线、杭州文广集团葫芦网等互联网平台推进优质资源的免费点播与共享，截至 2016 年 6 月，各平台点播量累计近 1 600 万人次，受到广大师生及家长的欢迎。“杭州市教育微课平台”共征集、推出微课资源 2 117 节（其中市级获奖作品 234 节），供广大师生和家长在线点播，实现微视频资源和学习资源的共享。

智慧医疗全国领先。医疗健康卡覆盖“全人群”，发行了在杭省、市、区（县、地级市）各级各类医疗机构通用的“浙江・杭州健康卡”，使没有市民卡的人群也享受到同等的便利，实现“全人群”受益。诊间结算市级医院整体推进，向上延伸到省级医院，向下延伸到所有县级医院、城区所有社区卫生服务机构和部分民营医院。创新实施了“县域城乡优质资源共享”“市属医院与城区社区卫生服务中心优质资源共享”和辐射县域的影像会诊等四大中心，实现优质医疗资源纵向流动。在国内率先推行医养护一体化全科医生签约服务，建设了全市统一的连接所有市级医院和城区全部社区卫生服务中心的双向转诊平台，90%以上的在杭省级医院也加入了这一平台。

智慧城管创新城市治理。通过公共服务平台与腾讯的合作，已在微信“钱包–城市服

务”模块中推出了人行道违停查询、停车位查询服务，也在支付宝手机端“城市服务-公共支付”模块中推出了人行道违停案件在线缴款服务。积极推进公共服务平台向区县延伸，“贴心城管”APP 基本实现了大杭州统一平台，既做到了无缝切换，又实现了各区县的个性化功能，截至 2016 年 12 月底，响应市民服务请求 2 210 万次，受理市民上报信息 17 875 件。在智慧应急系统项目的建设过程中，整合了公安、交警、林水、气象、水务等部门的实时台风动态、水情、雨情、水位数据，在每年的“两防两抗”（防洪抗台、防雪抗冻）时期，充分发挥了数据整合的作用，及时发布预防指令，有力地支撑了应急指挥工作。

智慧养老服务覆盖不断扩大。以居家养老服务为中心，以建立老年人和服务供应商（或机构）信息数据库为基础，以便捷、优质的居家老人护理及服务为支撑，以提供紧急救援、生活照料、医疗保健、家政服务、人文关怀、文化娱乐等为基本服务内容，在有效整合社会相关服务资源的基础上，及时高效地为老年人提供全方位、多层次、多元化的居家养老服务。杭州“智慧养老”综合信息平台已经录入老年人基础信息数据 45 万余条，约占 2015 年底户籍老年人口的 29.82%；居家养老服务评估数据 13 万余条；居家养老服务照料中心、老年食堂、各类养老机构等基础信息数据录入达全市总量的 95%以上。

智慧食品药品安全监管成效持续提升。构建杭州市药品安全智慧监管系统，该系统包含了建立全市范围内的四品一械（食品、药品、保健品、化妆品、医疗器械）企业数据库、各类企业信用评级系统等。建立了杭州食品药品日常监管平台，提供一体化的主体管理、现场核查、任务管理、日常检查和监督抽查功能。分别在余杭区和经济技术开发区开展食品安全电子追溯系统和智慧监管系统试点工作。截至 2016 年底全市已有 398 家食品生产企业完成了电子追溯体系建设，其中乳制品、婴幼儿配方乳粉生产企业已 100%建立食品安全电子追溯体系，食品大企业和高风险食品行业的电子追溯体系建成率达到 71%。

（二）数据整合共享，促进服务能力有效提升

统一整合的大数据平台功能逐步完善。整合各级各部门政务数据，将分散在各级各部门的数据孤岛打通，存量数据全部纳入大数据平台，统一存储、统一调度、统一监控。平台覆盖 39 个部门，中心库归集 20 个部门 104 张表近 1.5 亿条数据量；人口、法人库归集 6 个部门 50 多张表 490 个字段项，近 1.1 亿条数据量。综合采集利用有关行业、企业、研究机构的重要数据，建立支撑决策研判的辅助决策大数据，利用各种智能分析模型及数据挖掘等技术，对决策支持大数据进行定性和定量分析，对经济运行、社会发展实际状况和发展趋势进行可视化展示，为决策提供依据，提升主动服务能力。杭州市实现了对公安局、

人力资源和社会保障局、民政局等 35 家单位，1 334 个信用数据项、2 000 多万条征信共享数据的融合，通过一站式提供市民信用信息记录，免除市民奔波于各单位收集证明材料的麻烦，同时也提高了金融机构信贷审核效率，惠民征信服务的有效性大大提升。

政府大数据开放应用初见成效。通过政务服务网杭州平台开放涉及公众出行服务的数据信息，同时，市交通运输局已向省交通运输厅等单位开放了营运车辆实时 GPS（global positioning system，即全球定位系统）数据、高速公路实时流量等数据，并通过省交通运输厅向高德开放了杭州“两客一危”、出租车等营运车辆的 GPS 定位数据，便于居民优化出行方案。在 2016 杭州・云栖大会上，市政府公布了城市数据大脑计划，联合阿里云、数梦工场、富士康、中国移动、中国联通、海康威视、大华技术等企业，采用阿里云 ET 人工智能技术，依托超大规模计算平台、数据采集系统、数据交换中心、开放算法平台、数据应用平台五大系统，对整个城市进行全局实时分析，自动调配公共资源，实现城市运行最优化。2016 年 9 月，城市大脑交通模块在萧山区市心路投入使用，初步试验数据显示：通过智能调节红绿灯，道路车辆通行速度平均提升 3%~5%，在部分路段有 11%的提升，真正实现了用大规模数据改善交通的探索。

信用服务全国创先。杭州市联手蚂蚁金服・芝麻信用推出“城市信用报告查询”服务。2016 年 8 月 20 日起，杭州居民无须押金，只要芝麻信用分在 600 分以上，便可在景区、机场、公交站等 315 个服务点免费借雨伞和充电宝，在全国首开先例。杭州地区开通芝麻信用的用户已经超过 406 万人，超过 270 万名杭州市民通过芝麻信用的信用评估获得金融服务，实现授信总额度超过 25 亿元，信用免押模式开始盛行。约 11 万名杭州市民已经享受免押金酒店信用住服务，合计免除预授权押金超过 8 800 万元，入住时间由平均十几分钟下降到 45 秒，退房时间由平均 4~5 分钟下降到 18 秒。超过 1 万人次使用过芝麻信用免押金信用租车服务，累计免除租赁押金逾 4 000 万元。杭州市民在外地使用芝麻信用免押金信用扫码租公共自行车服务逾 2 万人次，累计免除租赁押金超过 400 万元。

成为全球最大的移动支付之城。移动支付网络几乎覆盖杭州的各个角落，不用带钱包出门就可以在杭州生活如今正在变为现实。蚂蚁金服公布的数据显示，目前，杭州 4 万多家餐饮门店中有 2.2 万家可用支付宝付款，超过 95%的超市便利店能使用支付宝付款，超过 98%的出租车都支持移动支付。杭州 60 余家星级酒店和民宿、15 家 4A 以上景区、3 000 家旅行社门店开通支付宝功能和进行数据对接，同时开展线上线下互动推广运营；推广旅游护照服务窗升级活动，全面展示 3 000 多家指定商户的信息、支付链接、优惠活动等，分别与各区、县（市）、支付宝口碑网、蚂蚁金服等推出旅游推介服务、旅游应用等数据合作，提高游客旅游便利性。

（三）“四端”融合应用，推动便民服务快捷方便

创新“四端”政务服务，进一步融合线上线下业务流程，推动网上服务与实体服务中心、窗口联动。“四端”服务指的是实体大厅端、PC 端、自助端、移动端的个人便民服务。

（1）实体大厅端。便民服务本级平台“市民之家”29 个部门，133 个窗口，启动“服务清单”工作，梳理了 358 个事项，每项服务事项均有 12 项要素予以导航，使办事群众获得一次性告知、提速办事的良好条件。

（2）PC 端。依托省政务服务网及各部门的垂直网站，开展了网上申请、快递送达服务试点，共有市质量技术监督局、市安全生产监督管理局、市交通运输局、市贸促会、市民卡中心五个市级单位以及八个区、县（市）开展了“证照网上申请、快递送达”试点工作，办事企业和群众无须再跑窗口进件和领证，越来越多的企业和群众开始信任并乐于应用网上申报系统办理相关事项。

（3）自助端。“市民之家”开辟了一楼大厅五分之一场地，提供社保、医保、出入境、市民卡等 10 大类 20 台自助服务机。自助服务区启用后，获得各方好评，效果明显，有效疏缓人流，缓解了窗口压力，提升了“市民之家”服务的获得感，深受市民欢迎。

（4）移动端。围绕建成基于互联网的便民服务平台目标，突出群众办事平台电子化建设，以用户体验为出发点，与杭州文广集团合作，开发杭州市民之家口袋版移动客户端。通过注重功能开发，优化口袋版的咨询、预约、补充评价功能，实现预约办事、清单查询、进度跟踪、线上评价；将 96345 电子派单的处理功能与 APP 业务平台对接，实现口袋版市民之家与 96345 的互动。

“四端”服务实现从“面对面”向“键对键”“人机交融”“机器换人”等现代政务服务的新跨越。杭州政务的“四端服务”做法于 2016 年 12 月 28 日在全国政务服务研讨会上作经验交流。

三、杭州信息惠民国家试点城市的建设经验

杭州市以“互联网+政务”[3]为核心，依托全市统一的“两网一平台”（政务服务网、政务物联网和大数据平台），以浙江政务服务网杭州平台、“中国杭州”政府门户网站、

政务应用APP等为接入口，形成全市一体化的智慧电子政务管理体系，实现智慧决策支持、智慧协同办公、智慧公共服务、智慧监管等骨干应用，开创具有政府决策创新、公共服务创新的政务智慧化新格局，为信息惠民行动提供坚实的支撑。

（一）“一号一窗一网”全面增强集约化服务能力

杭州市积极贯彻落实国办发〔2016〕23号《国务院办公厅关于转发国家发展改革委等部门推进“互联网+政务服务”开展信息惠民试点实施方案的通知》、浙江省深化“四张清单一张网”改革精神，围绕简政放权、放管结合、优化服务主题，不断加快信息技术在公共服务领域的应用。

推进全市统一的电子证照库建设。先后下发《关于做好证照目录梳理工作的通知》《关于做好市电子证照库证照信息填报工作的通知》，明确工作分工要求和时间节点，统筹推进市级各部门的电子证照库建设工作（目前已完成27家单位103种638余万本证照数据的归集）。开展电子签章标准规范化研究，探索实现电子证照与电子签章的集成，增加数据真实性、安全性、可靠性，促进电子证照信息共享。

创新开展设立“综合进件”窗口改革试点。打造“综合进件、分类审批、流程优化、统一出件”的行政审批新模式，制定出台了《关于开展行政审批服务办事窗口升级改造试点工作的指导意见》、《关于印发〈推广设立综合进件窗口优化政务服务试点实施方案〉的通知》和《关于印发〈杭州市投资项目审批“综合进件”窗口改革试行方案〉的通知》。各审批部门按照“一份办事指南、一张申请表格、一套申请材料”的要求，通过审批报件材料标准化、清单化管理，简化审批环节，真正实现报件材料一次递交、部门共享，变“多头受理”为“一窗受理”。目前，设立“综合进件”窗口已在全市推广。

依托浙江政务服务网实现行政审批、公共服务事项等一站式网上运行和用户的统一身份认证。一是依托浙江政务服务网，实现杭州市行政审批事项和公共服务事项等一站式网上运行。目前，已实现381项行政审批权力事项、718项其他类行政权力事项、41项公共服务事项网上运行，累计办件量339万件。其中，达到四星级及五星级的审批事项有168个，办事人员最多只需到窗口一次即可，甚至全网通办。二是通过政府网络系统统一用户管理、角色与权限设置等功能，实现部门应用系统的单点登录。启用电子监察系统，在行政审批事项一站式网上运行的基础上，完成电子监察系统部署工作，实现全市权力事项网上运行的全流程监督。

（二）完善网络布点拓展延伸化服务能力

根据浙江政务服务网建设的总体部署，杭州市构建了集各类政务服务于一体的浙江政务服务网杭州平台。该平台是基于标准规范体系和安全信任体系，以业务应用平台、数据共享平台和政务云基础设施平台为有效支撑，集行政审批、便民服务、政务公开等功能于一体的省、市、县三级联动服务平台，并进一步通过在基层单位布置网络节点，形成了覆盖全市基层部门的网上“政务超市”。

促进浙江政务服务网平台向基层延伸。根据浙江省相关工作要求，推进乡镇（街道）、村（社区）政务服务事项梳理工作，完善政务服务网基层服务站点网页功能。截至2016年底，杭州13个区、县（市）共计199个乡镇街道，2 532个村社区完成了事项梳理入库和展现工作，乡镇事项入库总数为34 589个，乡镇街道平均事项数为174个；村社区事项入库总数为58 657个，村社区平均事项数为23个。

推进开发区（园区、产业集聚区）平台建设工作。根据省政府开发区（园区、产业集聚区）建站指南，建成杭州经济技术开发区、杭州大江东产业聚集区、西湖风景名胜区3个开发区网上服务站点，完成权力清单和责任清单网上公布。实现3个开发区统一运行平台主要服务事项网上运行。截至目前，3个开发区网上运行情况如下：杭州经济技术开发区入库事项总数396个，网上运行数303个，办件量14 927件；西湖风景名胜区入库事项总数387个，网上运行数299个，办件量5 876件；杭州大江东产业聚集区入库事项总数395个，网上运行数278个，办件量4 809件。

（三）创新信息惠民服务建设机制

创新“政府主导+市场化运作”的惠民服务建设机制。杭州市民卡项目坚持公益性为主，在体制上管办分离，通过市场化运作和企业化运营达到良性发展。通过市场化灵活运作，不断提高市民卡的服务能力和营利能力，市民卡公司已实现盈亏平衡，在为政府和市民提供高质量的公共服务和便民服务的同时，减轻了财政负担。

创新“企业建设+政府购买服务”的公共服务机制。杭州市以政府购买云服务方式，引入阿里云、华数集团、浙大网新参与了杭州智慧电子政务云平台的技术解决方案和系统集成服务建设，三者分别负责平台建设、运营维护和软件开发。通过政府购买方式，杭州市政务云充分依托“阿里云”全国公认的最先进、最强大的云服务基础平台优势，引导和鼓励各类应用上“云”，实现了财政资金节约、安全保障增强、服务水平提升的目标，为利用政务云打破部门信息化系统孤岛，推进经济社会多领域数据融合，提高跨部门、跨层级业务协同水平提供了有力支撑。阿里巴巴、海康威视、华三通信等杭州行业领先企业都积极参与杭州的信息惠民项目，应用物联网、云计算、移动互联网等现代信息技术推动城市治理水平和公共服务水平的提高。

创新“营利性服务+公益性服务”结合的内容集成机制。华数集团是国内领先的有线电视接入和视频服务提供商，在网络敷设、宽带接入和高清数字节目播放方面拥有雄厚实力。杭州市在华数有线、视频等营利性服务基础上叠加水、电、煤、社区、公交、物价、就业招聘、机场、长途运输、医疗卫生、居家关怀、应急信息、家庭安防等多项公益性惠民服务信息并覆盖全市城乡，使其成为惠民服务延伸的智慧终端。杭州电信也在自身的ITV平台的基础上，为杭州本地用户提供实时路况、交通违章/违停查询、物价、公积金、气象、空气质量等多项便民服务。

（四）建立四大平台推进服务质量提升

智慧政务云平台。按照浙江省政务云建设要求，打造以混合云为架构的杭州市智慧政务云平台，根据业务应用服务范围，将系统分别部署在不同的云平台上。加大云平台在横向协同、纵向联动上的应用支撑力度，深化政务云应用，并以政务云为基础建设运行信息安全云等应用云。兼顾“经济”和“安全”两头，完善政务云底层建设，探索政务“混合云”建设，满足了用户敏感、私密等信息存储应用的需要。

智慧政务数据交换平台和目录平台。参照国家《政务信息资源目录体系》《政务信息资源交换体系》《国家电子政务总体框架》等标准规范，制定杭州市智慧政务数据交换平台和目录平台建设的标准规范。充分整合现有的建设资源，基于政务云平台，建设杭州市统一的政务数据共享交换平台和目录平台，满足各种跨部门、跨区域的信息资源共享和业务协同要求，推进信息资源开发利用。

智慧政务大数据平台。根据国家、省电子政务建设标准，按照“规范采集、无偿提供、平台归集、按需共享、安全可控”原则，基于浙江政务服务网杭州数据交换平台和目录平台，归集各政府部门的数据资源，并建立数据标准与规范，完善数据标准化、数据转换、数据分类、数据存储等工作。构建共建共享的人口、空间地理、宏观经济、法人单位、电子证照、社会信用等基础数据库及各类业务数据库，实现数据“一数一源”。建立全市一体化的政府大数据平台，推进跨层级、跨部门的政府数据资源共享和业务协同，加强政府、党群、事业单位及国有企业等数据互联互通，有效消除“信息孤岛”。

政府重点工作电子督查考评平台。开展重点工作电子督查，通过对重点工作的任务分解、进展过程、完成情况的网络化、电子化管理，实现对重点工作落实情况的全过程动态跟踪、实时督查、及时反馈、绩效考核。进行政务监察，通过可视化平台，对行政审批、行政处罚、行政征收、工程交易、产权交易、土地招拍挂、政府采购等政务活动，以及政府、事业单位、国有企业资金使用情况和社保、公积金管理等工作，进行全过程实时监控，实现对政务活动的有效监管，并通过大数据挖掘分析，提供预警、统计分析、绩效评估、信息服务等应用服务。建立公众参与监察、评价的管理体系，通过政务服务网、服务热线、呼叫中心、政务APP、微博、微信等渠道，对政府网上权力事项和便民惠民事项的办理，广泛开展公众网上评议、在线调查、意见征集等活动，完善评价体系，切实提升公共服务的质量、效率和效能。

（五）完善保障措施强化信息惠民见实效

组织保障。杭州市将信息惠民国家试点城市建设纳入杭州市国家级试点和基地建设工作领导小组职责范围，信息惠民与国家级试点和基地建设工作领导小组合一，组长、副组长分别由市政府主要领导和分管领导担任。全面推进信息惠民国家试点城市创建与国家政府信息资源共享及业务协同试点城市、国家信息化综合试点城市、全国建设健康城市试点城市、国家云计算服务创新发展试点城市、信息消费国家试点城市建设的有效衔接，强化了整体协同推进。领导小组由市政府领导，市直有关部门和各区（县、市）主要负责人组成。领导小组办公室设在市发展和改革委员会，负责信息惠民国家试点城市建设的日常工作。

运行机制保障。信息惠民工作中涉及大量跨部门协同共享协调工作，具有工作重要性和复杂性，需要体制机制及政策制度的突破创新。杭州市为有效推进国家信息惠民试点城市建设，注重在工作机制上完善顶层设计，构建形成了“一把手推动+跨部门统筹协同”的推进机制，协调解决业务流程优化、管理模式创新、体制机制和部门利益调整等难题，调动各方的主动性与积极性，全市形成合力共同提升信息服务水平。

制度保障。将信息惠民国家试点城市建设工作的基本目标和主要任务纳入全市信息经济智慧应用“一号工程”建设，编制发布了《杭州市信息惠民国家试点城市建设三年行动计划（2015—2017年）》《杭州市人民政府办公厅关于推进杭州市智慧电子政务建设工作的若干意见》《杭州市智慧电子政务项目管理办法（试行）》《杭州市智慧政务发展“十三五”规划》等政策制度，形成较为完善的制度保障体系。

数字资源保障。杭州市制定出台了《杭州市政务数据资源共享管理暂行办法》，编制了政务数据资源目录，梳理了55家单位的568类数据。制定了杭州市地方标准《杭州市智慧电子政务数据资源共享管理服务规范》，为开展政务数据资源共享奠定基础。加快建设全省统一的公共信用信息平台，杭州公共信用信息平台目前已归集各类政务数据约13亿条。通过梳理政府各部门的政务信息资源，按可以无条件共享的信息资源、有条件共享的信息资源、不予共享的信息资源、可开放信息资源、不可开放信息资源明确分类，并按照“一数一源”原则，明确提供信息资源的第一责任部门。

资金保障。以政府财政预算投资为主导，积极探索智慧政务建设投资的新模式，建立可持续的财政资金保障机制，结合“互联网+政务服务”强化政府投资信息化建设的支持力度，2016年安排了7 400万元用于信息惠民项目建设。积极探索“政府主导+社会参与”的建设运营模式，大力引进社会投资，推动基础网络设施、云计算设备、大数据平台和智慧应用平台的建设和运营。在民生应用等重点领域积极探索市场化运作模式，为企业投资建设智慧应用项目提供必要的支持和服务。第三方运行维护机制，通过政府购买社会服务的办法，促进智慧政务的发展。

安全保障。以智慧政务系统为基础构建信息惠民安全管理体系，强化信息系统安全等级保护，强化容灾保护。建立重要数据使用管理和安全评价机制，切实加强个人信息隐私保护。建立网络安全责任制，明确相关部门负责人、要害信息系统运营单位负责人的网络信息安全责任，提高各环节工作人员的网络与信息安全风险工作技能。引入社会专业化的信息安全认证服务，强化智慧政务安全保障。加强统一的网络管理、数据管理和信用评价管理，强化各类管理运维人员的责任。

四、进一步推进信息惠民工作的思考

杭州市信息惠民工作已形成全市共同推动的工作格局，发展成效较为显著，市民满意度水平较高。但在信息惠民国家试点城市建设中，政府提供惠民服务的能力尚未充分满足公众对惠民服务的快速增长需求，政务数据的整合共享进度与信息惠民试点城市建设的要求还有一定差距。为深入推进信息惠民工作，下一步应重点做好以下工作。

（1）进一步完善顶层设计。在加快整合政务大数据资源的基础上，出台“数字杭州”规划设计；加快制定关于各类数据的产权归属、保护以及数据采集、存储、加工、传递、检索、授权应用等的法律法规，建立数据保密与风险分级管理机制，厘清公民隐私权和知情权的界限，合法应用用户数据。

（2）推动政务数据共享开发应用。推动杭州城市数据大脑项目在杭州落地建设，加快整合交通、交管等数据，打造“互联网+交通”创新模式，对公众出行进行有效引导。推动全市政务数据资源的共享应用，建立符合各单位共享应用标准的“人口”和“法人”两棵生命树，通过梳理自然人从出生到死亡，企业从注册到消亡全生命周期的数据目录，为全市数据归集共享提供依据。建立全市统一的 CA 认证系统，推进全市数据的统一认证，确保全市共享应用数据时的真实性、安全性和可溯性。建立全市统一的 2.5 维地图，提供不断叠加各类数据应用图层，推进数据的可视化应用。

（3）创新信息惠民建设机制。发挥市场机制在信息惠民应用发展中的基础性作用，探索建立由政府、运营商及相关行业企业共同投资建设，解决方案提供商、设备生产供应商、内容增值服务商等多方参与的信息惠民应用的运营机制，采用 BT（build- transfer，即建设–移交）、BOT（build-operate-transfer，即建设–运营–移交）、PPP（public-private-partnership，即公私合营）等多种方式，推动信息惠民应用的可持续发展。

（4）强化信息惠民工作的绩效考评。探索建立科学合理的信息惠民行动绩效评估指标体系，形成定期跟踪、测评和反馈机制，不断提高评估科学性，推动以评促建。加强政府投资信息惠民项目的绩效评估和监督考核，加强应用效果的量化评估，提高信息惠民行动实施的有效性，确保信息惠民行动取得良好的社会效益和经济效益。探索建立网络信息公开考核制度，完善信息披露制度，保证公众知情监督权，提高公共服务的公平性和可及性。

参考文献

[1] 宁家骏. “互联网+”战略下的“信息惠民”顶层设计构想[J]. 电子政务，2016，（1）：76-79.

[2] 章清华，张玄英，曹靖，等. 智慧就业 高效尽责 安全履职——湖北省“互联网+”公共就业服务纪实[J]. 中国就业，2016，（5）：12-13.

[3] 宁家骏. 推进“互联网+政务服务”深化信息惠民试点建设[J]. 电子政务，2016，（5）：83-88.